TURNAROUND TASK FORCE

THE DEFINITIVE EDITION

【決定版】

「戦略プロフェッショナル・シリーズ」第2巻

V字回復の経営

2年で会社を変えられますか？

三枝 匡

Tadashi SAEGUSA

KADOKAWA

「戦略プロフェッショナル・シリーズ」第2巻

決定版　V字回復の経営

2年で会社を変えられますか?

プロローグ

成算などないのが常だった

大企業は簡単に倒れるものではない。元気を失った企業でも、普通は一〇年単位で生き延びる。その間に病気が進行し、最後に「死の谷」に迷い込む。そこでも経営者が無策なら、最後に惨めな金策でもう一度走り回ったあと、死の谷の底から抜け出せずにそこで終わりになる。

経営が行き詰まった当時のシャープ、ダイエー、日本航空、日産自動車などに共通していたのは、病気の進み方がスローで、幹部、社員が毎月、毎年の業績後退に慣れっこになり、抜本改革を先延ばしにしたことだ。

業績不振を長く続けてきた企業は、「戦略のハズレ」だけでなく「組織のビョーキ」に冒されている。だからその会社を元気にするには、改革者は戦略的手法を身につけているだけでは不足である。戦略と組み合わせて、ユニークな「組織論」を生み出し、社内の仕事のやり方（ビジネスプロセス）を劇的に変える改革が必要である。

当時の一兆円企業、太陽産業が抱える産業機械事業が赤字事業に転落した。その主たる原因は、その事業本部の中で小型の機械を担当する「アスター事業」が大赤字を計上し、死の谷にまで追い込まれたからである。バブルが弾(はじ)けてからこの一〇年近く、人を減らすこと以外には、困った、困ったと言っていただけの無能な組織だった。しかしそれでも、産機事業本部の危機感は薄かった。折しも太陽産業全体も、歴史始まって以来の赤字に陥る事態になっていた。

その状況で私（著者）は、同社の社長から何とかこの事業を救えないかと助力を求められた。しかも、社長はこの事業が二年以内に黒字化しなければ、事業閉鎖に踏み切ると会社の内外に宣言するところまで来ていた。

いったい世の中の誰が、歴代の事業本部長がギブアップして、いまや破綻同然で死の谷の底をさまよい、二年の時限爆弾を首にぶら下げている負け犬事業の再生を引き受けるだろうか。社外から入った者が、果たして救える余地が残っているのだろうか。

私がこの仕事を引き受けたのは、自分が事業再生のプロでありたいという気負いだけだった。確かな成算はなにもなかった。しかし私が過去に請け負った事業再生のすべてにおいて、それを引き受ける時にはいつも成算などないのが常だった。私の当時の職業（事業再生専門家、ターンアラウンド・スペシャリスト）は、それで当たり前の職業なのだ。

三つのドラマの進行

本書は同じ書名の原著が約四〇万部（シリーズでは約一〇〇万部）に達したところで、約二〇年ぶりに、できうる限りノンフィクションに書き直し、ＫＡＤＯＫＡＷＡから新版を出すことになった。主人公黒岩莞太の行動は、実在モデルである著者の行動に完全に一致するように書き改めた。ちなみに新刊「戦略プロフェッショナル・シリーズ」の第一～三巻は、主人公をすべて黒岩莞太（すなわち著者）で一貫させ、実在経営者が書いた自伝的な戦略書シリーズとしている。

本書では、次の三つのストーリーが互いに絡み合いながら、同時並行的に進んでいく。

①不振事業再生に挑む専門家（ターンアラウンド・スペシャリスト）の「事業再生論」
②死の谷に落ちた事業を救い出すために奔走した経営者と社員たちの「生き方論」
③日本企業の強さ復活が、世界的に見て著しく遅い理由を読み解く「日本の経営論」

実は、本書の舞台、太陽産業の実在モデルは、当時の売上高一兆円の世界企業、コマツである。同社の主力事業は建設機械だが、本書は産業機械事業を舞台にしている。コマツの創業の歴史はこの事業から始まっており、いわゆる会社の祖業である。だがバブル崩壊後一〇年近く、業績不振にもかかわらず激しい改革を避け、最後に追い詰められた。

私は戦略プロフェッショナルの職業倫理として、本来なら仕事先の社名を明かすことはない。そのため、原著の初版を発刊した時点では社名を秘していた。また、原稿を出版社に送る前に社長に読んでいただいた。社長からは一点の注文もつかなかった。

ところがコマツの経営幹部の方々は、本書のことを多くの第三者に話され、ついで日経産業新聞のコマツ特集記事にも書かれ、さらにインターネットでも情報が流れた。だから本書の舞台がコマツであることはほぼ公知の事実になってしまった。

そこで私は、増補改訂版を出す時に社名を明かし、また新企画として改革タスクフォース・リーダーの実在モデル鈴木康夫氏（改革の後、コマツの専務取締役にまで上り詰めた）に、当時の経験を著者と語り合う対談に実名でご登場いただいた。

本書の社長香川五郎の実在モデルはコマツの元社長、故安崎暁氏である。彼は私が人生で出会った最も素晴らしい経営者だった。尊敬と感謝の念をここに記させていただく。少々強もての顔つきで一兆円企業のトップに相応しい威厳があった。確たる戦略観をもっていて、自分が実現したいことは何としても実現させたいという、強い意志を感じさせる「企業家」だった。

安崎社長と腹心の二人の副社長は同社の過去の負の遺産を一気に整理する使命を担っていた。私には、このトップ経営陣三人組は「日本の経営者、ここに健在」と思わせる素晴らしい経営チームに思えた。

安崎社長は、自分が役割を果たしたら早期に退任すると言っていた。社長在任最後の年度には、安崎改革でえぐり出した赤字事業の膿を一気に処理するため、八〇〇億円の赤字を計上して区切りをつけた。彼の覚悟の改革で、コマツには次の飛躍のステージが整えられた。二人の副社長はそれぞれ次期社長および会長に就任し、コマツの新たな成長を生みだしていく。坂根社長は、翌年から六期連続の増収増益を遂げ、コマツは売上高二兆円企業に向かっていった。

四人の改革リーダー像

厳しい経営改革はスポンサー役（本書では香川社長）、力のリーダー（黒岩莞太）、智のリーダー（本書では黒岩莞太の一人二役）、動のリーダー（川端祐二）の四人が揃わない限り、成功を収めることはできない。

読者の中には「自分の会社に黒岩莞太はいない」と言って、改革は無理だと思う人がいるかもしれない。しかし「ウチの会社では、『黒岩莞太』の役割を専務が六割果たし、事業部長が四割果たすという組み合わせで満たせる」といった解釈はできないだろうか。

そのように考えてもなお、黒岩莞太の役割を埋められないなら、あなたの会社が本書のような高リスクの改革を貫徹するのは、正直言って、かなり難しいかもしれない。その場合は選択肢として、少しリスクの低いシナリオ（それだけ改革効果も減るが）を組むしかない。

組織の硬直化や閉塞感の諸現象は、日本企業の多くに蔓延している。本書に描いた改革へのアプローチは、業種の違いを超えて、すべての企業に応用可能である。だが本書は、誰もが成功した気持ちになれる単純なハウツーものとは違う。いったん始めたら大変な戦いが待っているから、事前に慎重に考え抜くことをお勧めする。

黒岩莞太と著者の一人二役

安崎社長がアスター事業に対して発した「二年で事業閉鎖」の宣告に対し、黒岩莞太はその事業再生を引き受け、一人の人員削減もせずに、二年も経たないうちに黒字化の達成と事業の競争性を回復させることに成功した。だから本書は成功物語である。

けれども私はこれを書きながら、実は失敗物語を同時に書いている気分だった。というのは、成功物語には、成功要因と裏腹の関係にある失敗要因が、同じ数だけ書き込まれているのも同然だからである。本書を読み進むと、数頁ごとに潜在的な「失敗の落とし穴」が現れる。そういう見方で本書を読むことも面白い読み方になるだろう。

黒岩莞太は失敗や恥も含めて、著者の姿を体現しているが、実は本書の中では著者自身も「私」の第一人称で登場する。一人二役である。著者の人生は、本書に描いた黒岩から実際にはさらに先に進み、今日まで経営者として、成功と失敗を含めて、新たな学びを得ている。その新しい知見は当時の黒岩を描いている限り、本書に含めることができない。

　そこで私は改革ストーリーが進むのに合わせて、上空を舞うトンビのような位置から、黒岩莞太の動きと時代変化を俯瞰している。そして「経営ノート」や「壊創変革の要諦」の形で、当時の黒岩には見えていなかった解釈やその後の知見を読者に提供している。

　それによって、読者は最新の解釈で黒岩莞太のストーリーを読み進むことができる。これが、本書を改めて書き下ろした目的である。

　それでは解説はこれくらいにして、物語を始めよう。

目次

第一章

【壊創変革のステップ・1】

成り行きのシナリオ

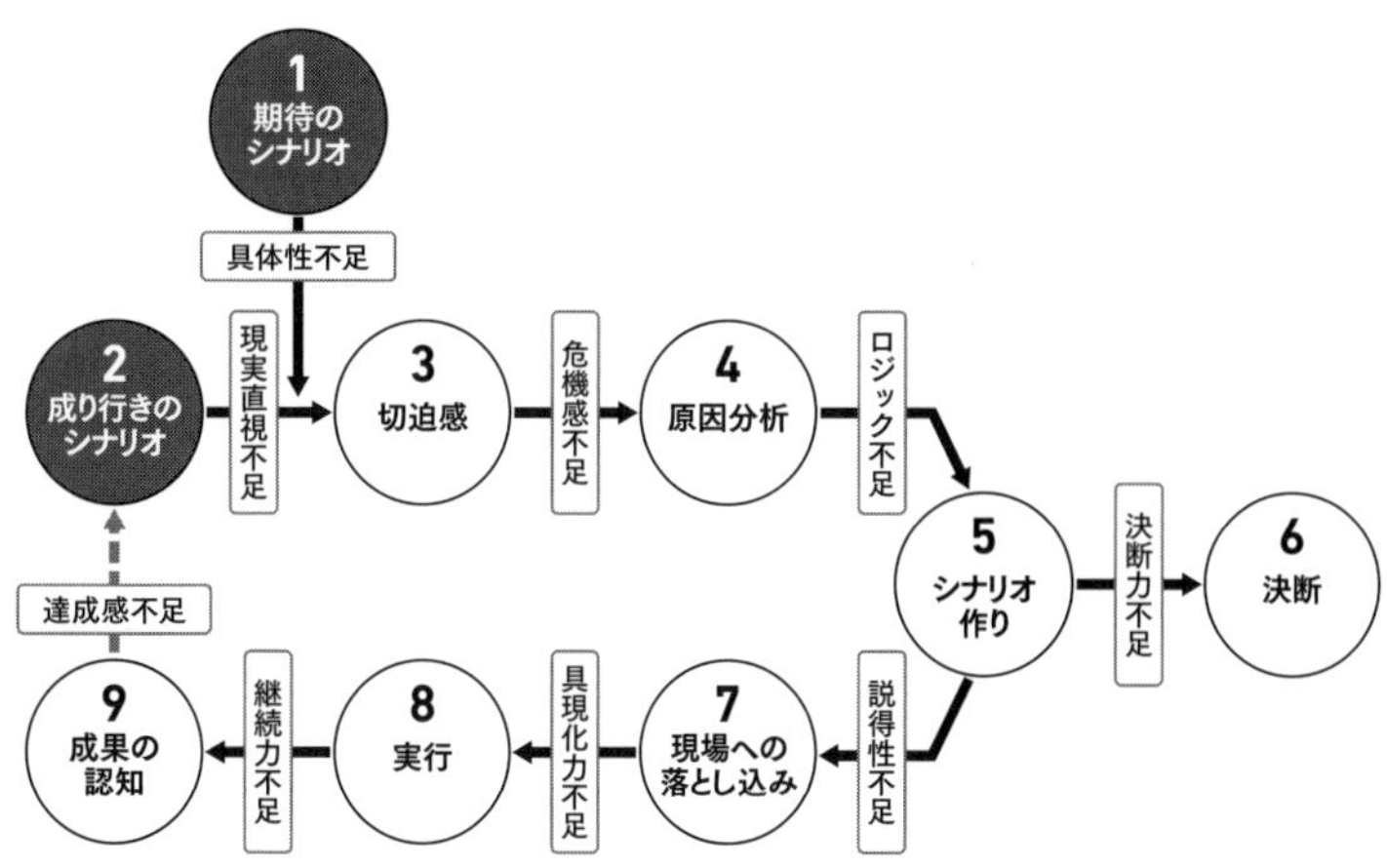

第一節　堕ちた組織

再び業績悪化

太陽産業の本社は、東京溜池（ためいけ）にある。大正時代に創業し、この改革ストーリーが始まる時点で七五年近い社歴がある。戦前にすでに株式上場を果たし、戦後は高度成長期の波に乗って飛躍的に拡大し、日本を代表する国際企業になっている。

太陽産業は他の日本企業と同様、バブル崩壊で大きな痛手を負った。同社の売上高は一九九〇年に一兆円直前まで迫っていたが、バブル崩壊の翌年には九〇〇〇億円台を割った。問題は利益額だった。バブル崩壊前のピークで三二二億円あった当期純利益は、バブル破綻の年に一〇九億に落ち、翌年に三〇億円に落ち、翌々年はわずか一三億円になった。つるべ落としとはこのことだろう。

社長の香川五郎は、会社のこの悲惨な状況を立て直す使命を負って、バブル破綻から四年が経過した年に太陽産業の社長に就任した。

彼は大学を出てすぐに太陽産業に入社し、若いときから同社の国際進出の先頭に立ち、三〇年を超えるキャリアを積んできた。社内ではかなり前から、次の社長は彼しかいないと目されていた。本人も、いずれ自分にその役割が回ってくるだろうと思っていたと後に述懐している。会社の不調が続く中、まさに満を持しての登場だった。

香川は役員人事で大ナタを振るった。それを見て社員は新社長の覚悟を知る。しかし、幹部やミドルが「下が動かない」「あっちが動かない」「上が動かない」と陰で言い合っている図式に大した変化はなかった。香川社長は事業本部の独立採算と本部長の目標管理を明確にし、その見返りとしてインセンティブをつけた。部門別の経営責任を厳しく追及するようになったので、確かに、経営会議の雰囲気は昔と大きく変わった。役員が戦略責任を果たせないなら、早期に退任させると語った。

経営意識が下がってサラリーマン化している組織の膠着(こうちゃく)を打開すべく、経営者人材育成のために選抜教育プログラムもはじめた。

けれども業績はすぐには良くならなかった。あまりにも多くの事業が不振だった。

「私はこの太陽産業を、自分が社長でいる間に、完全に立て直す。すべての赤字事業を再生、それが無理なら閉鎖して、過去の膿(うみ)を出し切る。それが出来たら、社長として長居するつもりはない」

そう語る香川社長の顔は決意に満ちていた。

「雇用だけは守りたい」

彼はずっとそう思ってきた。正直なところ、社員を辞めさせるのはいやだった。日本の会社は、米国人のように金次第で動く人々のかりそめの居場所ではない。人生のすべてを託した人々の集団なのだ。会社人間と言われることの、何が悪いのか。ワーク・ライフ・バランスという者がいるが、ワークが自分のライフの目的になって何が悪いのか。仕事でも芸術でも学問でも、それが人類の進歩を生んできたのであり、本人が決めることじゃないか。

米国の経営者のように株主のためだと言って、社員を大量に切り捨て、自分だけは何十億円ものボーナスを得るような金まみれの経営は、投資家のマネーゲームに乗った短期の利己経営であり、会社や社会を長期的に強くするとは思えなかった。

　しかし太陽産業は追いつめられ、香川社長は雇用に手をつける以外になかった。バブル崩壊後、世間の企業が同じように社員を減らしているという事実が、どこの企業でも、あとに残る社員や労働組合までをも気楽にさせていた。

　辞めていった連中がどうしているのかを気にしている社員は少なかった。日本の村社会の心理では、一旦(いったん)村を出て行った者には冷たくなれるのだ。人を減らしてみたら、仕事に大きな支障が生じることはなかった。工夫を重ねてみれば、少ない人数でこなせることばかりだった。

　社長就任から満三年が経過し、四年目に入った。社内のあちこちで改革が進み、改善の兆しは出ていた。だがそれは各現場レベルでの兆しに過ぎず、全社決算では、過去に処理を先延ばしにしてきた赤字要因を表出しし始めたことから、かえって赤字額は増えて、とうとう全社決算は創業以来初めての赤字に陥った。全社決算の当期純損失は一二〇億円を超える見込みだった。

　けれどもその赤字転落は、香川社長にとって、過去を清算するために必要な覚悟の行動の表出しを始めたに過ぎなかった。水面下に隠れている赤字はそれどころではないのだ。

　香川はその赤字の表出しが役員たちに強烈なショックを与えることを期待した。ところが思ったほどの強い反応ではなかった。赤字になっても、彼らは社長ほど痛くないのだ。

　まだ改革への切り込みが足りないことは明らかだった。なかでも最悪の状況を呈しているのが産機事業本部だった。この事業本部は、ピーク時に約八五〇億円あった売上高が、バブル崩壊の三年後には、約六割も減って約三五〇億円に落ちた。しかもその年の経常損失は一〇一億円もの巨額になった。

この売上規模で、これほどの赤字額を出すことは、常識的には考えられないことだった。それは、バブル破綻後の日本企業の経営が露呈した実態の一つだった。バブル破綻から三年も経過していたのだから、部門の経営陣が最速で正しい判断を重ねていたら、これほど深刻な事態に陥るはずはなかった。

米国なら、三年どころか、一年も経たないうちに事業本部の経営陣の多くがクビになり、外部から新しいマネジメントが投入されていただろう。著者は口が裂けても米国経営が良いと褒めそやすつもりはない（第一巻『決定版　戦略プロフェッショナル』参照）。だが、明確な損益管理に鈍重だった日本人が、日本企業の経営の迅速な戦略転換を遅らせてきたのは紛れもない事実なのだ。

産機事業本部が赤字に陥る中で、最大の赤字を生んでいた問題児が、アスター事業だった。

その事業概要はあとで説明するとして、同事業がバブル崩壊前年に記録した最高売上高は四九七億円。読者は五〇〇億円と記憶しておくのが便利だろう。それが、バブル崩壊後三年目には二〇〇億円を割った。バブル崩壊による市場縮小だけでなく、自分たちの負け戦が生んだシェア喪失がダブルパンチで業績低下を生んだ。

その売上高レベルに対して発生した赤字額が半端ではなかった。バブル崩壊の翌年は四七億円、翌々年に六四億円、さらにその一年後には五〇億円という連続赤字だった。つまり、香川社長の就任する前年までの三年間で、すでに合計一六一億円という巨額の累積赤字が出ていたのである。

けれども不幸なことに、この事業に累積損失という概念はなかった。独立企業ではなくて大企業の一部門の話だから、赤字は太陽産業の年度決算で一旦報告されたあとは、繰り越し損益として累積されることはない。

要するに、新年度の損益は毎年ゼロから始まり、ここ二、三年との比較は行われるが、過去からの累積損失は誰かが意識して集計しないかぎり、すぐに忘れられてしまう数字だった。

約一〇年で六人が入れ替わったという歴代の事業本部長の中で、自分の任期以前からの累積損失額を気にして、事業の抜本改革に挑んだ人は一人もいなかった。

その数字は、四年後に黒岩莞太と改革タスクフォースが遡（さかのぼ）って集計するまで、役員にも社員にも見えていなかった。組織に危機感を抱かせる最大の出発点になるはずの数字が消去されていたのだ。

アスター事業が三年間で一六一億円の損失を出したあと、その翌年に社長へ就任した香川社長が、その数字を正確に認識していたかどうかは怪しい。なぜなら第一に、太陽産業のトップにとって、その数字を認識できるシステムが作動していなかったからだ。当時の上場企業は「単体決算」が原則であり、子会社アスター工販の赤字は言わば参考値に過ぎなかった。

第二に、この時期に、香川社長にとってアスター事業というセグメント定義は鮮明ではなかった。着任後しばらくして、産機事業本部の損益が再び悪化し始め、その元凶が、中小型産業機械の赤字であることを明確に認識したのだ。黒岩莞太はその事業範囲を、子会社を含めて、アスター事業と名づけたのである。

不発だった改革

産機事業の再建には、香川社長は就任してすぐに執行役員の春田（はるた）を事業本部長に任命した。優秀だと見込んでいた。

香川社長は彼にこう伝えた。

「産機事業は組織が古くさい。人減らしだけではダメだ。事業のやり方を前向きに、抜本的に再整理することを考えてくれ。そうしないともっと大きな赤字が出て、またリストラになる」

言葉では激しく言ったが、それから三年、香川社長自身がそこから先、自分で動くことはしなかった。社内には、社長が個々の事業の内部にまでこと細かく口を出すことはやらないという、社風にも似た不文律があった。また人材育成のためには、事業を任せた限りは、完全に任せるべきだという正論も社内にあった。

しかしその正論に従ったことの結果が、社内のあちこちで起きている改革の不様な遅れだった。香川社長が立て直しのために抜擢（ばってき）したつもりの人材たちが、ひと言で言えば長年のサラリーマン思考から抜け出せず、切れ味のいい改革に踏み込めていないのである。

不振事業の症状 01【ハンズオンの危機打開】

事業責任者を任命して、その人に完全に任せっぱなしにして改革が進まないと、簡単に二、三年が過ぎてしまう。「不振事業の再生」においては、トップによるハンズオフは絶対禁忌である。不振が深刻なら、トップは初めから改革リーダーと同体になってハンズオンの姿勢をとり、不振事業に必ず染みついている制約条件を排除してやり、恥も外聞もなく、蛮勇を振るうことが必要である。

社長の言葉を受けて、春田本部長が過去を否定する新たな戦略を打ち出すことはなかった。どうしていいか分からなかったというのが正確だろう。

春田は幹部社員の前で語った。

「今、産機事業本部は危機だ」

「改革は痛みを伴う。血が流れることもある」

そういう言葉で社員の心をえぐりながら、実際には問題のボトム（根底）に本当に切り込んでいかない役員は、かえって「危機に不感症」な社員を増殖させていく。

社員は歴代の産機事業本部長たちが、同じような言葉を口にしながら、この一〇年近く、人減らし以外に何も有効なことをしなかったことを知っている。だから内心では、「今回も何も起きないだろう」と思っていた。

三枝匡の生き方論 01【改革に立ち向かう姿勢】

経営者が「改革では血が流れる」「正念場」「最後の勝負」「あとがない」といった言葉を口にしたところで、その人が本当に改革推進者とは限らない。「危機感が足りない」「風土改革だ」「意識改革だ」といった、無能なコンサルタントが口にするような抽象的言葉は何の効果も生まない。社員は翌日には忘れているのだ。言葉に頼るのではなく、改革者は真の改革フレームワークを作動させなければならない。まもなく登場する事業再生専門家黒岩莞太は、そのような低迷組織に切り込み、企業再生のターンアラウンドを図ることを職業にしていた。

香川社長はアスター事業からかなりの人員を他部門に配転させ、組織を軽くするよう指示した。

巨額の赤字幅はその努力で縮小したものの、少額ながら年間赤字は続いた。

しかし香川社長の就任から三年がたったころから、再び市場が冷え込み、受注が減った。せっかく人員削減をしたのに、かえって赤字が拡大しはじめた。太陽産業の中で、他の事業が生んだ赤字削減の成果を、アスター事業が帳消しにする構図が再び拡大してきた。

香川社長は春田本部長に不満だった。何の改革も進んでいない。何も。このままなら、いつまで経っても、事業が打開される道は見えて来ないだろう。

若手ミドルのぼやき

経営会議で赤字の業績見通しが説明された日の夜、産機事業本部に属する三人の若手ミドルが会社近くの赤提灯(あかちょうちん)で飲んでいた。三〇代の前半、主任や課長代理だった。

「今日、他の事業部の連中から嫌味を言われた。『産機事業のお陰で、俺たちのボーナスが減る。みんな怒っているぞ』ってね」

社員の賞与は、組合との合意により、全社決算に基づいて全社統一基準で決まる仕組みだった。産機事業本部が赤字に陥っても、あるいはその主たる原因が傘下のアスター事業の大赤字であっても、全社と同じ基準でボーナスが出た。「やってもやらなくても同じ」「汗をかいた者が損をする」という制度だった。

先週の営業会議では、また春田事業本部長が大声を出したばかりだった。

「社内の危機感が薄すぎる」

だが、心の中で「危機感がないのは、あんただろう」と言い返した者が少なくなかった。トップの呼びかけだけで、会社が本当に変わるなら、世話はないのだ。

よく計算された総合的アプローチと具体的行動の切り口を経営者が用意し、そのうえでトップ自ら矢面に立つ覚悟で社員の既成価値観を突き崩していかなければ、実際には何も起きない。

「確かに社員はみんな、アスター事業は絶対につぶれないと思っている」

「事業はここ一〇年近くずっと落ち目、しかも産機事業本部は今年で連続赤字三年目……それでも社内はノンビリしているよ……」

読者はご存じだろう。上司を批判するこうした社員の会話の背後には、いつも新たな英雄の出現を待望する気持ちが隠されている。

ところが約一〇年間、産機事業に英雄が現れることはなかった。

「課長レベルは結構、上に言いたいことを言っているんだけど、その上が……」

「今の部長たちだって、課長の頃は元気だったよ」

「上に行くとみんな同じウイルスに冒されて……元気なのは外から来た人くらいだろう」

この会社に途中入社した者は、いつまで経ってもそと者であった。二〇年近く勤めて課長になっている者でさえ、社内で噂話になると「彼は外から来た」と言われた。面白いことに、太陽産業の他の事業から異動してきた人も「外から来た」と呼ばれた。

不振事業の症状02【組織のガタガタ】

成功している高成長企業では組織変更が頻繁に行われ、社員の異動は日常茶飯事で、いつも社内はガタガタしている。誰もそれが異常だとは思わない。あまり長い年数、異動のない人は、逆に能力的にかえっておかしいのだろうと見なされかねない。一方、事業内容がいつまで経っても変わらない低成長企業では、人事異動は一大イベントだ。誰が昔、どこの部署にいたか、皆が他人の異動歴まで実によく覚えている。

正論でものを言う人ほど、結局は社内で生き残りにくいことが太陽産業では定説になっていた。ある取締役が、「役員といっても私は部長兼務だ。他の部署のことに、あまりかかわりたくない」と発言して、彼に頼ろうとしたミドルのひんしゅくを買ったこともあった。

会議で部長連中が、問題の解決のためにガンガン言い合うことはなかった。事業への思い入れよりも、自分が無難でいられることが大切だったのだ。

不振事業03【議論を避ける組織】の症状

激しい議論は、成長企業の社内ではよく見られるが、沈滞企業では大人げないと思われている。情熱を持って突き進む者がしばしば「青い」と疎まれる。

他の部署の仕事にはできるだけ立ち入るまいと、生ぬるい議論が繰り返され、うやむやにされた問題は、しばらくすると、それでは困る人がまた持ち出してきて、同じ議論が蒸し返され、また先送りにされる。

産機事業では、言い出しっぺが損をしていた。勇んで二階に上がってみたら、後ろでハシゴをはずされるということが、しばしば起きた。

「この前の経営会議で部長の態度を見て、頭に来たよ……課長が気の毒でね……」

厳しい質問の矢面に立って、満座の中で一人の課長が必死に戦っていた。それを目の前に見ながら、上司の部長がだんまりを決め込んでいた。

上司は前日、説明を受けて「これでいいだろう」と承認を与えたくせに、事業本部長の否定的態度に迎合して、助け船を出さなかったのである。

「そもそも、課長に説明させることがおかしい。あれは部長が自分で説明すべきだろう」

「事業本部長が部長に、これはおまえが説明しろと言えばいいんだよ」

上に立つ者がピシリと言えば簡単に是正されるはずの現象が放置されていた。

「でも、変だよ……事業本部長のことを悪く言う人が、意外に少ない」

「春田さんは基本的に優しい人なんだよ。その分、他の人がやり玉にあがって……」

危機感を持ち、クールに問題に切り込もうとする人のほうが、現場から嫌われていた。

不振事業の症状04【人気のあるトップ】

トップが社内の人望を集め、対照的に、その下の役員やスタッフが悪者にされている構図は、それ自体が病気の現象である。トップが自らハンズオンのスタイルをとらない限り、組織の危機感を保つことはできない。しかしそうなれば、トップが温かな人気者であり続けることはない。

「だけど、結局は香川社長がおかしいよ。なんであの事業本部長を放っておくんだろう。業績がこれだけ悪いんだから……いくらなんでも気づくだろう」

「いや、香川社長が役員を集めて会議するだけじゃ、本当の問題が何か、分かるわけないよ」

「だけど事業本部長がコロコロ替わりすぎて……産機事業では、数えたらこの一〇年程で六人目だよ。会社は何を見て人を替えているのかな」

「何も見ていないよ。お役所の玉突き人事と同じさ」

日本の大企業組織は官僚化が進み、個別事業の戦略打開よりも、本社人事のご都合主義を優先するケースが増えているのだ。

三人は遅くまで飲んだ。毎日アフターファイブになれば、同じ調子の社員が居酒屋に集まって、グチと噂話で満ちみちているのである。

彼らから→課長→部長→事業本部長→社長と、その間にたった三人が介在しているだけだ。社長を含めないなら、たった二人だけだ。しかしその組織階層が地球から月を見るような心理的距離を生んでいた。

不振事業の症状05【語り部】

成長の止まった会社では語り部が多くなる。変化が少ないから、去年のことを言っているのかと思うと、実は一〇年前のことだったりする。つまり一年前と一〇年前をまぜこぜに話しても、違和感がないのだ。

ところで読者は、今夜の彼らの話に、まだ書かれていない深刻な症状が含まれていることに気づいただろうか。彼らの話の中に、ミドル自身の反省がまったく聞かれなかったのだ。

この事業本部をどう活性化したらいいのか、具体的意見を言う者もいなかった。彼らにとって悪いのは、いつも「どこか」の「誰か」だった。

不振事業の症状06【全体と個人の関係が見えない】

事業全体が危機（たとえば大赤字）でも、社員個人には危機感がない。あまりにも多くの日本企業に見られる深刻な組織現象である。私（著者）の事業再生の経験では、これが日本の経営全体の元気のなさを生んでいる最大要因だ。経営者が言葉で社員の鈍感や怠慢を責めても問題は解消できない。なぜなら、「全体現象（大赤字）」と「個人の仕事」をつなぐ責任関係（因果関係）が、ほとんどの社員に見えていないからである。自分の責任と思えないから、他人や経営者のせいにするのである。あなたもそうではないのか。

もし会社全体の赤字と、社員個人の関係が「可視化」され、自分が全体の悪さにどう関わっているかの因果関係が少しでも見えれば、社員は誰しも「自分もまずかった」「これは直さなければ」と思う。その因果関係のことを、男女の恋の縁じゃないが、著者は「赤い糸」と呼んでいる（経営ノート③参照）。

不振事業の再生では、どんなに細くてもいいから、社員個人個人に赤い糸が見えてくるようにしなければならない。これもまた、間もなく登場する黒岩莞太が改革を図っていくうえでのキーポイントである。

そしてもう一つ、読者はお気づきだろうか。ミドルたちの会話に競合企業の話がまったく出てこなかった。彼らの関心はあくまで内向きのことばかり。外で負けていることへの切迫感が薄いのだ。会社全体が、やっても、やらなくても同じになっている。それは全社一律の賞与だけの話ではないのだ。

もし彼らが中小企業やベンチャー企業に入っていれば、もう役員や社長になっているかもしれない優秀な人材が、大企業では情熱をぶつける対象を見いだせない。社員の不満をもて余す。それは個人にとっても、会社にとっても、国家にとっても、不幸なことだった。それが今の日本だ。

会社の外では一流上場企業の名刺を持ち歩いてプライドを見せながら、社内に戻れば「この会社はどうにもならない」と自嘲気味に傷を舐め合っているのである。それなりに深刻な事態だと思いつつも、誰もが「自分のせいではない」「自分で直せる問題ではない」と考えているのだった。

たった一回しかない人生を、そんな張り合いのない毎日で、このままずっと埋め続けていくのだろうか。

香川社長は大きな戸惑いを感じた。いったいこれまで、何のためにたくさんの社員に辞めてもらったのか。春田本部長は厳しい叱責を受けた。しかし産機事業本部の幹部も社員も、内心では「太陽産業は大会社。全体業績ではまだ大丈夫」「アスター事業も、なんとかなるさ」という態度だった。

香川社長はそれを感じ取り、自分の甘さに地団駄を踏んだ。彼は業績の先行きを読み違えただけでなく、何と言っても、改革の途中経過のチェックが甘くなっていた。経営会議の席上でただ追及するくらいでは、実際に行動が変わるような組織ではなかったのだ。

不振事業07の症状【改革に不適な人材】

追い込まれた事業を打開する戦略は、これまでの流れを断ち切らなければならないのだから、必然的に高リスクの内容になる。リスク戦略の立案と実行にはそれなりの「経営経験」「智的能力」およびリーダーとしての「熱さ」が必要である。従来の人事常識に囚(とら)われ、その能力に欠ける人材をリーダーに立てれば、改革が骨抜きになるのは当然である。

香川五郎は社内で経営者育成が行き詰まっていることを身にしみて感じた。

バブル崩壊から立ち直るのに、日本の官僚や政治家が決断を遅らせ、政治的なソフトランディングばかりを求め、日本を泥沼から救うのが遅れて「失われた一〇年」が進んでいる。話を先回りすると、やがて日本人はその状態に馴(な)れてしまい、多くの者が「この状態でソコソコ悪くない」と思うようになった。そうやって、「失われた三〇年」が過ぎていったのである。世界第二位の経済大国を築いていた日本人は、今や一人当たりGDPでは、世界で三〇位前後の韓国と肩を並べるところまで落ちてきたが、それでも日本人はさしたる危機感をもてない。

それを政府のせいにして、多くの日本人は所得が上がらないことに不満を漏らすが、経済がこれだけ弱まれば、成長率の高い他の先進国に比べて給与が上がらないのは当たり前なのだ。イマジニアの神藏孝之氏の論考から引用する。

一九八九年の世界時価総額ランキングの上位二〇社に、NTT、日本興業銀行、住友銀行、富士銀行、第一勧業銀行、三菱銀行、東京電力、トヨタ自動車、三和銀行、野村證券、新日本製鐵、日立製作所、松下電器、東芝の一四社が入っていました。しかし二〇二二年の世界時価総額ランキングでは、日本企業は上位二〇社に一社も入っていません。

上位五〇社でもトヨタ自動車が三五位に顔を出すだけです。日本のお家芸だった電機や半導体のジャンルでも、台湾や中国、韓国企業の後塵を拝していることが一目瞭然です。

その結果、OECD（経済協力開発機構）の調査では、二〇二〇年の購買力平価ベースの平均賃金で、すでに日本は韓国にも抜かされています。（神藏孝之＋テンミニッツTV編集部 編「日本の資本主義はいかによみがえるか――その課題と倫理的基盤」イマジニア）

一兆円企業、太陽産業の中でも、会社全体が不振でもそれは自分のせいではないと思っている人が圧倒的に多い。しかし国の不振現象は、個々の企業の業績が伸びないことの集合現象であり、それは個々の企業の中で働く日本人個人個人の成果が上がらないことの集合現象なのである。

だが、香川五郎は持ち前の強気を失っていなかった。この業績の落ち込みは、天が自分に与えたチャンスだと考えよう。ダメな事業はダメだと言い切るのだ。決して待っていてはならない。経営トップが白黒をはっきり示し、壊すべきものは壊すのだ。

そうすることで出てくる痛みを乗り越えれば、会社は次の経営ステージに移っていける。それが賢明な経営者の姿勢であるという原則論を、香川社長は噛みしめ直した。

黒岩莞太との出会い

社長の香川五郎は産機事業の業績悪化を見て、これ以上待てない、自分が打開に動かなくてはならないと判断した。まだ遅くはない、香川はそう心に決めた。

以前に会ったことのある一人の人物のことを思い出した。社長になる直前にその人の書いた本を読み、興味を覚えて社長就任後すぐに割烹青山浅田（かっぽうあおやまあさだ）に招いて食事した。

その時に聞いた話では、黒岩は三二歳の時に業績の追い詰められた日米合弁会社に経営者として舞い降り、また三〇代後半には大塚製薬が買収した破綻ベンチャーの再生に社長として当たった経験を持っていた。

そして四一歳の時に、約一〇年前のことだが、彼は自立して個人事務所を構え、事業不振に陥って苦しんでいる会社を支援する仕事を始めたという。日本経済がバブルに向かっていた時期だ。派手な投資ないし投機的話が飛び交っている世相の中で、逆に暗い不振企業に目を向けて四〇代を過ごしてきたという。その間、バブルが崩壊すると、彼は一部上場クラスの大企業から、行き詰まった不振事業を再生させる仕事を引き受けるようになったという。

二人が初めて会ったその日は、香川が社長に就任して四カ月が過ぎた頃で、その時黒岩は五一歳になっていた。

香川社長は、黒岩のそれまでの生き方に、強い印象を持った。三〇代で不振会社二社の経営者を務め、四〇代でプロフェッショナルとして不振事業再生を引き受け、通算すると二〇年間、不調企業を元気にすることばかりをしてきたという経営者人材が日本にいたことを、香川社長は知らなかった。

その席で黒岩莞太は、日本企業がバブル破綻以降ずっと低迷しているのは、日本企業で経営者人材が枯れてしまったことが最大の理由だと言った。

自分こそが会社をリードすべき役割を担っていると意識している人が減り、すっかりサラリーマン化が進行している。誰に指示されなくとも自ら手を挙げて改革の言い出しっぺになり、リスクを負って先頭に立つ人材が減ってしまったと言うのだ。

黒岩が香川にその話をしているとき、香川は思った。黒岩の話の相手は、多くが自分のようにサラリーマン上がりの経営者のはずだ。だから聞く方も心の中ではあまり穏やかではないかもしれない。彼の話は当時としては世にはばからない、斬新な意見に聞こえた。けれども香川五郎は、いまの太陽産業の社内の症状を見れば、黒岩の言う通りだと思った。

香川は黒岩とのその顔合わせをきっかけに、彼に太陽産業の社内で始めた経営者人材選抜教育プログラムの講師を頼んだり、協力メーカーの組織「みどり会」の年次総会で講演を頼むなどの付き合いを始めた。

その状態で一年半が過ぎた頃、香川は再び黒岩を青山浅田に招き、思い切って一つの頼み事をした。

「黒岩さん、太陽産業には不振事業がたくさんあります。社内に入って、そのうちのどれか一つの再生を指導して貰えませんか」

しかしその時、黒岩は別の上場企業の事業再生に関わっていた。相手の会社は一〇〇年近い社歴を持ち、日本人なら誰でも知っている有名な会社だったが、いまや成長力を失い、三年連続の赤字に陥っていた。

「香川社長、すみません。私はいっときに一社だけに集中して仕事をするスタイルです。なにせ、上場会社がいわば『死の谷』から脱出するのを手伝う仕事なものですから、片手間じゃ、とてもできないのです」

黒岩は、どこの会社とも言わずに、いま行っている彼の改革アプローチのことを話した。

「事業再生では、まず、会社がなぜ追い込まれてしまったのか、病気の真因に迫らないといけません。私はそれを『強烈な反省論』と呼んでいます。実は、それを描くだけでも簡単ではないのです。経営陣も社員も危機意識がなく、会社の不振は誰か他人のせいだと思い、自分は黙って眺めてきた。その状態で何年も来て、事業は本当に追い詰められるところにきてしまった。日本の不振事業はほとんどすべて、そのパターンです」

香川は「強烈な反省論」という言葉を聞くのは初めてだった。

「多くの人が、事業不振といえば過去の『戦略』がまずかったと思うのですが、真因を探っていくと、戦略の問題もさることながら、実は、歴史的にどちらが鶏か卵かという原因の問題はあるものの、結果的に今となっては、とにかく『組織』が闊達(かったつ)さを失っていることが、一番深刻な問題なのです。ところが世の社長や役員は、その組織問題にどう取り組めばいいのか、どうすれば皆が元気になるのか、方法論がはっきりしていません。組織と言っても、人事を変えればいいという程度の問題ではないのです」

香川は自分も同じだと思った。切り込み隊長として適任だと思った春田本部長を任命しただけで、組織の構造に切り込んでいくことはまったくできなかった。戦略よりも組織？　経営の古典とされてきたA・D・チャンドラーの「組織は戦略に従う」とは真反対の言葉だった。どういう意味だろうか。

「社長、組織と言ってもただの人事の話ではなく、社内の仕事の流れ、いわゆるビジネスプロセスの問題が大きいのです。組織が非効率になっていて、競争上のハンディになっている場合が多いのです。幹部も社員も長い年月、そのやり方にどっぷり浸かって来ましたから、何がまずいのか、社内の誰も自覚のない場合が多いのです。

それを解き明かして、彼らに問題を認識させるのは、簡単ではありません。戦略の問題に加えて、組織の問題を取り上げ、その二つに同時に切り込んで行って、『戦略＋組織』をセットにして改革に入ることが必要なんです」

香川にはまだ分かりにくかったが、黒岩の語り方には自信が見えた。

「改革と言えば、社内には必ず反対論やサボりが出てきます。けれどもこの組織問題を避けたままでは、改革にならないのです」

黒岩の話を聞きながら、香川社長は内心、驚いていた。

太陽産業の中で、幹部の誰かを改革責任者に指名したところで、このような考え方と改革手順をスラスラと示す者は一人としていない。ところが黒岩は酒を酌み交わしながら、目の前で「事業再生」の成功ポイントを明確に口にしている。これまでかなりの場数を踏んでいるに違いなかった。

ここで黒岩は、先ほど香川から提案された仕事の話に戻った。

「私は事業再生を一つの会社で一旦始めてしまうと、しばらくその会社から抜けられなくなります。複数の会社のプロジェクトを掛け持つような、器用なコンサルタントみたいなことはできないのです。今のプロジェクトは、始めてすでに一年ほど経っていますが、早くてもあと一年くらいはかかりそうで……」

太陽産業の社内で同じことを実行できる幹部がいるなら、なにも黒岩に頼む必要はない。しかし、いま改革はすでにあちこちで行き詰まっている。

香川社長は、黒岩莞太の都合がしばらくつかないことを聞いて、がっかりしたものの、悠然と言った。

「黒岩さん、そうですか。じゃあ、待っています。可能になったら教えてくれますか」

これがすべてのコトの始まりだった。

経営フレームワークとは

主役の因果律を探し出す

この「戦略プロフェッショナル・シリーズ」三部作には、第一巻から始まって、頻繁に「フレームワーク」という言葉が出てくる。

私（著者）の言う経営フレームワークとは、経営者人材が自分の経営経験を「知恵」として頭の中に蓄積しておき、将来の経営者行動でより良い経営判断を下せるようにするための道具である。フレームワークを蓄積し、使いこなすことは、優れた経営者人材になるための必須条件である。

われわれが新たな学びを得て記憶するときは、複雑な事件をまるごと、微細なことまで覚えようとしても覚えきれるものではない。現実は混沌としていて、グチャグチャであり、一つの原因から他の事象が生まれ、それがまた次の事象を生み出すという「因果関係」の連鎖が、まるで毛玉のように、こんがらがっているのが普通だ。そこに含まれている一つひとつの因果関係のことを私は「因果律」と呼んでいる。律というのは音楽の旋律（メロディー）のように、目の前の状況が時間と共に移り変わっていく姿を意味している。

どんな問題でも、いろいろな因果律が作動しているが、よくよく見ると、その状況で主役を演じている重要な因果律と、ただ付随的に動いているだけのマイナーな因果律がある。

あなたがその状況に対して行動して変化を起こそうとするなら、あなたはまず、そこで作動している因果律の中で、どれが主役の働きをしているかを見分けようとするだろう。

脇役でしかないマイナーな因果律をいくら追いかけても、あなたの行動による全体への影響はたかが知れている。だから主役因果律を見極めて、あなたの行動力をそこに集中しなければならない。その主役因果律が分かったら(一つだけのこともあるし、複数のことも多い)、あなたは「問題の押さえどころが見えた」と感じるはずだ。それが問題解決のための押しボタンになるはずだ。

単純化の威力

ここまでの思考プロセスを、私は状況の「単純化」と呼ぶ。主役因果律だけを取り出して、他の要素はマイナーだと、一旦横にどけてしまうのだから、問題はかなりシンプルになっている。だから自分だけでなく、あなたが周囲の人々に「これって、こういうことじゃないの?」と説明すると、理解されやすくなっている。

そうやっていじり回した因果律の中には、今後も覚えておけばまた似たようなことに出会った時に、経営者としての判断能力を高めてくれると感じるものがある。そのような因果律に簡単な名前を付けて覚えておくと、周囲の人も記憶しやすくなり、組織内での共有も進みやすくなる。

それが私の言うフレームワークの始まりである。始まりというのは、人生ではそこからの発展形がいろいろ出てくるからだ。

これまでフレームワークと言えば、学者やコンサルタントが出してくる難しい概念とかコンセプトのことだと思っている人は多い。だが私のフレームワークは、ちょっとした言葉や考え方であっても、それが経営者人材として大切な意味があると思えば、それらをすべて経営フレームワークと呼ぶ。「これって、こういうことじゃないの?」という言葉自体も、私にとっては覚えておいてまた使いたい大切なフレームワークなのである。

あなたの能力が高まれば、重要な因果律が複数互いに関係していて「構図」と呼べるような、少々複雑なフレームワークも扱えるようになる。それが経営者として将来使えそうだと思うなら、それにも単純な名前を付けて、冷凍庫にしまっておく。智的格闘ではシンプルな言葉を使うことが勝負である。

人間の頭の中には、そうした「智」を貯めておくための冷凍庫がある。ところがその容量はあまり大きくない。そこに入れたフレームワークが古くなれば、自分が何を入れたか忘れてしまったり、霜がついてラベルが見えなくなったり、賞味期限が切れたりする。

あなたが将来何か新しい状況に直面して、どう判断していいか分からなくてウロウロしていると、ある瞬間、「これはひょっとして、あのことが関係しているんじゃないか」と、以前に冷凍保存した言葉を思い出すことがある。

そうなれば、あなたは冷凍庫からそれを取り出し、解凍（ディフリーズ）して、以前に得た知恵がいま自分の直面している状況に当てはまるかどうか、自分がより賢い行動をとるのに役立つかどうかを試してみる。

もしそのフレームワークが使えるなら、あなたは、他の関係者が白紙状態から考えているのに比べて、ずっと「気づき」が早くなる。あなたは彼らよりも早く「これって、こういうことじゃないの?」と言うことができる。皆が納得すれば、それだけ組織の動きは早くなり、事業の問題解決は加速される。

もう読者はお分かりだろう。あなたが他の人よりも早く、「これって、こういうことじゃないの?」と言えることが、リーダーシップと呼ばれるものの本質なのだ。

いくら会社の中で肩書が偉くなった人でも、部下や周囲の人が「これって、こういうことじゃないの?」と言ったとき、「その通りだ」と同調するだけなら、その上司は問題解決をリードしていない。部下や周囲の人の判断に賛同するだけの上司は、いくら偉そうな顔をしていても、しょせんはフォロワーに過ぎないのである。

自論フレームワークとは

冷凍保存してあるフレームワーク(すなわち単語とか構図)は、あなたの過去経験ばかりではなく、昔に読んだ学者の理論だとか、人の話を聞いて感動した言葉かもしれない。人から学んで取得したフレームワークのことを、私は《借りフレームワーク》と呼ぶ。《仮フレームワーク》と書いてもいい。

他人のフレームワークであっても、最初は大いにパクっておけと私はいつも言っている。だから私のフレームワークも、著作権の明記を忘れない限り(笑)、大いにパクっていい。

人生で、以前経験したのと何もかも同じ事件が起きることはない。似ていても、何かが違う。ということは、冷凍保存していた《借りフレームワーク》を引っ張り出してきても、今回の状況にそのまま当てはまることはない。そのフレームワークを眼前の問題に当てはめるために、あなたはちょっと修正したり、新しい要素を加えたりする必要がある。

それがうまくいって使えるものになれば、たとえその修正がわずかであっても、そのフレームワークはもはやパクったものではない。新たな自分の理屈になっている。私はそれを《自論フレームワーク》と呼ぶ。辞書に出てくる「持論」ではない。「自論」というのは私の造語である。たった二字のこの言葉でさえ、私にとってはとても重要な自論フレームワークなのである。

こうして人は、借りフレームワークや自論フレームワークを頭の中に蓄積していくことで、経営者人材としての独自の知識ベースを増やしていく。それで経営者人材として判断能力を高めていくのである。

抽象化する

何かの知恵を冷凍庫に保存するときには、その内容がどんなに複雑でも、あるいは自分にとって腹が立ったり悔しかったりの感情を伴うものであっても、それはそれとして、重要な言葉だけを抜き出して、冷凍庫に入れることが重要だ。

それを「単純化」と呼ぶことはすでに述べた。自分の経験した出来事を面白おかしく、あれこれ些末(さまつ)な話までくっつけて、**のびた**うどんみたいな状態でそのまま冷凍庫に入れないことだ。人間の冷凍庫は大きくないから、それだけですぐに一杯になってしまう。

その単純化を図るためには、実はもう一つ、その手前でやらなければならないことがある。あなたの話を単純化するには、まず話を「抽象化」することが肝心なのだ。

抽象化とは何か。私なりに簡単に言ってしまうと、話の中の固有名詞（関係した人の名前だとか、商品名、企業名など）を消し去って、話を一般名詞だけにするのである。そうすれば、その話はその場特有の話ではなくなる。どこでも話せる「汎用性」が高まる。それによって、将来、似て非なる状況に出くわしたときに、そのフレームワークを適用しやすくなるのである。

フレームワーク「創る、作る、売る」の発祥と展開

さて、ここで私のフレームワークの一つを例として取りあげ、それがどのように生まれ、論理として展開してきたか、またこの論理が世界の経営の潮流にまで関係が出てきた経緯を紹介したい。不振企業の再生に挑んできた私にとって、フレームワークは重要な生身の役割を果たしてきたのである。

私が三〇代の初めに若い戦略経営者として初めての事業改革に挑んでいたある日、初めは何の認識もないゼロの状態で、一つの現象に気づいて、ハッとした。私はその気づきを経営者のものの見方として膨らませ、論理づけを行い、最後には事業改革の武器として使うところまで「敷衍化」してきた。学者レベルの高踏な理屈ではない。経営現場での勝負に関係している。一兆円企業の事業再生で私が生き残りをかけた戦いを挑めたのは、私がこのフレームワークをあちこちで試し切りして、切れ味を進化させてきたからだ。

この話を続ける前書きとして、私がここまで辿ってきた人生のことに簡単に触れる。黒岩莞太ならぬ私が二〇代と三〇代をいかに生きてきたかは、本シリーズ第一巻『決定版　戦略プロフェッショナル』に詳しく書いた。一介のサラリーマンだった私は、日本で転職が社会の外れ者の行動とされていた六〇年代末、二五歳の時に、三井系の優良会社を飛び出し、当時は無名の会社、ボ

ストン・コンサルティング・グループ（ＢＣＧ）の日本採用第一号になった。

客観的に見れば、危ない転職だった。その経験が、その後、高リスクでもあえて挑戦していく私の生き様を決定づけたと思う。

七〇年代中頃、私は二〇代最後に自費でスタンフォード大学に留学し、そこで将来、戦略経営者を目指すことを決心した。

日本のサラリーマン出身者が簡単に叶（かな）えられる話ではなかった。ところが私は普通なら巡り合わない奇遇を辿り、わずか三二歳で、大阪の日米合弁企業に常務取締役として舞い降り、翌年に社長になった。それが私の戦略経営者を目指す初陣になった。すべて実話である。

さて、ここからがフレームワークの話だ。その仕事で、私はある日、社長として一つのことに気づいた（この話は『決定版　戦略プロフェッショナル』では触れていない）。

私の部下は、財閥系親会社から出向して来た、親子ほども歳が上の定年前後の人々だった。社内のそれぞれの部署で完結する仕事は、それぞれの部長がある程度きちんと動かしていた。彼らはそれで自分の責任を果たしていると思っているが、私の立場から見ると、会社が競争能力を高めるための改革や改善について、彼らは熱心ではない。そのための意思決定や行動が部門と部門の「境目」で途切れ、滞留して懸案事項になっている。

私はその観察から、一つの閃（ひらめ）きを得た。それは私のその後の経営者人生で重要な柱になっていく考え方の出発点だった。

読者の中には、部署と部署の境目で問題解決が停滞することなどよくある話で、別にどうということはないと思う人もいるだろう。しかしそう思う人が多い会社ほど、この病気に冒されており、会社の競争性が脅かされている。

事業の原点は「売ってなんぼ」の世界、つまり「商売」が成り立ってこそ、おまんまが食える。そこで会社は、開発→生産→販売→顧客のサイクル（市場に向けた行きのサイクル）を回して顧客に商品やサービスを届けている。競争相手も同じことをしている。

競争企業のそれぞれの「創る、作る、売る」は顧客のところでぶつかり合い、そのせめぎ合いの中で、顧客はいずれかの企業を取引相手として選び、商品やサービスを購入する。

その一連の行動の中で、顧客は「値段を下げろ」「サービスを上げろ」「品質がおかしい」などと多くの要求を営業担当に突きつけてくる。

企業競争のカギは、そうした顧客のさまざまな要求に、組織としてどう迅速に応えるかだ。顧客の要求を、社内の担当部署にいかに迅速に戻し、その結果をいかに迅速に顧客に返すことができるのか（戻しのサイクル）。

行きと戻しのサイクルを合わせると、それがトータルサイクルだ。企業はそれで競合と戦っている。社内が緊密に連携し、そのグルグル回しが競合企業より高速で回っていれば、その事業や商品は市場で次第に勝っていく。遅ければ負けていく。

よほど強い特許で守られた技術や、公的規制で守られた権益などがあれば、殿様商売も可能だろう。だが私は気づいた。どんな大企業であれ、競争の原点はこれだと。

私はこの回しに「商売の基本サイクル」という名前を付けた。あたかも商店街の店主が「商売、商売！」と言うように、大会社といえども営業担当ばかりでなく、開発者も、工場従業員も、人事や経理の社員も、「商売、商売！」と言いながらこのサイクルを競合企業よりも早く回せば、

事業の原点「創る、作る、売る」（商売の基本サイクル）

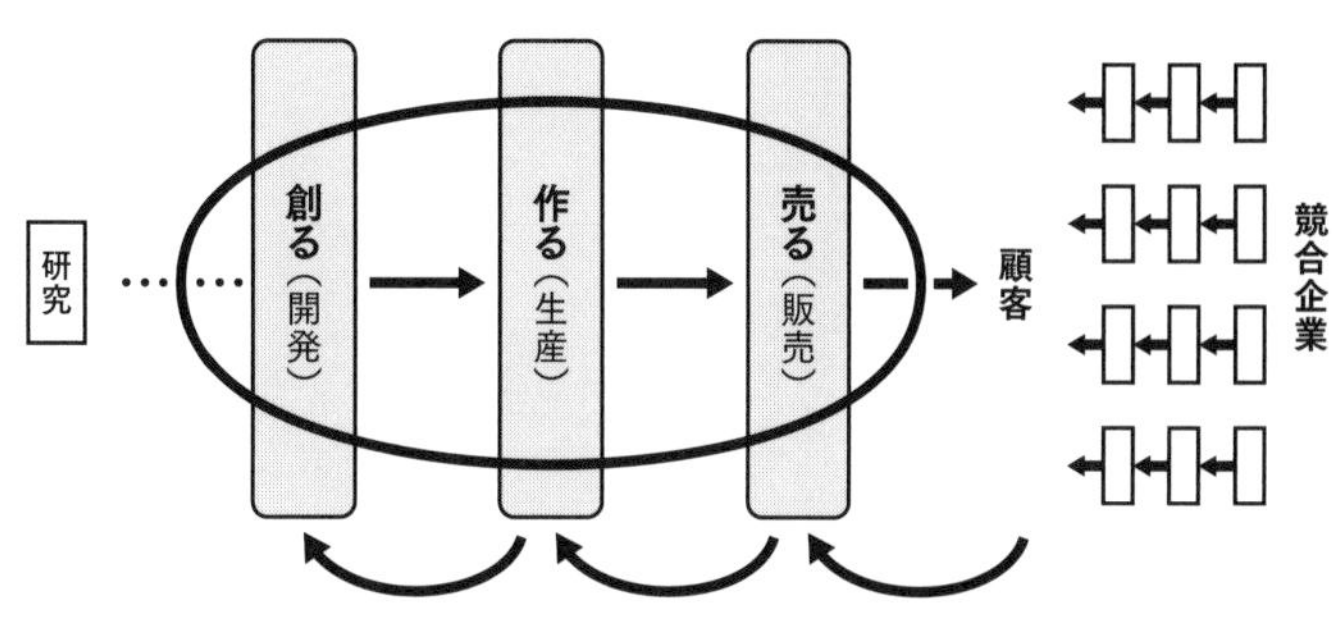

顧客は間違いなく喜んでくれる。

けれども、スピードは相対的なものだから、誰かが早ければ、誰かが遅くなる。

企業が大企業病に陥ると、社内のサイクルのスピードが低下する。競争や顧客のことを「商売」として身近に感じていない人は、問題の対応を停滞させても痛みを感じない。

理由のいかんを問わず、それが競争上のハンディを自ら生み出すことになる。

とりわけ「商売の基本サイクル」の左方向に行けば行くほど、つまり顧客との接点から遠くなるほど、「商売」を意識していない社員が増えるのが会社組織の宿命なのだ。

私が舞い降りたこの合弁会社が一〇年間敗退を続けてきたのも、つまるところ最大の理由はこれだ。はっきり言って、定年に近い大会社のサラリーマンが出向してきて緩慢なゲームを続けていたら、先端企業に勝てるわけがない。私は多少の皮肉も込めて、「商売」という言葉を使って、事業の原点に回帰することを求めたのである。

組織全体が遅いスピードで動くことに馴れてしまうと、会社のカルチャーはそのスピード感を前提にして形成される。

そのスピードを緩めるような組織変化は、今までよりノンビリすればいいのだから簡単だ。けれども戦略的にそれを早めようとする経営のギアチェンジは、いかなる経営者にとっても想像以上に大変な改革になる。新聞社は時間のサイクルとして週刊誌を出せるが、週刊誌の出版社は日刊紙を出せないのである。

事業の回しのスピードの差が及ぼす競争上の影響は、一年経ったくらいなら分かりにくいが、一〇年もすれば市場での勝ち負けが歴然としてくる。そうなっても「うちの会社は体質が古い」といった嘆きの言葉だけで終わらせている会社は多く、年を重ねると、やがて死の谷に近づく。

「創る、作る、売る」の改革への適用

私はこのフレームワークに初めて気づいた時、この概念の奥は深い気がしていた。「早く回す」とは、すなわち「時間を短くする」ことである。それは「時間の価値」に着目していることになる。

やがて、このフレームワークを経営改革の重要概念として使うようになった。

私は三〇代の後半、時代は一九八〇年代に入っていたが、大塚製薬の故大塚明彦(おおつかあきひこ)社長に誘われ、大塚製薬が救済した倒産ベンチャーの再生を引き受けた。そこで再建の切り口を見つけてくれたのが「創る、作る、売る」だった。

こうした経営者経験を経て、私は四〇歳に到達した時点で、戦略コンサルタント、事業会社二

社の社長、ベンチャーキャピタル会社社長という経歴を積んでいた。当時はもちろん、いまの時代でも珍しい組み合わせのキャリアだろう。

それを基礎にして四一歳で、自立を決意して個人事務所を設立した。異端の会社だった。それは日本が華やかなバブル景気に向かっていた八〇年代半ばのことで、世間ではカネ余りの派手な話が飛び交っていた。それを尻目に、私は逆に、業績の追い込まれた不振企業の元気を取り戻すための支援を請け負い始めた。当時、日本でそのような仕事を専門にする会社はなかった。

そして一九九一年、とうとう日本はバブルの崖からころげ落ちた。

多くの日本企業が追い込まれ、海外での競争性も大きく毀損して撤退が相次いだ。日本中がまるで業績不振企業だらけになり、私は上場企業クラスの大企業から、不振事業の再生を頼まれるようになった。

その再生プロジェクトの第一号はD社で、私はそこでトヨタ生産方式の思想を導入した。それが大きな出会いになった。

三〇代前半に日米合弁会社で見た「創る、作る、売る」の現象は、重要な経営課題が社内の「部門と部門の境目で滞留する」という症状だった。そのころ私はトヨタのカンバン方式について、その呼び名は聞いていたが、本質は知らなかった。

ところがD社の中で出会ったカンバン方式の考え方は、効率の悪い工場で、仕掛品在庫が「工程と工程の間で溜まっていく」という症状に対する改善手法だったのだ。

私はハッとした。自分の「創る、作る、売る」の見方とメカニズムは同じではないか。私の頭の中で二つの原理が、完全に重なって見えた。

ターンアラウンド・スペシャリスト（事業再生専門家）の仕事を始めてみると、D社のみならず、「商売の基本サイクル」はますます有力な改革の武器になって行った。

不振企業の中をみると、業種や商品がまったく違うのに、日米合弁会社で見た「創る、作る、売る」が回っていない大企業病が、遥かに深刻な病気として、蔓延していたからである。

日本から学んだ経営概念

ところがこの論理は、私一人の経験よりも、はるかに巨大な歴史的事件に発展していく。ちょうどその頃、米国で驚くべきことが起き始めていたのだ。

米国は長い年月、日本に叩かれ続けてすっかり元気を失っていたが、一九九〇年前後を境にして新しい経営革新のセオリーを生み出し、元気復活への道を歩き始めた。その革新セオリーとは何だったか。それは私の「創る、作る、売る」を早く回す概念と完全に重なるものだった。

それぞれの歴史的起源は違う。私の論理は三〇代で日米合弁企業の社長として見た社内の症状から始まっていた。一方、米国の革新セオリーは、気鋭のコンサルタントや学者たちが、米国の強さ復活を願いつつ、七〇年代の戦略論を含めて新しい経営論理を探し続けてきた結果だった。そこまでに、米国は約三〇年間を費やした。

実は、米国人が生み出した新しい改革論は、日本から学んだことから始まっていた。八〇年代末、米国人の戦略コンサルタント二人が日本に来てトヨタ生産方式を解析した。その結果、カンバン方式には「時間の戦略」という原理が含まれていると喝破した。従来言われていたヒト、モノ、カネ、情報に加えて、時間が企業競争力の新しい武器になると言ったのだ。彼らが書いた本は米国でベストセラーになった。

さらにその二年後、米マサチューセッツ工科大学のマイケル・ハマー教授が『リエンジニアリング』の概念を提唱した。米国企業は「個別最適」の考え方ではもう日本に勝てない。会社全体のビジネスプロセスを捉え、「全体最適」の観点から「劇的」な改革を狙うべきだと提唱した。日本人が汗水垂らして生み出した経営ノウハウなのに、それが米国に行って、こうした理論展開が行われ、米国ですさまじい事業革新の潮流が始まった。知らぬは日本人ばかりだった。

突破口を見つけた米国人は、そこから凄まじい勢いで飛躍を始めた。それはITを活用したEC（電子取引）企業の躍進に結びついた。その代表的企業は言わずと知れたアマゾンだ。本一冊でも一日で顧客に届ける。究極の「創る、作る、売る」の「時間戦略」を追求したその手法は、日本から学んだものだった（日米競争の六〇年間の歴史的変転の詳細は、本シリーズ第一巻の『決定版 戦略プロフェッショナル』に収録した論考「世界の事業革新のメガトレンド」を参照して欲しい）。

危機の経営現場で戦う

ここまで、私のフレームワークの一つが辿った進化の歴史をご紹介した。私は新しいフレームワークを考え出すと、その考え方を敷衍化して、経営改革の武器として充実させていった。本書のアスター事業の改革でも、第三、四章で「創る、作る、売る」のフレームワークが実務的に適用されているシーンが出てくる。

私がこれまでに蓄積し、冷凍庫にしまってあるフレームワークは、いま五〇タイトルを超える。それを説明するパワーポイントは合計で約八〇〇頁を超えている。

私は知識の中から、新しいプロジェクトに必要なものを取り出し、それをベースに改革シナリオを組んだり、再生企業の幹部や社員に解説したり、大学のMBA講義や自分が主宰している『「戦略と志」講座』などで、紙芝居のように見せながら講義したりする。本書第三章に出てくるタスクフォースの合宿もそのシーンの一つだ。

私の経営者人生で、自分のナマの成功・失敗経験から得たフレームワークが、経営者論理に転化し、自分の経営者キャリアを支えてきたと思う。つまり、私の経営改革論理の多くは「自給自足」だったのであり、その努力を積み重ねることで、私は大きな力を得てきたと思う。

さて、現実に戻ろう。これから始まるアスター事業の再生は、どう考えてみても、うまくいく保証はどこにもない。事業再生とはそういうものだ。追い詰められた事業であっても、何とか先の道が見えてこないかと、私はあえて挑戦してきた。

コマツでの仕事は、安崎社長から声をかけられた時点で、これをうまく達成すれば、自分の人生における事業再生活動の集大成になるだろうと思った。このプロジェクトはそれほど複雑で、追い込まれたケースだった。そういうときこそ挑戦すべきで、たとえ失敗してもそれは勲章になると、私のフレームワークの一つがいつも語りかけてくるのである。

第二節　二年で事業撤退の社長宣告

アスター事業を選ぶ

黒岩莞太が割烹青山浅田で、香川社長から太陽産業の抱える不振事業の再生を引き受けて欲しいと誘われてから、約一〇カ月が経過していた。

その年の五月、香川は黒岩莞太から一通の手紙を受け取った。

「時間の余裕ができました。まだご関心があるなら、私の能力で出来る仕事かどうか分かりませんが、時間的には対応可能です」

太陽産業の社内状況はさして好転していなかった。改革に成功して業績が改善しはじめた事業もあったが、逆に産機事業やその傘下のアスター事業のように悪化している事業もあった。

香川はすぐに経営企画室長を呼んで、連絡をとるように命じた。

黒岩は太陽産業の本社を訪ねた。五四歳になったばかりだった。香川社長は元気そうに見えたものの、困っている様子だった。単刀直入の会話だった。

「黒岩さん、どれか一つの事業に絞って、改革を助けてもらえますか。成功報酬を含めて、高額でいいです。プロとしての報酬を取って下さい」

報酬について、そういうことを初めから言う日本の経営者は珍しかった。

翌週、経営企画室長が黒岩莞太の荻窪(おぎくぼ)の事務所を訪ねてきた。彼は黒岩に一枚のリストを見せた。

子会社を含めて、社内の改革テーマが二〇件くらい書いてあった。

「問題のプロジェクトをすべて書き出してきました。この中から選んでいただこうと思って」

そのリストが香川社長の承認を得ていることは明らかだった。黒岩は一三年近く事業再生の仕事をして来て、一つの会社からレストランのメニューみたいなものを見せられたのは初めてだったので、つい笑ってしまった。

すべてのプロジェクトの概要を聞いて、黒岩は最後に、一つの事業を選び出した。それが産機事業だった。それは、香川社長が一番悩んでいるプロジェクトでもあった。しかし黒岩がそれを選んだのは偶然の一致だった。まさかそれが、いま太陽産業の中でもっとも深刻な事態に陥っている事業だとは、その時点では十分に分かっていなかったのだ。

太陽産業の歴史は、創業の時、一台の産業機械を苦心して開発したことから始まっていた。いわゆる会社の祖業に当たる。過去には産機事業が太陽産業で最大の売上高を占めていた時代もあったという。社内でいわば栄光の歴史をもっていた。

その後、参入してきた競合企業に追い抜かれ、また太陽産業が別の事業分野で世界的に躍進する成功を収めたことで、その陰に隠れて、社内ではすっかりマイナーな存在になっていた。有価証券報告書を見ると、産機事業本部の売上高は、国内と輸出を合わせた単独決算で、全社の六%程度に過ぎなかった。

産機事業本部の実態をもう少し詳しく見てみよう。四つの商品群があるが、そのうち有力なのは二つだ。

一つは大型産業機械である。その商品はすべてトヨタ自動車のような大企業向けで、顧客数は限られている。受注金額は大きく、それだけ特注要素も多く、生産は受注毎に単品で作っている。開発、生産、販売のすべての機能組織が本社の事業本部、すなわち東京本社ないし北陸の工場にあった。大型機械の業績は大きな波があるものの、黒字だった。

もう一つの商品群は小型産業機械だ。顧客は三万社と言われる中小企業である。その販売には代理店が介在することも多い。顧客から特別の仕様を求められることはなく、すべて標準品を生産し、その在庫から売る事業である。

生産は機種ごとに何台かまとめて生産するロット生産である。開発と生産の二つの機能組織は産機事業本部の中に部署があるが、営業と顧客現場での機械設置やメンテナンスサービスは、それを専業とする一〇〇%子会社、アスター工販を通じて行われていた。

代理店や数多い中小顧客に対しこまめな活動を行うには、動きが保守的な親会社組織よりも、子会社の体制が向いているという判断だった。

既に述べたように、小型機械は大きな赤字を出していた。それが事業本部のみならず、太陽産業全体にとって、大きな病根になっていた。本書ではその事業に名前をつけ「アスター事業」と呼ぶことにしている。

いよいよ追い詰められて

バブル崩壊以降、激しい市場縮小に見舞われ、これまでの改革の努力が不発だったことが大きく影響して、アスター事業は七年連続になる赤字決算を続けてきた。

折しも、さらに大きな業績悪化の追い打ちを受けていた。

一昨年にアスター事業の赤字幅は拡大し、五億円の欠損を計上した。市場の縮小が止まらず、しかも競合企業にシェアを食われ、そのダブルパンチで売上高が減り続けたのだ。

そして昨年度の業績はさらに低下し、一二億円の赤字になった。春田事業本部長は経営会議で、さまざまな対策を考えていると繰り返し説明したが、さしたる進捗はなかった。

今年度に入ると悪化傾向に一段と拍車がかかった。上期だけで、昨年度一年間の赤字額を上回る一八億円の赤字を出す見込みだ。このまま行けば、今年度の赤字は三〇億円を超える可能性があった。市況次第で、どこまで沈むか分からなかった。

深刻だったのは、この一〇年近くの市場規模の縮小にもかかわらず、業界の競合二社は昨年も僅かな黒字を出していることだ。彼らは市場が縮小すれば、それに遅れないスピードで人員縮小や合理化の打ち手を加速し、赤字転落を回避してきた。

それに対して、アスター事業は全体市場の縮小だけでなく、マーケットシェアを毎年少しずつ失うというダブルパンチを受け、しかも社内の合理化への対応が遅れたので、業界でアスターだけが赤字という、一人負けの状態に追い込まれた。

一方、太陽産業全体の業績も、香川社長の下で、会社の歴史で初めて赤字に転落し、昨年度の全社損益は一〇一億円もの損失になった。今年度は持ち直して赤字ではないものの、当初の目標からは崩れ始めた。利益の出ている事業部で予算未達が起き、一方、アスター事業や他の赤字事業が予想外の赤字を出し始めたので、黒字部門が全社業績を予算通りに支える余裕を失っていた。

アスター事業は太陽産業の中で隅っこの存在として扱われ、これまで多少の赤字でも放ったらかされてきたのだが、そのマイナー事業がいまや香川社長を悩ませるほどの全社課題になってきた。

ところがアスター事業の幹部、社員たちはそれほど追い詰められているように見えなかった。リストラの分だけ赤字幅が縮小する効果があったことをもって、生き残った者たちは、依然として船が沈みつつあり、船窓に海水面が迫ってきているのを知りながら、とりあえず自分たちは助かったと気楽になっているように思えた。

香川社長は、この状況に対して、最後の挙に出た。

「この事業を二年以内に黒字化できなければ、事業を閉鎖する」

会社の最高意思決定機関である経営会議の場で、そう宣言したのである。

だが、歴代の事業本部長が改革を投げ出し、七年の赤字が続いてきた事業だ。二年で救いだすための緊急行動が、これまでの社内体制の延長線上で出てくるとは思えなかった。

経営会議の場だけでなく、香川社長は、会社が発刊したアニュアルレポートの中で、インタビュー形式の社長への質問に答えて、こう語った。

「産業機械分野では、大型機械の事業再編に注力している間に、アスター事業に注意を向けることを疎かにしてしまった気がします。立て直すために、期間を二年に限定し、社内の中堅世代の経営陣を送り込んで、抜本的改革を実行します。これがこの事業最後の努力になるでしょう」

株主向けのアニュアルレポートは最高権威を持たせた公式文書である。だから表現は柔らかくしてあった。そのため多くの株主はその発言の重みを読み過ごしたかもしれない。

しかし注意深く読めば、驚くべき本音が述べてあった。翻訳すれば、いわば、こう書いてあったも同然だった。

「アスター事業の古手の経営陣は改革に失敗しました。だから若く新しい経営陣を送り込みます。

あと二年で立て直せなければ、この事業は終わりです」

それが株主、投資家、役員、社員に向けて発せられた最後通牒（つうちょう）だった。社長はその方針をマスコミにも喋（しゃべ）ってしまった。

アスター事業の幹部、社員に戦慄（せんりつ）が走った。アスター事業が、たとえば五年前に抜本的な戦略転換を実行できていれば、これほど絶望的な状況には追い込まれていなかった可能性は高い。ところが放っておいたために、問題の根はどんどん複雑化し、深くなってしまったのである。

不振事業の症状 08【時間経過と共に複雑化】

経営ノート②にも書くが、不振事業の解決を先延ばしすると、一つの原因から始まった問題がさらに次の問題を起こし、やがて原因と結果の因果関係が絡まり合ってくる。そうなると、問題の本質、つまり「解決の押しボタン」がどこにあるのか分からなくなる。ダラダラした経営リーダーが問題を先延ばしする行為は、その問題をさらに深刻化させることを許しているのである。

春田事業本部長、子会社アスター工販の社長は、この宣告でショックを受けたが、彼らが今の立場のまま経営責任を負い続けることができなくなるのは確実だった。彼らの努力不足で、いまや事業は完全に時間切れアウトの宣告を受けてしまった。

彼らは社長の特命を受けてから三年間、何をどう直せばこの事業を救えるのか、成果どころか具体的方策さえ編み出すことができなかった。

黒岩は数日もすると、自分が再生を引き受けた事業が想像以上に深刻で、しかも時間が切迫していることを悟った。

これを引き受けたら、成功するのか。そんな保証はどこにもない。もちろん彼は失敗することが明白なら、引き受けることはありえない。そうなると、黒岩はいま、どう考えているのだろうか。

「かなり困難な仕事だが、自分が事業再生専門家を標榜してきた以上、これはトライする価値がある。それが自分の職業（プロフェッション）だ」

そう考えているに違いなかった。これまでの彼の生き様と同じように、どこか彼の体には、リスクに対する楽観主義の血が流れているらしい。

経営企画室長が黒岩の事務所を訪ねてきた次の週、黒岩は香川社長に会いに行った。アスター事業の再生を引き受けるに当たって、一つの条件を出す必要があった。お金のことではない。

「私はターンアラウンドの仕事を四一歳で始めて以来、この一三年ほど、会社の大小に関係なく、直接、社長に雇われた形でなければ仕事をお引き受けしない主義でやってきました。このプロジェクトで私は香川社長に、いつでも直接会い、直接ご相談して、直接の裁可を得て改革方針を進めていくという関係を確実に保っていただきたいのです」

本当は、これまで黒岩が仕事を引き受けるうえで原則にしてきたことは、その会社の取締役ないし役員待遇になることだった。しかし一兆円上場企業のような会社でいきなり取締役になることを求めるには無理があった。黒岩は、アスター事業内部で実質的に仕事のできる権威が確立できればよかった。

「事業が追い詰められていても、外から入る私に対して、社員はこいつは誰だという反応から始まります。それは自然です。社内改革には、いろいろな抵抗が出ます」

産機事業本部のトップは執行役員の本部長である。その上には担当の副社長がいる。そのヨコには役員の経営企画室長や人事部長もいる。そして一〇〇%子会社のアスター工販には、定年が間近い社長がいる。その人は事業本部長にとっては先輩であり、本部長であっても強いことを言える相手ではなかった。

黒岩はそれらの関係が生み出す「組織の政治性」「立場の綱引き」を受け入れて改革者の仕事をすることはできない。事業本部組織からアスター事業だけを取り出して、その改革に関しては、これらの上位層の頭越しに、黒岩が香川社長の直属役員として働く立場を求めたのである。アスター事業の改革現場では、黒岩が社長の権威を背負った実質的トップになるという体制だった。

太陽産業が、これほどの立場を社外から来た人に与えたことはない。異例の扱いであることは明らかだった。

香川社長は黙って聴いていた。彼も黒岩莞太をどのような形で雇うかを気にしていたので、黒岩の方から言い出してくれたのは歓迎だった。

「社長が二年期限の予告を出したことで、本当に廃業の瀬戸際に来ています。ここまで来て、私がリードする改革の動きに、本社の幹部や事業本部の幹部がいちいち注文を付けたり、社内に否定的な毒を流して、その結果私が妥協を強いられるなら、私が切れ味のいい再生への道筋を見つけられるかどうか、かなり怪しくなります」

黒岩は過去に、そのことで辛酸を嘗めていた。

「私の権限で期待される役割を十分に果たせない恐れがあるなら、この仕事はお引き受けしない方がいいと思っています。双方にとって不幸な結果になりますから。私は社長と完璧（かんぺき）なコミュニケーションを図りつつ、社長が直接、最終的な方向性を決裁して進めていくという体制をお願いしたいのです」

当時の会話は記録されていないが、この会話は作り話ではない。

黒岩はまだ何も始まっていない今のうちに、外から改革者が入ってきた時に起きうる組織のネガティブな「力学」を説明しているつもりだった。

黒岩が普通の経営コンサルタントの仕事をするのなら、このような要求は必要ない。社内の関係者をよろしく調整しながら仕事を進めるのがコンサルタントの腕の一つだからだ。しかしターンアラウンド・スペシャリストは違う。

特に今回は、二年以内に生きるか死ぬか、「一回限りの積み木細工」をするのである。ただでさえ不安定なその積み木を端から崩そうとする「組織の政治性」が動き始めたら、事業再生はほとんど絶望的になる。

そうなれば黒岩莞太はプロフェッショナルとしての失敗を演じることになる。

不振事業の症状 09【戦略性 対 政治性】

組織の「政治性」は「戦略性」を殺す力を持っている。政治性は、個人の利得（利権利害の混入）、過去の栄光への執着、個人的好き嫌いなどによって生まれ、社内では「正しいか正しくないか」の議論よりも「妥協」優先の行動が支配的になる。

こういうことを社長にストレートに言う黒岩も黒岩だったが、それを聴く香川にもそれなりの用意と覚悟があった。

香川社長はその強もての顔に、わずかな笑みを浮かべていた。黒岩が難題をふっかけてきたと捉えるのではなく、むしろこういうことをはっきり言う黒岩にプロらしい頼もしさを認めているように読めた。切れ味よく改革を進める米国企業なら当たり前に通じる会話であることを、香川社長は分かっているのだろう。

二人は合意に達した。社内で黒岩は香川社長の直属とする。その肩書はアスター事業「改革統括」とする。黒岩のこれまでの経験では、「副社長待遇」といった肩書もあり得たが、黒岩はこの大企業で内外からいぶかしく思われるような肩書は避けたかった。正式な人事発令も求めなかった。意識して少々曖昧な肩書にして、代わりに香川社長は、その趣旨と権威を副社長以下の幹部に明確に伝えることを約束した。黒岩にとって、アスター事業の社内組織で徹底される限り、インフォーマルなアレンジでよかった。

黒岩莞太が太陽産業への出社を始めてみると、香川社長が黒岩と約束したことをきちんと実行したことは明確だった。事業本部長、アスター工販社長、他の幹部も、黒岩が事業本部長の上位で改革をリードしていく統括者であることを認めて、真摯な態度で接してくれた。

そうする以外、彼らもどうすれば事業が良くなるか、お手上げだったのである。

黒岩莞太は社内で「統括」と呼ばれることもあれば、「先生」と呼ばれることもあった。黒岩は昔から先生と呼ばれることがあまり好きではなかったが、この際どちらでもよかった。本書の中では、黒岩が香川社長の信任を得て、時に社長の代理者の意識で動くその重さを読者に伝えるために、黒岩を「改革統括」ないし「事業改革責任者」として描く。

改革の時間軸はたった二年

黒岩は香川社長と、この先の改革の時間軸を話し合った。

「社長、私が一〇月一日から仕事を始めるとして、事業内容や組織の基礎的なことを理解するのに最低二カ月はいただきたいです。並行してタスクフォースのメンバー選びを行います」

黒岩は一二月の早い時期に彼らを編成し、最初は教育、そして改革計画の立案に入る予定を提案した。改革の切り口とはなにかを見つけ出すことが、一〇年近くも浪費してきたこの事業を救うには、死命を決する問題だった。

「入り口を見つけたら、そこから改革の基本シナリオを固める作業に入ります。タスクフォースがそのプランを固めるのに、最速で動いても、三、四カ月はいただきたいところです。それ以上時間をかけることは、この切羽詰まった状況では許されないことは、分かっております」

ということは、この下期を準備期間にして、来年四月の新年度から本格的な改革推進体制に入る計算になる。社長に異存はなかった。

黒岩がその先の見通しを言った。

「どんな展開になるか分かりませんが、なんとか改革初年度の下期には、単月でも黒字の月が出るようにしませんと……そうでなければ、二年目に完全に黒字体質に転換するのは難しいと思います。撤退決定まで二年という期限を守るには、そのペースで行かないと……」

それを聞いて、香川は内心驚いていた。四月に改革を始めて、その年度内に黒字の月だと?……

…太陽産業の中で、冗談でもそんなことを言う者はいない。

約一〇年かけて社内の誰も立て直せなかったこの不振事業を、黒岩はあまりにも明快な時間軸で、再建すると言うのである。二年の期限を守らせるには、確かに一年目の終わり頃には月次で黒字化の見通しがはっきり見えないといけない。香川は自分で宣言したくせに、正直、一瞬、その計算を忘れかけていた。

その戸惑いを微笑で覆い隠して、言った。

「うん、それで御の字です……。根本的な改革を狙ってください」

社長香川五郎は安堵した。

自分は春田本部長に引きずられ、この三年間、問題解決を遅らせてきた。

あと二年で事業を閉鎖するとの宣言を出すほど追い込まれ、香川社長はその救済を外部者に託し、最後の活路を見いだそうとしている。企業トップが、言わば「投げだすぞ」「捨てるぞ」と、社内外に最後通牒を発し、二年という時限爆弾付きなのだ。いったいこの日本で、誰がこの仕事を引き受けるものだろうか。これは一兆円企業で起きた、実話なのである。

だが、目の前の黒岩莞太は、社長がセットした撤退の時間軸を視野に入れ、一時間足らずの会話で、それなりの「覚悟」に到達している。

読者の中には、黒岩が格好付けすぎだと感じる人もいるかもしれない。ところがこれがその場だけの格好づけや、空約束にすぎないのか、それとも本当に何かが実現するのかは、ここから始まる実際の成り行きで、たちまち明らかになってしまうことだ。

黒岩は腹を決めていた。この仕事はターンアラウンド・スペシャリストとしての自分の経歴の総決算になる可能性が高い。この仕事の常として、成功するかどうかは分からない。けれどもやるからには徹底してやってやろう。

自分は「経営者」として動くのだ。

サラリーマン意識から抜けられない者には、簡単に口にできる言葉ではない。が、黒岩はリスクを踏むことに慣れていた。

「黒岩さん、私は徹底的にあなたをサポートします……同じ船に乗り合わせるのですから」

社長も腹を固めていた……どのみち、他に頼める人材がいないのだ。この男に託してダメなら、誰が乗り込んだところでダメだろう……。

それが、黒岩莞太にとって新しい挑戦の始まりだった。

これまで何度も、そうしたリスクを踏んできた。

アスター事業の人々の気持ちを、一つに集めなくてはならない。冷めている彼らの気持ちを、熱く燃えるように導いていかなければならない。

それにはまず、一番危機感を持ち、変化を待望している「改革志向の社員」をタスクフォースに集めなければならない。

「この指とまれ」

そう呼びかけて、現場の「燃えるリーダー集団」を形成させなければならない。

第二章

【壊創変革のステップ・2】

組織を覗き・触り・嘗める

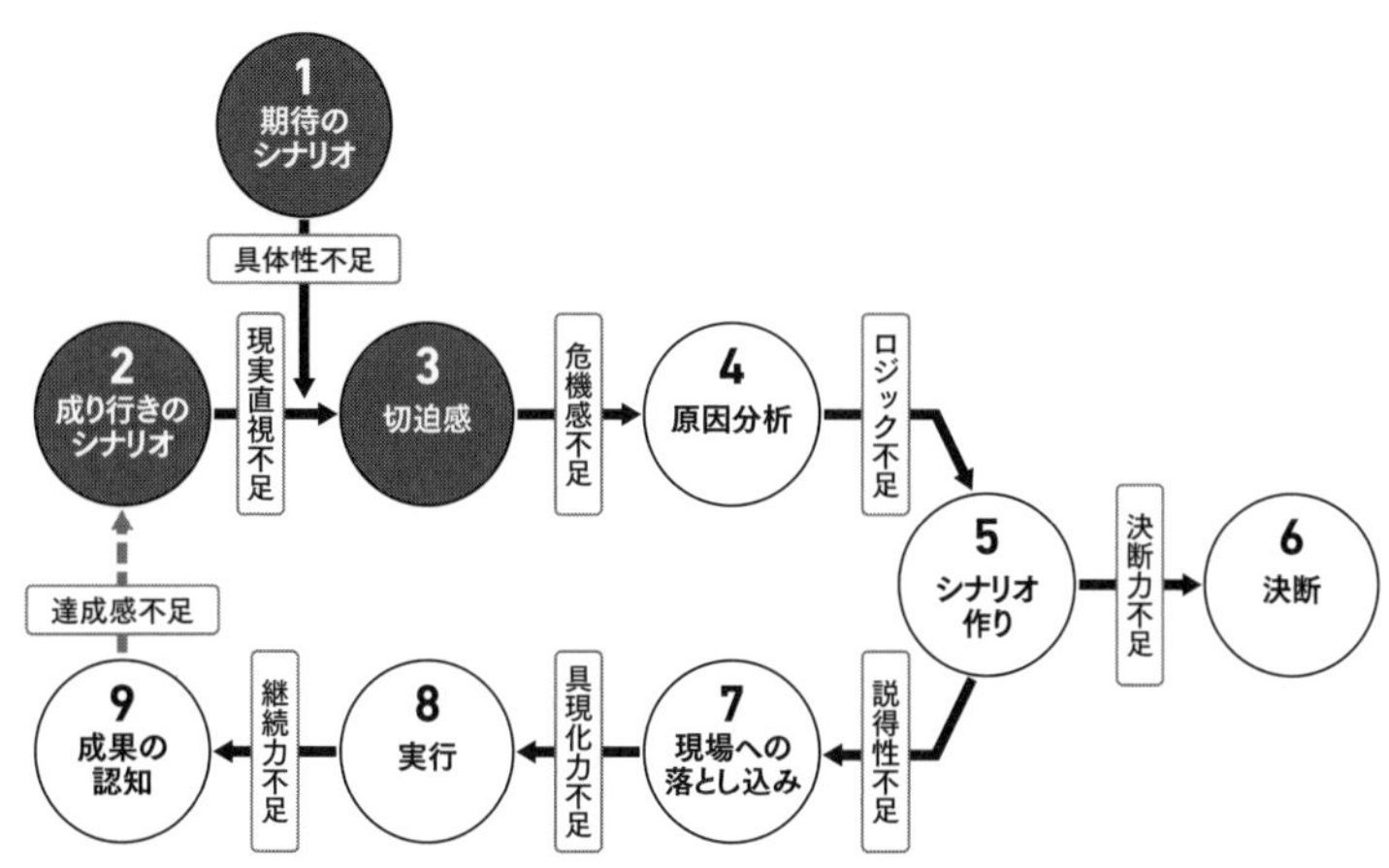

出席者の多い会議

太陽産業アスター事業の改革統括を引き受けた黒岩莞太は、一〇月一〇日、東京本社に出社した。事業本部にデスクが用意されていた。

事業企画室長の山岡(やまおか)と簡単な打ち合わせを済ませると、二人は会議室に向かった。

会議室のドアを開けて一歩中に入ると、黒岩は予想外の情景にあれっと思った。アスター事業だけの少人数の会議のつもりだった。しかし、目の前に春田事業本部長以下、三〇名近い出席者が待っていた。黒岩は本部長の隣の席に案内されると、隣の山岡にささやくような声で尋ねた。

「これは全員、経営会議の正式なメンバーなの？」

「はい、今日の欠席者はいません」

直感的に変だと思った。

不振事業の症状10【出席者の多い大会議】

やたらと出席者の多い大会議。ダメ会社症候群の典型。出席者を減らすと「自分は聞いていない」「俺は関係ない」と拗(す)ねる者が出てくる。リーダーシップの弱い組織の特徴だ。

すぐに山岡が開会を告げ、黒岩を紹介した。

「すでにお知らせしたとおり、香川社長のご指名で、黒岩先生が事業改革の『改革統括』に就任されました。統括からお話がありますす」

ここは春田事業本部長が黒岩を紹介するのが筋ではないか。しかし、本部長は隣の席で人ごとのように黙って座っていた。初っぱなから、この組織の実態を示す現象が見えた。

改革者として乗り込んできた黒岩が全体を把握せずに、いきなりつまらない局地戦に入るのは賢明ではない。黒岩莞太は立ち上がったが、細かいことを言うつもりはなかった。

「産機事業は市場での敗退が続き、産機事業本部全体としては今年で三年目、アスター事業としては七年目の連続赤字です。アスター事業が黒字化すれば、産機事業本部全体も黒字化するという関係です。太陽産業は今や、アスター事業の赤字を許しておく体力がありません。香川社長と何度も話し合いました」

会議室の隅まで行き渡る太い声で、目を見開き、出席者の顔を次々と見ながら話した。

隣の春田事業本部長は、テーブルに片手を置き、下を向いて聞いていた。

「香川社長が、もし二年以内に事業黒字化の見通しが立たなければ事業を『撤退』するとの結論に至ったことは、皆さんもご存じの通りです」

語りかけるように話したが、ほとんどの者は無反応だった。

「私は社外から来ましたが、香川社長から、経営者としてやるべきことをして欲しいと依頼されました。この事業を救うために、背水の陣で改革に当たります」

黒岩の話が終わると、会議室は静まりかえった。

社外から来た人が、自分を「経営者」と呼ぶのは異例だ。事業の長い歴史の中で、撤退の具体的可能性がアスター事業内部の公式の場で語られたのも初めてだった。撤退は社長の意思であり、二年の期限がついている。時限爆弾の時計の針は動きはじめている。

事業を「救う」という言い方をされたのも初めてだった。

だが、居並ぶ出席者の表情に大きな変化はなかった。多くの者が心の中で計算していた。いきなり「血が流れる」と言っただけで、何もしなかった事業本部長が、まだ目の前に座っている。ほとんどの者が黒岩の挨拶を「真に受けたら損する」「まあ、お手並み拝見だね」と考えた。

しかし、事業企画室D商品群担当の星鉄也は違う反応を示した。

三九歳の課長。類は友を呼ぶというのだろうか。多くの者が下を向いていたのに対して、星は前を見つめたまま、迫るような声で問いかけてくる黒岩莞太の表情を追った。

「この事業本部に、こんな人が来たのか」

黒岩も何人かの好意的な目線に気づいたが、その場を支配していたのは冷めた反応だった。

その空気は、黒岩には「いつか見た景色」だった。気にせず、黙って座った。今日はこれ以上彼らを煽るつもりはなかった。香川社長と合意した日程通り、これから二カ月ほど、黒岩は「低い静かな姿勢」で実情を把握するつもりだった。

管理者たちのすくみ合い

定例の議事が始まった。

会議の事務局を務める山岡室長が、手慣れた感じで会議を進めていく。

アスター事業の上期の決算速報と年度見通しが報告された。予算を大幅に下回っている。

太陽産業がまだ小さかったころは、産業機械事業が全社売上高の三割近くを占めていた時代もあったが、今は大型機を含めても全社の六%を割っている。

現在の人員数は、大型機を含めると七一〇名。一〇年前のピーク時には一四五〇名もいた社員が、今はその五割レベルにまで減っている。

小型機のアスター事業だけに限ると人員数は三八七名。もっとも、アスター事業は製造の半分近くを下請け企業で行っているので、その人員を加えればもっと大きな事業組織である。

大型機を含む事業本部全体の業績を説明すると、事業本部の連結赤字は上期だけで一三億円になる見通しだが、計画では下期赤字をなんとか八億円に縮小し、年度赤字を二一億円に抑え込むという計画だった。

問題は商品群別の損益だった。産業機械事業本部全体には大きく分けて六つの商品群がある。今年度の見込みで総売上高四一〇億円のうち、本書の対象に含めない大型機械は二二〇億円。そのうちA商品群は一三〇億円で、今年度見通しの経常利益約五億円。

B商品群も大型機械だが売上高九〇億円で約四億円の利益。つまり大型機A、B商品群合わせて九億円の利益があり、なんとか黒字に留まっている状態だった。

すでに述べたが、大型機は大企業の顧客への直販で、本社事業本部の中に直販の営業部があった。

これに対して、本書でアスター事業と呼ぶことにした小型機の事業にはC、D、E、Fの四つの商品群がある。これらの商品の開発と生産は事業本部で行われており、営業は子会社のアスター工販で行うという製販分離組織だ。全国五カ所に営業支店があり、その先には各地の代理店網を経て、全国約三万社と言われる中小企業ユーザーをカバーしている。

アスター事業の小型機C～F商品群のすべてが赤字だった。

長い歴史を持つC商品群は売上高七〇億円、赤字一〇億円。

D商品群は売上高一〇〇億円で赤字一四億円。
五年前から取り組んできた新規事業のE商品群は売上高一〇億円で赤字二億円。
三年前に始めたF商品群も売上高がほぼ同じ一〇億円で、赤字四億円。
要するに、アスター事業の合計で売上高一九〇億円、今年度の赤字額は合計三〇億円になる見込みだという。大型機の黒字と相殺しても、事業本部全体には二一億円の赤字が残るという計算だった。

組織が機能別のままで商品群が増えてくれば、当然、一つの商品のフォローは薄くなりがちだ。そこで事業本部は事業企画室のなかで商品別のフォローを行う商品担当者を置いた。世に言うプロダクトマネジャー制に似ていたが、権限も機能も曖昧だった。

商品担当があまり立ち入った調整をしようと思えば、社内で多くの対立と欲求不満を生んだ。機能別組織の部長と、事業企画室がぶつかり合い、「最終の決定権はどちらにあるのか」というせめぎ合いが繰り返されてきた。この一〇年程、商品別戦略が弱いという問題の解決に真正面から取り組む事業本部長はいなかった。

定例報告が終わり、今日の最初の議題はD商品群だった。大幅なコストダウンと、不採算商品の削減計画を決定する手はずだ。

出番が回ってきたD商品群担当の課長星鉄也は、前に歩み出ると、パワーポイントを使いながら、対策の全体像と各部の作業計画を報告した。

星は、目の前の席で振り返りながら聞き入る黒岩莞太としばしば目が合い、緊張していた。

説明を終えるとアスター工販の吉本社長が意外なことを言いはじめた。

事業本部の中で、アスター事業の小型機械だけに特化している部署はアスター工販だけだから、吉本社長はアスター事業に大きな発言権を持っていた。

しかも太陽産業の理事からアスター工販社長に転出したので、後輩の事業本部長に遠慮がなく、事業本部の社員にとっては扱いにくい相手だった。

親会社のライン責任者が、先輩の子会社経営者に口を出せないという政治現象は、昔から日本企業のあちこちで常態化してきた。

「星君、商品数の削減が大幅すぎるね。これでは、かえって赤字が増える恐れがある」

先週の商品別会議で、今、横に座っているアスター工販の取締役営業部長が最終案を了承して持ち帰ったのに、この本部経営会議で子会社社長がまた元に戻そうというのである。

議論は初めからおかしな雲行きになった。工場長が助け船を出してくれた。

「生産品目の集約はこれくらいやらないと、効果が出てきませんよ」

星鉄也にはありがたい援軍だったが、この数カ月間、何度も繰り返された議論がまた蒸し返されているにすぎなかった。

工場とアスター工販は、日頃から対立することが多かった。工場は、営業の販売計画がいい加減であてにならないと独自の生産計画を立てて生産を行い、営業側は欠品や過剰在庫が起きるのは工場のせいだと陰口を叩いて営業活動に本腰を入れないこともあった。

内心では吉本社長を嫌っている開発部長の佐々木が、いつもは静かな物言いだが、珍しく強い言い方で意見を言った。

「これらの商品は競争力がなくなっているのですから、私は大幅削減に賛成です」

人数的には吉本社長の劣勢だったが、結論が出ないまま押し問答が続いた。

最後に皆の視線が星鉄也に集まったが、彼は困った顔をしていた。持ち前の気の強さで、腹の中は「いい加減にしろ」と煮えくり返っていた。

全体をまとめるのは、確かに事業企画室の商品担当の仕事とされていたが、役員や部長レベルが対立しているのに、その場で課長が決断を下すことなど、あり得ない話なのだ。

明確な結論を言えば、否定された部長に、あとで蒸し返されることは分かっている。

この一部始終を聞いていた黒岩は無表情だったが、この「いつか見た景色」に心の中は苛立っていた。彼は二年以内の黒字化を目指さなければならないのだ。

不振事業の症状11【組織のたこつぼ化】

部長たちが機能別組織のたこつぼに潜り込んでいる。事業全体の責任を分かち合う意識は消えている。そして間接部門スタッフが社内政治の「掃き溜め」にされている。上位者でなければ解決できない戦略的課題が若手に押しつけられている。

課長の星が答えに迷っていると、資材部長の秋山が不意に、別のことを言い出した。

「実は、B商品群とD商品群の部品発注のタイミングが重なってしまい、メーカーからどちらを急ぐかと相談され……私はD商品群を後回しにすべきと判断しました。したがって予定が一カ月ずれることに……」

驚きの新事実であった。こういうときにいつも後回しにされるのは、大型機よりもアスター事業の小型機であった。しかもこの古ダヌキみたいな部長は、いつも勝手な理屈で他の部を振り回す。

さすがに星は言い返した。

「部長、そんなことを、資材部だけで決められるのですか……」

本当は「ふざけるな。俺の権限って何なのさ」と怒鳴り返したかった。星は必死になった。各部署と調整済みなのに、今さらD商品群の販売スケジュールを変えるわけにはいかない。

関係部署が事前によく打ち合わせていれば済むはずのレベルの低い話だった。他の商品群まで巻き込んで、話は二転三転し、結論は出なかった。

会議の持ち時間を大幅に超過したので山岡が無理やり、まとめに入った。

「星君、各部を集めて、もう一回すり合わせをやってください」

それで終わりだった。星鉄也は腹を立てていたが、怒りをぶつける相手はいなかった。

不振事業の症状12【機能別組織の弊害】
機能別組織のすべての部署がすべての商品群に関与し、よってたかって仕事を複雑にしている。その分、個々の商品への責任感が薄まっている。

不振事業の症状13【機能別組織の競争力】
妥協的態度＝決定の先延ばし＝時間軸の延長＝競争力の低下。外の勝ち負けよりも、内部をよろしくやることのほうが大事だと思っている。

会議はさらに続いた。多くの議題で、同じパターンのやりとりが繰り返されていた。黒岩莞太の頭の中は、警戒信号の赤ランプでいっぱいになった。

競合他社の話はどこへ

《黒岩莞太の話》

この前の経営会議の印象ですか？　正直言って、うんざりしました。

あの会議で誰の主張が正しく、誰の主張が間違っていたかは、問題ではありません。あれは経営会議になっていません。

幹部全員が、つまらない政治劇を演じているんです。

自分たちで結論の出せない議題は先送りして、最後の調整を事業企画室に投げてしまうのですから……どうせ妥協の産物しか出てこないに決まっています。

私がガックリ来たのは、まる一日会議をやっていながら、競合企業の話がほとんど出てこなかったことです。

私は立ち上がって、怒鳴りたくなりました。「あなたたちは負け戦をやってるんだ。赤字を垂れ流しているんだ。こんなことで勝てるわけないだろう」とね。

でも外から舞い降りてきた来た私が、あの日に口を挟むのは早計なので、我慢して観察していました。

不振事業14【負け戦】の症状

「負け戦」をしているという自覚がない。個人として「赤字の痛み」を感じていない。責任を皆で薄め合っている。

あの綱引きを見ながら、私は歴代事業本部長の経営者能力不足と責任感不足を感じました。これは、今後進める改革の重要なポイントですから、きちんと説明します。

どこの企業でも、組織はタテ組織とヨコ組織の組み合わせになっています。

たとえば、営業のライン組織をタテとすれば、営業企画、業務、人事、経理といったスタッフ機能がヨコ串を刺しています。

米国で複雑なマトリックス組織がもてはやされたのは七〇年代のことですが、導入してうまくいかない企業が続出しました。

タテとヨコの利害がぶつかるのは宿命なんです。

それぞれ異なる使命を与えられ相互牽制を狙っているのですから、放っておくと当事者の仲が悪くなったり、問題が先送りされたりする現象が出てきます。そういうものなのです。

その症状が長く続けば、事業展開のスピードはかえって落ちてしまいます。競争にも負けていくことになります。この事業本部が示している病状は、まさにその現象なのです。

解決法ですか？　原則的なことを言えば、その答えは、簡単と言えば簡単なことです。

一つ上の組織階層にいる共通の上司が、早め早めに積極的に動けばいいのです。つまりあの経営会議の状況で言えば、そこに座っている事業本部長がカギなわけです。

元気な成長企業に行くと、一つ上の階層の上司は、いつも配下のタテヨコの矛盾を自分で嗅(か)ぎ回り、問題を自分でいち早く吸い上げます。組織内で綱引きがおきたら、自分から先手を打ちます。そして、明確な方針を自分で示します。

元気な組織というのは、そういう人がいるから元気でいられるのではないでしょうか。

それも、下の者が妥協的な案を固めてしまう前に、多少まだ生煮えだという段階で、積極的に下に入り込んで、本来とるべき戦略や基本思想をインプットしてやらなければなりません。

その行動こそが、経営におけるリーダーシップの本質ではないでしょうか。

ところが残念ながら、この事業本部の歴代の事業本部長は、それを自分の役割だと考えなかった人が多かったに違いありません。そのような事業本部長は無力の「黒幕」みたいな存在になってしまい、下の者からは、いるのかいないのか見えないのです。

黒幕が出てこないと、何が起きると思います？　代わりに山岡企画室長のようなスタッフが全部ひっかぶって、不人気でも耐えながら、組織をまとめることになるのです。

トップのリーダーシップが弱いから、下の者は上から鍛えられることがないのです。そう考えると、レベルの低い言い合いをしているミドルたちも、いわば被害者に見えてくるのです。

まだ一週間が終わったばかりです。今、一番気が焦っているのはこの私です。しかし過去の事業再生の経験で、私は急ぎすぎて、何度かドジを踏んでいるんです。

踏むべきステップをちゃんと踏んでいかないと。でも、この事業本部は……思い切ってぶち壊さないと打開できませんね。とんでもないですよ……。

真の赤字要因を追わず

黒岩莞太はすぐに、管理職や若手など約五〇名と個人面談を行う予定を組んだ。社内の実情をつかみ、改革の切り口を最短距離で見つけることが目的だったが、もう一つ、重要な目的が隠されていた。

黒岩は二カ月ほどの「静かな観察期間」が終われば、直ちに数名の「改革タスクフォース」を編成し、この事業をどう改革するか、そのシナリオ作りを始めるつもりだ。

黒岩はこの面談で、そのメンバーを選び出したいと目論(もくろ)んでいた。

一人ずつ、一時間から、特に長ければ三時間も話し込んだ。朝から晩まで、時には、面談者を昼食や夕食に連れ出して、話を続けた。

《事業企画室D商品群担当、課長星鉄也(三九歳)の話》

私は黒岩統括に昨日呼ばれました。経営会議のことで何か言われるのかなと思っていましたが、行ってみたら彼はニコニコしていました。

いきなり、「あなたの権限は何なの?」と聞かれました。

へビに睨(にら)まれたみたいな感じで……つい正直に「何も決められません」と答えちゃいました。

「分かるね。あの経営会議の調子で、上の幹部に滑った転んだとやられたら、組織の切れ味とか戦闘力など絶対に出てこない。競合にここまで負けたのは当たり前だよ」

驚きましたよ。二週間でそこまでお見通しなら、この先、何をしてくれるのかなと嬉(うれ)しくなりました。まったく違うタイプの人が現れたと思います。

市場の状況を聞かれました。私が担当しているD商品群は、かつて三〇%近いシェアがあって業界二位を争っていましたが、今では半減して一五%のシェアしかありません。

それでもまだ、業界第三位を保っています。

第一位は関東工業で四五%、第二位は横田産業の約三〇%です。

ええ、どちらも今は上場企業ですが、わが太陽産業から見れば、昔は中小企業みたいな会社でした。太陽産業はそんな会社にやられちゃって……情けない話ですが。

品目別に見ても、われわれが第一位だという優勢商品は一つもないのです。

「今、拡販している商品は何なの?」

「アスター工販の吉本社長は、前期の重点商品を今期も引き続き拡販する計画です。私はむしろ今月出る新商品を一気に拡販すべきだと思いましたが」

こう答えた途端、黒岩統括の表情が変わりました。「え?」という反応です。

「商品の拡販方針は、あなたが全社的にまとめて、決めるんじゃないの?」

「営業担当にどの商品を拡販させるかは、アスター工販の社長が決めることになっています。営業をアスター工販に分離して以来、ずっとこのやり方です」

「なんだい、それ」

不振事業15 の症状

【全社視点の商品戦略】

商品別の全体戦略や、新商品販売計画が「開発→生産→営業→顧客」の一気通貫の判断で行われていない。

「D商品群の中身だけど、それぞれの商品は、先月どれくらいの損益だったの？」

「まだ速報ですが、D1商品は営業限界利益ベースで約六〇〇〇万円の黒字、D2商品は一億二三〇〇万円の黒字……」

この返事で、また話の雲行きがおかしくなりました。

私が「営業限界利益ベース」と言ったからです。この事業本部の特有の言葉です。固定費や研究開発費を配賦する前の損益のことです。その昔、経理出身で数字をいじることが好きな事業本部長がいましてね。その人が決めた手法です。

「アスターの商品群は全部赤字なんだよ。合計で今年度は三〇億円の赤字になる。それなのに君たちは営業限界利益なんてレベルで見て……黒字のつもりでいるの？」

黒岩統括はびっくりして、深刻な反応です。

「いえ、どの商品も経常損益までいけば赤字ということは分かっているつもりです……でも月次の商品群別となると、経理からこの程度の数字しか出てこないのです」

不振事業の症状16【商品別損益の曖昧さ】
商品別損益がボトムラインで語られていない。担当者レベルの「赤字に鈍感」の集合体が、組織全体の危機感不足を構成している。

「つもりじゃダメなんだよ。赤字を消すには個々の商品レベルに下りて、単価は崩れていないか、数量差はどれくらいか、原価がおかしいのか……原価なら工程のどこがおかしいのか……原因を遡及してアクションをとっていかなくては。それを『差異分析』と言うんだ」

「そういう数字は出てきません。大雑把な分類で半期に一回、それらしいものが出てきますが、間接費の配賦額が大きくて、商品別数値は信用できません」

黒岩統括が私の顔をジーッと見るんですよ。

「君ね、商品別の損益が半年待たなければ分析できないなんていうのは、放っておいても会社がどんどん成長していた時代のドンブリ勘定から進化していないということだよ」

それが実態です。私は自分のせいでもないのに、小さくなりました。

不振事業の症状17【商品別損益の把握単位】

原価計算がたくさんの商品を丸めた形で行われている。赤字、黒字が相殺され、商品別の実態が見えない情報になっている。

不振事業の症状18【使えない原価情報】

赤字の原因を個々の「要因」「現場」に遡及できない。その状態なら、どの商品の何が問題なのか分からないから、社員の行動不足が起きるのは当たり前だ。誰の責任かも分からない。

「数字が君たち現場の者にとって役に立つ形に分解されて出てこなければ、具体的改善の切り口は誰からも出てこない。それで、事業全体のフリーキャッシュフローがどうのこうのと、米国人の猿まねみたいな議論ばかりしたって、ナンセンスじゃないか」

今どきこんなレベルの低い話があるのかと言われました。あるから困っているんです。

「商品別の損益が分からないとなると、毎月の業績は何で判断しているのだ？」

「結局は、売上高です」

「そう言うと思ったよ……驚いたね……あれほどトップが『利益志向』と言っているのに、ミドル以下の実際の行動は昔と同じなんだ」

不振事業の症状19【現場の実態】

組織末端では旧来の売上高志向管理から抜け切れていない。管理システムが途中で切れているからである。不振企業に共通した症状は、トップも社員も合計や小計の数字ばかりを追いかけて、その中身の細分化された現場の実態に迫っていないことである。

「こういうやり方のまま、しばらくすると、人減らしで帳尻合わせ。ジリ貧だね」

その通りですよ。でも変でした。まるで私が経営者として批判されているみたいな。

上がったり下がったり……冷や汗も出ましたが、しかし、何か痛快な気分でした。

黒岩統括は五四歳でしょう？　私より一回りも上ですが、ショックですよ。ストレートな物言いと、それでいて意外に老獪（ろうかい）さみたいなものも感じました。

この職場で私があと一五年間仕事をしたからって、あんな風になれるとは思いませんね、絶対に……私の周りの上司を見れば、自明の理ですよ。いくら頑張れとか、経営者意識を持てとか言われたって、自分で何も決められないような環境で……飼い殺しですよ……だから時々、辞めたくなるんです。

でも、これで少し面白くなってきそうな……何が起きるんですかね。

多すぎるプロジェクト

《開発センター開発技術者、課長猫田洋次（四五歳）の話》

私のデスクの横に誰かが立ったので見上げたら、なんと黒岩統括でした。気軽に歩き回って幹部社員をつかまえて、そこいらの空いた椅子に座り込んで話をしておられたようです。

今までそういうことをする役員はいませんでした。私はあとで個人面談に呼ばれました。

まず、開発センターがこの五年間に何をしてきたのか、開発リストをお見せしました。

「この新商品の数を、競合企業と比較するとどうなるの？」

その質問には、以前に作った表が手元にあって、すぐに答えることができました。

アスター事業のC商品群を見ると、当社の新商品一三に対して、第一位の丸井産業が三二。D商品群では当社の新商品七に対して、第一位の関東工業が一五、第二位の横田産業が一三。売上高の少ないわれわれは完全に力負けです。

「問題は中身だよ。ユニークな商品を出して、ある分野で勝ち戦になっていれば望みがある。それを示すデータはないの？」

そんなデータはありません。

「じゃあ、アスター事業の中心であるC、D商品群の二〇の新商品に絞って、市場導入が成功した、まあまあ、ダメだった、という分類で○△×をつけてくれる？」

単純な質問ですが、何をもって成功とするか、基準をはっきりさせないと答えられません。実を言うと……それは言い訳でして……私はそんな見方で考えたことがなかったのです。話がこういう方向に行くのは予想外でした。開発の話をするのだと思っていましたから。

「感覚的でいいから、君の判断を表現してみてくれるかい」

勝ち負けを見るのですから、市場シェアしかないと思いました。

そこで、新商品投入によって市場シェアが以前より上昇したら○、同じままなら△、新商品を入れても減少傾向が止まらなかったら×として印をつけることにしました。

つけ終わってみるとガックリでした。○の商品はゼロ、△が四、×が一六。

「大成功した商品が一つもない……開発は『惨敗』だね」

惨敗という言葉が妙に新鮮で、ギクリとしました。

「これが業績悪化の大きな理由の一つだろう」

正直に打ち明けると、開発者はそれほど市場での勝ち負けに執着してこなかったと思います。われわれはよい商品さえ送り出せばいいと。あとは「営業」の問題だと思っていました。

不振事業20【現場の実態】の症状

開発者がマーケティングや市場での勝ち負けに鈍感になっている。何が「良い商品」なのかの定義が社内の部署によってずれていることに気づいていない。どの答えが正

「開発の立場から見て、この『惨敗』は何が原因だと思う？」

驚きましたよ。やっと私の部署の話になると思ったら、そのときには「惨敗」が前提になっていたんですから。この人は、初めから分かっていて、そのために回り道をしてきたのかもしれないと思いました。

私はその質問の矛先を営業のほうに持っていきました。

「アスター工販の販売戦略が不明確」

「営業担当はユーザーのことを分かっていない」

「彼らの技術知識が乏しすぎる」

「だから付加価値の高い商品を売り込む技量に欠けている」

「売りやすい商品しか売りたがらない」

「すぐに値引きで勝負したがる」

「販売計画がいい加減であてにならない」

「売り出す前から負け犬根性」

私は工場のことも言いました。

「工程不良が多すぎる」

「客先クレームに鈍感」

「コスト削減が甘い」

「納期遅れが多すぎる」

「生産計画の修正が遅くて、過剰在庫の山」

しばらくしたら、黒岩統括が私を遮りました。

「あのね、他部署の批判ばかりだけど……この『惨敗』に君が関係していることはないの？」

いつもの習性で、人のことを言いすぎたようです。

「開発担当の人が減って、全部の開発テーマを消化できません」

リストラで高技能者が減り、長年培った仕事のノウハウの伝承が弱くなっているのです。

黒岩統括は多くの日本企業で同じ現象が起きていることを知っている様子でした。

「あなた、それも人のせいみたいだね。人が減ったらその分、開発テーマを絞らなければだめだろう。私の経験だと、ダメ会社ほど開発テーマを多く抱える傾向がある」

不振事業の症状21【開発テーマの絞り】

ダメ会社ほど開発テーマが多すぎる。全部やり切れるはずもないのに上層部があれもこれもとテーマを増やすので、どれもはかばかしく進まない状態になる。

私はそんな傾向があることなど、知りませんでした。つい、私のほうが「どうして、そうなるのですか」と質問する側に回ってしまいました。

「理由は三つある。まず第一に、会社に明確な『戦略』がない。そのため、開発テーマをふるい分ける基本思想がハッキリ打ち出されない」

当たっています。私は上司や歴代の事業本部長の顔をダーッと思い浮かべました。

「第二に、戦略がないということは、時間軸が甘くなる。開発をダラダラ続けても、まずいと思わない」

当社でも、開発スケジュールが多少遅れたからといって、叱られたことはありません。

「第三に、そういう会社では、開発の意思決定者が誰だかよく分からなくなっている。戦略を決める人がハッキリしないのと同じ病気だね」

確かにこの会社は責任がはっきりしなくて、実を言うと、「失敗してもごまかしやすい」組織なんです。

「だいたい君ね、C、D商品群にどうしてこんなにたくさん、似たような商品があるの？　多すぎて開発も動けないだろう？」

「開発だけじゃなく、工場も、営業も、どの商品に力を入れるべきか分からないんです」

「君らは新事業とか言ってE、F商品群にまで手を出して、それでまた赤字を増やしている」

結局は行き当たりバッタリでやってきただけなんです。

その話のあと、黒岩統括の質問の矛先がまた私に向いてきました。この緊張感……私も必死というか……久しぶりの快感というか。

「今、開発中のこの新商品の『顧客メリット』を説明してくれるかい」

今度は何を見ようとしているのでしょうか。

「新商品は部品性能が三割よくなって……」

私は商品仕様を説明していきました。またすぐに黒岩統括に遮られました。

「私が聞いているのは、性能じゃない」

エッ。何を知りたいんだろう。

「新商品でお客様がどのようなメリットを得るのか、だよ。たとえば顧客の経済的利益はどれくらい？　お客さんにとって、どれだけ利益が増えるの？」

「……」

「別の聞き方をすると、この新商品の価格が高いとか安いとか、お客さんはどのような理屈で言うのだろうね」

素晴らしい質問です。でも褒めている場合じゃありません。私はこの単純な質問に答えられなかったのです。当社では以前から、単に従来商品の性能と比べて価格をつけるのが当たり前になっていたのです。

不振事業の症状22【顧客の購買ロジック】

開発陣が「顧客メリットの構造」「顧客の購買ロジック」を完全に把握していない。それでよく開発ができるものだ。

私はその日の晩、家に帰って一杯やりながら考えました。

もし面談の初めから黒岩統括に頭ごなしに開発部はダメだと言われたら、私は反発していたと思います。過去にそういう姿勢の上司がいましたよ。

ところが一緒に鉛筆なめなめの議論をしたうえで、やはり開発に問題があると言われたので、その指摘は私の気持ちの中に自然に入り込んできました。

黒岩統括をどう思うか？　さあ……あとから考えてみると、不思議です。あの人は商品や技術のことなど、まだほとんど分かっていないはずなのに……どうしてあそこまで私に食い込んでこられるのか。戦略の定石みたいなものがあるのでしょうね。

迫力があるので、敬遠されたり、敵を作りやすい人かもしれません。この事業本部は、もうがんじがらめの状態ですから、それくらいの人でないと……。

戦略不在が招く不信感

黒岩莞太は早い時期に市場での評価を聞くことが先決だと思った。そこで幹部面談の合間に顧客訪問の予定を入れた。

そうすれば同行する営業担当や支店長と話をすることもできる。

一〇〇％子会社のアスター工販は深刻な赤字を出している小型機C～F商品群の営業活動を担当し、代理店を通じた販売を主体にしている。全国約六〇社の代理店がアスターの販売協力会を組織していた。

その先に小型機C～F商品群のユーザーとして中小企業約三万社の市場がある。

《代理店大山商事、代表取締役大山郁夫社長の話》

私の会社は太陽産業と三〇年近いおつきあいになります。

先日、新任の黒岩統括という方がお越しになりました。私とほぼ同年輩とお見受けしました。

もともと太陽産業の人ではないみたいですが、そのあたりの事情は何も仰いませんでした。黒岩統括よりも私のほうが、歴代の事業本部長さんをよく知っています……初めの小一時間ほどは、昔話をしていました。けれども、単なる表敬訪問ではなかったようです。

「これまでいろいろ迷惑をかけているはずです。ご意見を伺いたい」

非常に真剣な表情でそう言われたので、途中から私も真剣になって、日頃感じていることを申し上げることにしました。

「昔のアスター事業の営業担当は目が輝いていましたね。ところが最近はグチばかり。長いつきあいですから、話は聞いてあげますよ……しかし開発センターが悪いから良い新商品が出てこない、工場が悪いから品質が良くならない……そんな不平ばかりで。私ら代理店はどうすればいいのでしょうか」

不振事業の症状 23【不満の垂れ流し】
社員が社外の取引先に会社内部の不満を垂れ流している。会社の看板を背負うことを投げ出している。

同行してきた支店長の顔から笑いが消えましたけど、私は構わず話し続けました。あの支店長にはこれまでさんざん言ってきたのですが、いくら話してもムダでしたから。

何年か前、アスター事業の商品に品質クレームが多発した時期がありました。それで、顧客ばかりでなく、販売代理店の営業担当の中にもアスター商品を敬遠する者が増えたのです。

保守サービスの人々はよくやってくれます。だが、それ以前の問題として、メーカーはものつくりの段階でクレームが出ることを未然に防ぐようにしないと。

黒岩統括は熱心に聞いていました。われわれはいろいろな企業と取引がありますから、各社の対応を比較して、具体的にお話ししました。

「アスター事業のクレーム対応は完全に競合に負けています。重大な問題でも、開発や工場の人が出てくることは少ないし……」

昔は、当社の取扱商品の中で、太陽産業は五割近くを占めていました。今は二割ギリギリのところです。

「アスター事業の商品だけでは食っていけません」

そうハッキリ申し上げました……一応、仁義を守って、当社が競合商品を扱うことは控えていますが。

それと、もう一つ重大な事実。

「五年前に一度、アスター事業は直販強化の方針を出して、そのあと引っ込めたのです。われわれを飛ばす話です……それで代理店は不信感を抱きました」

この市場のエンドユーザーは小型機C～F商品群合わせて約三万社と言われています。それをアスター工販の一〇〇名にもならない営業担当でカバーできるわけがありません。

つまり、面をカバーするためには、依然として代理店に依存しなければならないのに、突如、直販を増やすという方針が出たのです。

当時の事業本部長さんは、ずいぶんおかしなことを考えたものですよ。

不振事業の症状24【チャネル戦略】
過去のチャネル戦略に、愚かなふらつき。戦略不在。取引先の人たちが不信感を抱いている。

支店長さんはますます落ち着かない様子でしたが、一緒に来た営業担当は涼しい顔をして、私に「この際、じゃんじゃん言え」ってな目つきでした。

一般に、太陽産業の営業担当は紳士的ですね。もっとがめつくやらないと関東工業や横田産業に勝てない気がします。一言で言えば、単なるサラリーマン集団なんですよ。

はい、黒岩統括には好感を持ちました。歴代の事業本部長さんでもアスター工販の社長でも、これだけ腹を割って代理店に近づいてきた人は初めてだと思います。

もしかすると、これで太陽産業は変わってくれるのではないか……。ただ、これまで口先だけの話が多かったですからねぇ……もう少し様子を見ないと。

《アスター工販大阪支店次長の話》
被害者意識の塊の営業担当

危機だ、危機だと言われてますが、会社の中は大して変わっていないですね。人は減りましたけど、ただそれだけのことで……。

黒岩統括はこの二日間、名古屋(なごや)と関西地区でユーザー八カ所を回ったということです。

応接室に呼ばれてソファーに座ったら、すぐに一つの表を見せられました。二〇の新商品の市場導入結果を○△×で採点した勝敗表でした。この五年間に成功が一つもないという表です。

「この『惨敗』の原因は何だと思う？」

私は日頃から開発や工場に問題があると言ってきました。ただ、それを役員に言うのは勇気がいります。しかし、あれこれ話しているうちに、黒岩統括はきちんと聞いてくれそうだったので、途中から私も、いいや、言ってしまえ、という気分で日頃の不満を口にしました。

「開発技術者が個人の趣味で開発した商品を、われわれに売らせていると思うことが多いんです。工場についても、彼らに『ユーザー』『お客様』の発想があるとは思えないですね」

世にプロダクト・アウトとかいう言い方がありますが、アスターの開発技術者は自分たちの商品が世の中で一番いいと思っているのです。

「悪いのは自分たちじゃない、客がおかしい、営業が悪い、という態度です。それで毎月の給料がもらえるのだから……赤字でもさすが大会社ですよ」

黒岩統括はちょっと呆(あき)れたような顔で私の顔を見ました。そこまで言う私に呆れたのか、話の中身に呆れたのか……おそらく両方でしょう。黒岩統括が質問を挟みました。

「支店の要望を、開発に伝える機会はないの？」

「さあ、われわれ営業の者には、本社の中で何を議論しているのか、サッパリ分からないのです。つまり支店が『こっち側』で、アスター工販の本社は『あっち側』なのです。地方から見た中央官庁みたいなものです。その先の親会社の事業本部なんて、神の国ですよ。支店にいた人が本社に転勤して、しばらくすると、言うことが変わってしまうのです。私などには見えない力が本社の中で働いているのでしょう。何を考えて方針を立てたのか……話がコロコロ変わりますしね」

こう言っているうちに、私も話が止まらなくなってしまって、本社に対する意見を正直に言いました。

「事業本部長やアスター工販の社長が次から次とよく入れ替わるんです。社内のご都合人事でコロコロと。新しい本部長が来ると『こんなやり方じゃダメだ』と方針を変え、実態が分かってきた頃には転出。次に違う人が来てまた同じことの繰り返し。こちらは植民地みたいなものです」

私の意見ですけど、競合企業の場合は同じ経営者がずっと一貫した考えで攻めているのに対して、アスターの営業政策の継続性がブツブツ切れているのは相当のハンディに感じます。だからここまで差をつけられたのは当たり前だと思うのです。

「本社のご都合人事のしわ寄せが、全部、現場の営業担当ばかりにきて……われわれ営業は理不尽な戦いを強いられて……若手なんか、かわいそうですよ」

不振事業25【被害者意識】の症状

組織末端に一種の被害者意識が広がっている。

そのあと黒岩統括から、営業活動の組み立て方について聞かれました。

「本社の商品別販売目標は、支店の活動にどう組み込まれているのかな?」

「はい、支店の拡販方針は、支店長が独自の方針で発表します。本社の重点五品目だけは必ず含まれていますが」

「ということは、その五品目を別にすれば、本社の戦略商品と、各支店長が営業担当に示す重要品目は一致しないものがあるのだね？」

「売りにくい商品があれば、他の商品でカバーすればいいということになっています……」

私もドジでね……この一言が、火に油を注いだ感じでした。私はまだ、黒岩統括が何を気にしているのか、よく分からなかったのです。

「おかしい。そんなやり方をしたら、『何を売ってもいい』ということになってしまう。本社の販売戦略が成り立たないじゃないか」

「でも、アスター工販の営業部長も、売上合計のことしか聞いてきませんよ。品目別は、単なる内訳の話です……」

「単なる内訳？……」

「それを気にしているのは、本社事業本部にいる企画室の商品担当だけですね。時々、本社から電話がかかってきますから」

黒岩統括は何か、ものすごくがっかりしたような感じでした。

不振事業の症状26【何を売ってもいい】
本社→支店→営業担当は実質的に「何を売ってもいい」の関係。本社の商品戦略は顧客接点まで届いていない。

その先は、さらに細かくグイグイ押すように聞かれました。

「この支店で、営業担当一人当たりの顧客数は多い人だと四〇〇社もあるね。どう見ても回り切れない。どうやって重点顧客を絞っているの？」

「過去二年間に売り上げの大きかった顧客を重点的に回っています」

「えっ、そのやり方では、競合企業のお客さんとか、昔はいいお客さんだったけど競合にとられてしまったお客さんには、行かなくていいということになる」

「そうですね……でも実際に回り切れないので……」

不振事業の症状 27【営業の戦略不足】

営業活動のエネルギー配分が管理されていない。営業担当の行きやすいところが、会社の戦略として攻めるべきところとは限らないのに。大きな市場を少人数の営業担当で効率よく攻略するには「絞り」「セグメンテーション」が必要だが、それが行われている様子がない。そのやり方も知らないのではないか。

「営業担当の活動内容はどうやって管理しているの？」

「日報を読んで、それで指導しています」

黒岩統括の目が、はっきりウソだろうと言っていました。

「君の部下一三人が出す日報は、一カ月で三〇〇枚近い。あなたはそれをすべて読んで、一人ひとりの行動を重点商品別に押さえて、さらに顧客別に拡販が進んでいるかどうかチェックして、特に新規の顧客の開拓状況を確認して……毎日バラバラに出てくる日報で、そんなことを全部フォローできるの？」

できっこありません……アタリです。

「結局は売れそうな話が出てきたら一本釣りで、どうなってる、どうなってるって追いかけ回して、そして月末が来たら売上総額が達成できるかどうかで尻を叩く……そういう形じゃないの？」

これは、かなり的確な言い方ですよ……すごいですね。感心している場合じゃありませんが。

「そうやってかけずり回っていると、本社の重点方針が何だったかなんて、どっかに行っちゃうでしょう？」

「いやあ……でも、一応、みんな本社方針を気にして動いていますよ」

われながらいい加減な返事でした。

黒岩統括も笑っていました。そろそろ降参しろという雰囲気で、たたみ込まれました。

「この管理法なら……私が営業担当だったら、売りづらい新商品とか、競合にとられたお客さんなんかに、売りに行かないね。それで叱られることがないのだから」

そう言い切られるとねぇ、私も辛（つら）いですよ、でもねぇ……当たっていますよ、それが……。

不振事業28の症状　**【営業活動の放任】**
営業が「やってもやらなくても同じ」に堕するのは、①「戦略」が個人レベルまで下りていない、②毎日の「活動管理」のシステムが甘い、の二つで起きる。

いやー、どーっと疲れが出ました……。売り上げが伸びないのは開発部のせいだなんて、最初に言ったのがまずかったんでしょうかね。

確かに、いろいろ言われてみると、われわれ営業にも問題はあるようです。それにしても黒岩統括はあんな面談を毎日やって、疲れないいんですかね……。

はびこる組織官僚

黒岩莞太は幹部面談の合間を縫って、社内で行われているさまざまな会議に出てみた。本社ばかりでなく、アスター工販の本社会議や、大阪、名古屋でその支店会議にも出た。

ある日、黒岩は変なことに気づいた。

黒岩がアスター工販本社の営業会議に行ってみると、会議の招集者である営業部長が自ら喋ったのは冒頭と終了の挨拶だけだった。

議事はすべてスタッフである営業推進課長が代理として進め、営業部長は最後まで黙って座ったままだった。

「この営業部長は何のために、今日一日、ここに座っているのだろう？　つまらん男だな」

そう考えたとき、黒岩莞太はハッと気づいた。「あの症状だ！」

そう気づいた後、支店の営業会議に行ってみた。すると支店長はやはり冒頭の挨拶だけ、あとは貫禄を見せて、よほどのことがない限り発言しない。

会議の進行は支店の管理課長が行い、司会役というならまだしも、出席している営業所長に対する新たな指示までも、課長の彼が出していた。

アスター事業の本社開発会議に行けば、開発管理室長が会議を仕切り、上司の開発部長は黙って座っていた。

工場の生産会議に行けば工場長のスタッフが議事を進め、工場長はやはり黙っていた。思い出してみると、黒岩が最初に出た経営会議からして、そうだった。

事業企画室長の山岡が、進行役の役割を超えて、部長クラスにかなり辛辣な質問を投げかける。時には目上の工場長や営業部長が、山岡にやり込められる場面が見られた。

本社事業企画室は事業本部の管理システムの中心であり、その室長は事業本部のいわば番頭さんだった。山岡がその役を見事にこなしていることは確かだが、しかしそうなると、会議の本来の招集者である事業本部長は何をするというのか。

黒岩は、春田本部長が議事を山岡に任せたまま、まるで天皇の御前会議のようにそのやりとりを聞いているだけだという事実を見抜いた。

黒岩自身が経営トップとしてそのようなやり方をすれば、これほど気楽な仕事はないだろう。

不振事業の症状29【代理症候群】

会社の中に「代理症候群」と呼ぶべき症状が蔓延している。ラインの推進力が弱いと、その分、スタッフが強くなる。

代理症候群とは、黒岩がこれまでの事業再生の経験で思いついた言葉だった。一つのフレームワークだ。欧米企業にはほとんど見られない、日本企業特有の組織の官僚化現象ではないかと思われた。

攻めの成長会社では、ラインの責任者が自ら議事を組み立て、自ら進行を取り仕切り、自ら問題点を指摘し、自ら部下を叱り、自ら褒めることをしている。

太陽産業の他の事業本部ではどうなっているのか黒岩には分からなかったが、少なくともこの事業本部では、会議の招集者であるライン管理職が自分の果たすべき役割をスタッフに「代理」させ、自分はお山の大将を演じているのだった。

会議の主宰者だけでなく、出席者の上位管理職にも代理行為が蔓延していた。部長クラスが何かを説明するときには、自分はまくら言葉だけを喋って、あとの詳細は連れてきた部下に話させるという情景だ。

その慣習を、若手に責任感をもたせ、人材育成をするための仕組みだと説明した役員がいた。黒岩はウソだと思った。事業が大赤字の時には、上位者が自ら陣頭に立って社内調整を行い、改善の時間軸を早めようと努力するのが当然だ。そうではなく、改革責任を負った上位者が、まるで自分の権益のように、偉そうに座っているだけに見えた。

気がついてみたら、代理症候群は会議だけにとどまらず、もっと深刻な問題を生んでいた。沈滞企業ではラインによる攻めの仕事が弱くなり、スタッフ中心の「守りの業務」が社内で強くなっている。その結果、組織の柱であるラインよりも、副次的存在であるはずのスタッフ同士のコミュニケーション網のほうが、社内で発達してくることが多い。

本来であれば、ラインの上司と部下が直接話すべき指示や報告が、各部署のスタッフ経由で流される。ラインの上司に電話する代わりに、自分のスタッフに聞けば上司の意向が分かるといった現象が頻繁に見られるようになる。

それが常態化すると、やがて「戦略決定」「予算決定」などまで、スタッフ同士の指揮命令系統のなかで行われるようになる。

最後には、読者の皆さんがよくよく冷静に社内を見てみると、スタッフがラインの手伝いをしているのではなく、まるでラインがスタッフの下請け仕事をしているのではないかという、本末転倒の様相が出てくる。

そんな組織では、必ず、スタッフの親玉みたいな人がいる。省庁の事務次官のような存在で、多くのことがスタッフによってセットされ、その手順で動くようになっている。

それが大企業における「組織の官僚化」の行き着く姿である。人々の日常の仕事にそれが入り込んでいるので、皆はあまり気づかない。この症状が、日本の大企業の思い切った戦略転換を遅らせているのである。

代理症候群は、それを演じている代理者の責任ではない。それを許している事業ラインの責任である。自分は楽ができるのだから、組織の上層部が代理症候群を始めると、簡単に組織の下にまで伝染する。初めはスタッフを便利使いしているだけだが、そのうち、一〇年単位の年月を重ねていくと、本末転倒のスタッフによる守り重視の組織に変わっていくのである。

不振事業の症状30【スタッフ組織の自己主張】

代理症候群が広まると組織の各レベルで、スタッフが「ミニ番頭さん」の役割を果たし始める。彼らは「自分の立場」が大切だから、組織の政治性に流されて妥協的行動が増える。事業の戦いが各レベルのミニ番頭さんの器の大きさで規制されるようになる。

だがスタッフは番頭さんと言っても、しょせんスタッフである。いざ大きな事業判断が降ってくればスタッフでは決め切れず、かといって牙を抜かれてきたラインが急に動き出すはずもない。そうなると事業組織はリーダーシップ不在で、糸の切れた凧のように漂いだす。皆がリスクをとらないのだから、事業がジワジワと負け戦になっていくのは当たり前なのである。

黒岩莞太は早期の段階で、アスター事業の中にこうした組織体質を嗅ぎ取った。

組織全体を貫くストーリーの欠如

《再び、黒岩莞太の話》

アスター事業に来てまだ一カ月ちょっとですが、社内をずいぶん歩いて回りました。末端顧客も関東、名古屋、大阪の周辺で一五社くらい訪ねました。代理店にも行きました。

予定通り今月末まで目いっぱい動き続けるつもりですが、すでにかなり見えてきたと思います。以前の経験では、この程度の実態が見えてくるのに半年近くかかりました。知らず知らずに、やはり私のものの見方が効率よくなっているのですね。

ところで、私が幹部面談で、ずいぶん細かいことまで聞いているという印象を受けませんか？　社内にも面食らっている者がいるようです。上場企業の役員ともなれば、どっしり構えて、大局的なことを考えていればいいのにと。

その考え方が間違っているのです。

調子の悪い会社では「上層部で大局的に語られている戦略」と「現場の実態」がつながっていないに決まっているのです。

不振事業の症状31【戦略と現場の整合性】

沈滞企業は経営フレームワークと総合的分析に欠けている。戦略だけいじくっても事態はよくならないし、現場の問題だけいじくってもダメ。両方をバラバラに扱うのではなく、一緒に俎上に載せないと打開できない。

ですから、まず私は組織の現場に近づいて、ブラックボックスをこじ開け、そこから出発して、全体と部分が矛盾なくつながっている一枚の絵を描かなければいけません。

それにしても、あなただったら今のこの組織の病状を、どのような構図（フレームワーク）で整理します？　この事業の幹部たちは、経営会議で……あの冴えない大会議ですけど……開発方針を機関決定するわけです。

けれども開発はその時点で、実は商品の本当の顧客メリットまで徹底的に検討していない。開発に金をかけて商品ができあがると、それをアスター工販の営業部に引き渡して、ようやくその時点から、お客にどう売り込めばいいのかを考えはじめるのです。

出だしから、完全に順序が逆なんです。お客様の必要性を把握してから開発に入るのではないのです。しかしその先に、もっとおかしなことが待っている。

アスター工販の社長は、新商品を無視して、別の商品を拡販しようと思えば、そうする。

つまり大変な開発費と時間をかけたのに、新商品が販社の意向で手抜き、あるいは見殺しにされることが起きている。

さらにアスター工販の支店に行ってみると、支店長が「地域性」と称して、本社の販売戦略をひん曲げているのです。

それで最後かと思ったら、とんでもない。

末端の営業担当に聞いてみると「何を売ってもよい」ことになっている。だから本社の方針も、支店長の方針も、営業担当個人まで来たところで、雲散霧消しているのです。

会社全体の戦略もヘッタクレもないのです。皆で曲げているのです。

面白いことに……営業の連中に会うと、自分たちばかりが理不尽な戦いをさせられて、被害者だと言うわけです。

ところが、開発に行くと、彼らも被害者意識です。俺たちが必死に新商品を創ったのに、工場はちゃんと作らないし、営業はろくろく売らないと。

そこで工場に行くと、自分たちこそこんなに夜遅くまで頑張っているのに、商品設計がおかしいとか、営業はつまらないクレームまで工場のせいにして理不尽だと……。

ダメ会社というのは、機能組織ごとに被害者意識を蓄積させるのですね。そして全員が、会社全体の赤字や負け戦なんて、自分のせいではないと思っているんです。

しかもここ数年、なんとか状況を打開しようと、リーダーシップ不在のまま、中途半端な組織変更や人事異動を連発してきました。社員は皆、うんざりしているのです。

不振事業の症状32【事業全体のストーリー】

事業全体を貫くストーリーの欠如。組織の各レベルで戦略が骨抜きにされていく図式。目先の対症療法的な組織変更や人事異動が大した効果を出さないまま、すでに社員は改革疲れを起こしている。

アスター工販の社長や営業部長は、現場回りで忙しい、忙しいと言うわけです。とにかく毎月の数字を固めようと、営業所や個々の得意先を訪問して、売上促進をやっている。その意味では彼らは確かに現場主義をとっているつもりなのです。

けれども総指揮官のくせに、マクロの戦略感覚が足りません。つまりマーケティングや全体戦略の感覚が足りないのです。

企画や戦略のことなんか、若いスタッフにでも考えさせておけばいい、むしろ営業部長は営業担当と一緒に、竹槍（たけやり）持って野原を駆けずり回るべきだ。それがこの会社の伝統的な考え方でした。

さらにこの会社では、人間関係重視型の営業スタイルで、成績優秀だった者が年功で昇進し、最後に総大将になるというシステムでした。その昇進する人材が、途中でマーケティング思考や戦略的なものの見方を磨く仕組みは、この会社にはなかったのです。

そういう知識や技法は、学んだことを自分の現場で試してみて、向上していきます。ちゃんと勉強させないと身につくわけがないのです。

不振事業の症状 33【経営リテラシーの不足】

会社全体で戦略に関する知識技量が低い。幹部の経営リテラシー（読み書き能力）が不足している。社内の政治力学に流されやすいのはこのためでもある。戦略の創造性が勝負を分ける時代だというのに。

しかもアスター事業の社員は、アホの集まりではないのです。一人ひとりを見ると、基本的には優秀で、学歴も知的レベルも高い者が多いのです。

会社という「狭い世間」の中で、来る日も来る日も一緒に働いているうちに、似たような価値観で固まっていく……はずれた行動や発言をすると、叱られたり、はずされたり、飛ばされたり……そうやって固め上げられた価値観は簡単なことでは崩れません。

不振事業の症状34【狭い世間】
新卒で来たときには広い世界だった会社というものが、いまや「狭い世間」になってしまい、同じ考え方が伝播（でんぱ）し、皆が似たようなことしか言わない。社外で何が起きているかに鈍感。

われわれはこの会社をダメにしている甘えの構造を変えなければいけません。だが同時に日本的組織の良さもなるべく温存しなければなりません。そのバランスは簡単じゃありません。

以上が、アスター事業の中を自分で動き回って、つかみかけている現状の「絵」です。一言で要約すると、会社の中を貫いているストーリーが見当たりません。

これから私が推進する改革では、中心になる改革フレームワークが必要です。問題の根っこにあるものをしっかり見極め、基本思想を固め、それにこだわって走り抜く覚悟が必要です。

私の場合、その基本的切り口は、こうです。

アスター事業は小さな組織なのに、開発↓生産↓営業↓顧客までの距離が、異常に遠くなっています。カギは「創る、作る、売る」のサイクルなのです。開発、生産、営業末端でやっていることが噛み合っていません。バラバラ状態で、戦略が途中でズタズタに切れているのです。

われわれの周りにいる普通の人々……自分が官僚化しているなんて気づいてもいない普通の社員たちに……いかにそれを分かってもらうか。いかに鋭敏な組織に変えていくか。

それを競合企業よりも早く、徹底して実行できれば、われわれにはまだチャンスがある。

あと二年間でどこまで行けるか……失敗すれば、この事業は本当に撤退です。まあ、やれるだけのことはやってみます。

組織の政治性

戦略性の敵は政治性である

会社はフォーマルな組織ラインを通じて事業を動かす。ところが会社の方針と異なる思惑、動機を抱いた人は、それとは別の個人的な動きを始める。彼らはインフォーマルな陰のコミュニケーションで仲間を増やそうとする。そのような動きを総称して、私（著者）は「組織の政治性」と呼ぶ。人間は二人集まれば（早い話、たとえ夫婦でも）、時に異なる思惑や動機を抱いてしまう生き物だ。いわんや三人以上となれば、どうしても個人的思惑が入り込んでしまう。

社内で改革が始まり、具体的アクションが開始されると、改革は総論から各論になって社員一人ひとりの身近に迫ってくる。そうなった段階で、往々にして抵抗やサボりの症状が出始める。長い年月低迷してきた企業ほど、この現象が起きる。

不振事業の症状 35【組織の政治性】

戦略志向が明確な会社なら、社員は正面玄関から出入りして「正しい、正しくない」の議論を昼間に行い、合意した対応を実行していく。沈滞会社では陰の政治性が強くなり、社員はいわば組織の裏口から出入りして、誰と誰が通じているのかはっきりせず、陰で根回しが進む。アフターファイブには、仲間で集まって、社内の誰かをやり玉に挙げてグチと陰口で一杯やる。

会社が生き残れるかどうかの最後のチャンスなのに、その戦略の切れ味を悪くする「組織の政治性」とは、どんな性格を帯びているのだろうか。

- 「戦略性」とは、目の前の混沌を「単純化」させ（つまり些末と思える要素を捨て）、解決の押しボタンを絞り、組織力を結集させて成功確率を上げる手法だ。逆に「政治性」は一般的に、鮮明な単純化を好まない。複雑なまま話す方が、反対を語りやすいのである。
- 「戦略性」ではストレートに問題の「核心」に迫っていくことが勝負になるが、「政治性」は、その手前で「妥協」することを求める。
- 「戦略性」は「成果」を追求するが、「政治性」はそこに「自分の立場」を加え、そのためには改革案が甘くなっても構わない。
- 「戦略性」はあくまで「正しいか、正しくないか」の論理を求め続ける。「政治性」ではそこに「好きか、嫌いか」の感情を隠然と混ぜる。
- 「戦略性」は会社の「外」（市場、競合、顧客）に向かって戦うが、「政治性」は会社の「内」に向かって戦う。

こう書いてくると、「戦略性」と「政治性」はかなり相性の悪いことが分かる。

改革に対する社員の反応を一三パターンに分けたフレームワーク（経営ノート⑤）の中に、改革者に抵抗する「確信抵抗型（反改革リーダー）」の分類がある。会社が生きるか死ぬかの瀬戸際に近づいているのに、社内でそうした現実がうごめくのである。その経験から、私は「戦略性の敵は政治性である」とまで言い切るのである。

攻めの経営と組織の政治性

過去約四〇年間、私は社長として、あるいは事業再生専門家として、業績不振会社を破綻から救いだして元気な会社にすることに努力してきた。その仕事の宿命として、何度も組織の政治性に脅かされた。

改革者として戦略的に正論で動けば動くほど、陰で政治性がうごめくリスクは高まる。本書のシリーズ第一巻『決定版　戦略プロフェッショナル』に詳しく書いたが、私は三二歳で財閥系外資合弁企業のトップ経営者になり、経営者人生を歩み始めた。親会社トップが驚く事業再生を実現したが、数年後に、その社内で日本人幹部から手痛い背信の目に遭う事件が起きた。

赤字だったその会社を救うために全智全霊をかけて働き、社長として相当な成果を出したつもりだったが、その事件を振り返ると、当時の私は経験が足りなかった。経営者として未熟だった。不振の合弁会社を救うため、戦略論ばかりに集中し、人間論や社内の政治性に対する配慮が足りずに、足をすくわれたことを悟った。三〇代で通過したその事件で、私は組織の政治性の作用を身をもって生々しく体験し、それは、その後の私の経営者人生に重要な教訓を与えてくれた。

世の中には、思いもよらない老獪で狡猾な政治性が存在している。企業家にとって、組織の政治性は実に奥の深い課題だと思う。

不振事業36【間接話法のドミノ効果】の症状

一橋大学名誉教授伊丹敬之氏は、トップが発信するタテのコミュニケーションを直接話法と呼び、組織内でヨコに広がるインフォーマルなコミュニケーションを、上の立場から見て間接話法と呼ぶ。とりわけ大企業では、社内の多くの組織現象が間接話法の連鎖的広がり（ドミノ効果）で起きるとしている（共著『「日本の経営」を創る』）。ヨコのドミノは、トップの直接話法を補強する内容を伝えるものなら前向きの役割を果たすことになるが、しばしば、ネガティブな反応を陰で広げる役割も演じる。

経営者が組織の政治性に巻き込まれることを避けたいなら、一番簡単な対応は、経営者が消極的で軋轢の少ない経営を行うことだ。しかしそれは別の害を生む。経営が甘いと、組織は腐り始める。ある程度の成長性を維持して組織の緊張を保たない限り、社内でサラリーマン体質と官僚的手順が増殖する。攻めの人材が枯れてくる。

だから攻めの経営を志す経営者は、日本特有のサラリーマン組織の裏に潜む政治性を、逃げるのではなく、企業成長を図りながら乗り越えていかなければならない。

組織の政治性をミニマムにするには

明確に峻別すべきことは、誰かが改革者に反対意見や違和感を抱いたとしても、その人が正面玄関から入ってきて経営者に意見を言う場合は、それを政治性と呼んではいけない。直接会って正論を述べる人は、経営者にとっては貴重な、期待のもてる「骨のある人材」である。

それに対して、政治性の強い人はステルス性を発揮する。狡猾に「面従腹背」を得意とし、経営者と真正面から議論することを避け、話をしても曖昧なまま引き下がり、仲間内のところに戻ると、経営者への感情を露わにしながら、自分の反対意見を垂れ流す。

不振事業の症状37【停滞組織に共通の現象】

組織の政治性とは組織の裏で行われる個人行為である。一旦それが広がって組織が慣れてしまうと、オープンコミュニケーションの組織に戻すのは容易でなくなる。かつて世界に名声を轟かせた「日本の経営」における組織の一体化という強みは、バブル破綻のあと、経費は使うな、投資をするなという縮み志向の中で、すっかり膠着組織になってしまった。外への攻めの行動を忘れ、組織エネルギーが内向すると、そういうことが起きる。

政治性の跋扈する会社が、同時に戦略的な成長企業であることはない。両者は対立概念なのだ。多くの前向きな経営者は、組織の政治性をミニマムに抑えることを望んでいる。それにはどうすればいいのだろうか。

- 戦略経営を志向する者のジレンマとして、社内の政治性を放っておけば、自分が足をすくわれかねない。しかし対抗して自分も政治性を発揮すれば同じ穴の狢（むじな）になる。
- だから、戦略志向の企業カルチャーを作りたいなら、経営者は平時から組織にそれなりの「規範」を入れ込んでいく必要がある。その第一は日頃から「事実」に基づくオープンな議論にこだわることだ。政治性の強い人は、裏付けの薄いアバウト論が得意である。そういう意見には「データに基づく、明確な裏付け」で対抗する。
- 同じようなことだが、神は「現場の細目」に宿る。トヨタ生産方式の改善活動と同じように、「現地現物」や「五回のなぜ」などのカルチャーを社内で広げる。
- 人事を「実績に基づく評価」で行うことが重要だ。組織の政治性を抑えるための「制度的な対応」としては、これがもっとも大切だと思う。
- 改革者は改革の出発点で立案した原論を、社員に頻繁に思い出させることが重要だ。私はそれを「そもそも論」と呼んでいる。

私は不振事業の再生を引き受けるたびに、その会社で幹部・社員を縛ってきた古い価値観を一旦壊すための「強烈な反省論」を戦略論と組織論の組み合わせで描く。それを私は「骨太の戦略ストーリー」とも呼ぶ。

私は徹底的にそれにこだわり続ける。改革には抵抗やサボりがつきものだが、不振会社を健全化するには、皆が改革の出発点を忘れず、一旦始めたら「毒を食らわば皿まで」の覚悟で、一気呵成（かせい）にトコトンやらない限り、会社を元気にすることはできない。

壊創変革の要諦

私は日本企業の深刻な事業再生に挑戦することを繰り返してきた中で「壊創変革」という言葉に行き着いた。

壊創変革の要諦 01【一旦壊して創る】

不振事業再生の成否は、社内の既存常識、既存戦略、既存ビジネスプロセスを「一旦壊して、新たに創る」ことにかかっている。それは昔から戦略論や変革論で語られてきたことだから、今さら新しい考え方ではない。しかしこの基本を本当にきちんと実行できない会社や経営者がなぜこれほど多いのか。戦略論の最大の弱みは、経営現場での「実行性」「実践性」なのである。

私にとって壊創変革という呼び方は、不振事業を死の谷から救うという深刻かつ緊急の責務を、果たし切らなければ職業として信を問われる、という基本を思い出させてくれる言葉になっている。黒岩莞太はアスター事業でその深刻かつ緊急の責務をいかに進めていくのだろうか。単なる語呂合わせに過ぎないが、壊創変革は果たして、快走経営を生むことになるのだろうか。

第三章

【壊創変革のステップ・3】

改革フレームワークの共有

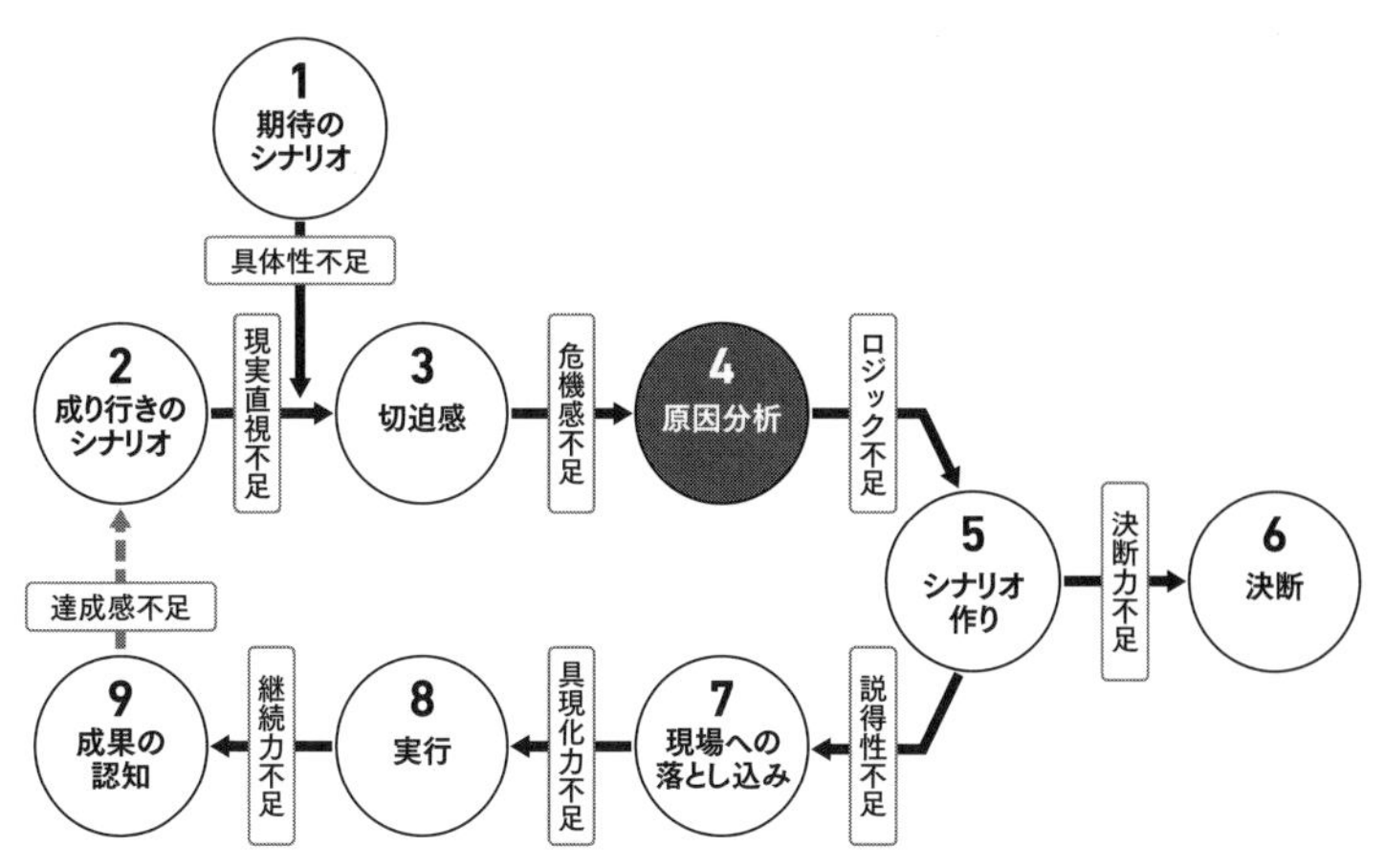

埋もれていた人材

黒岩莞太は事業の実態を把握するための静かな観察活動を進めつつ、彼の最大の関心事は改革タスクフォースのメンバー選定に移っていた。

人事部から渡された候補者リストは、それに従って何人かに会ってみると、黒岩が求めている人材ではないことが分かった。改革に求められる人材の要件が理解されていると思えなかった。年功や現在の役職の序列を気にして作ったような人材リストには、一〇年近い事業後退の流れにただ染まってきた雰囲気を漂わせている者が多かった。これでは、とてもではないが、潰れそうな事業組織を厳しく変革させるチームなど作れない。

「もっと尖った人材を出してください。自分の事業を何とか救いたいと、必死の形相で切り込んでくる人でなければ、私は要らない」

黒岩の「いつか見た景色」の中では、現場から優秀な社員を改革チームに引き抜こうとすると、部署の仕事に支障が出るのでやめてくれと、反対する上司が出たことは一度や二度ではない。逆に、改革の重要性を認識している人ほど、自分が困っても、むしろ一番優れた部下から送り出してくる場合が多かった。その段階ですでに、改革への温度差が出てくるのである。

「この事業は間もなく死ぬんですよ。最高の人材を寄こしてください」

今回、黒岩はそう言うだけではなかった。強力な手段を手にしていた。

組織内部に入り込み始めていたので、社内を歩き回っている中で、こいつはいいと思えた人材に直接声をかけ、面接をすることが可能だった。

普通、外部から来た者にはできないアプローチだ。それには、黒岩が本部長の上に立つ改革責任者であるという事実が威力を発揮していた。彼が誰に会おうと、文句を言う者はいなかった。

黒岩が目をつけて呼んだ社員も、優れていると思われる者ほど、呼ばれたこと自体に遠慮や否定的反応はなく、この事業を何とかしたいという気持ちに背中を押されている感じだった。

壊創変革の要諦 02【改革チームの人選】
改革チームの人選は改革の成功失敗に重大な影響を及ぼす。特に「社内政治」を改革チームに持ち込みたがる者を選んではならない。

時限爆弾に取り付けられた二年限りの時計の針は、コツコツと動いている。毎月の赤字は拡大していた。何をするにしても社内の合意を取り付けるのに時間をかける手順は踏めなくなっている。いざとなれば黒岩は香川社長のところに駆け込むつもりだった。

タスクフォースのメンバーには、とんがった者を集めなければならない。ところが面談で格好の良いことを言ったり、また突出して激しいことを言う者が優秀とは限らない。社外から来た黒岩は、彼らとの馴染(なじ)みがまだ薄いので、慎重に見極める必要があった。

人選のカギは、自分の信念を曲げない「気骨」と、皆を説得するための「論理性」。この二つが基準だ。それさえあれば多少荒削りでも、あとはメチャメチャ鍛えればいい。すぐに光ってくるさと、黒岩は思っていた。

改革タスクフォースの仕事が終わったあとは、スタッフとして残るのではなく、事業ラインに入り、自ら損益責任を背負い、泥をかぶって新しい事業作りを推進していける幹部になって欲しい。

もちろん理想の人材がこの組織に何人もいるのなら、そもそも事業はこんなことになっていない。しかし黒岩は過去の経験から、どのようなダメ事業であっても、必ず陰に、磨けば光る素材が埋もれていると信じていた。

こうしてタスクフォースのメンバーは選ばれていった。

まずはすでに前章で登場していた事業企画室D商品群担当の課長星鉄也（三九歳）、開発センターの開発技術者で課長の猫田洋次（四五歳）。

さらにアスター工販の営業企画室から課長の古手川修（四一歳）。

この三名に加えて、現在ポジションで仕事を続けながら、必要に応じて動員される兼務メンバーが四人、指名された。

その一人が工場製造部次長の大竹政夫（四六歳）。

大型機の商品群担当を経験したあと、現在はアスター工販のアフターサービス部にいる課長赤坂三郎（三八歳）。

以前は工場の品質管理部にいて、現在は事業企画室にいる課長代理原田太助（三五歳）。

最年少のメンバーとして、本社で人事・総務を経験したあと、今はアスター工販大阪支店で営業業務を担当している主任の青井博（三二歳）。

この七人が集まれば、ミドルの各年齢帯を代表するだけでなく、六つの商品群の知識と、開発から営業に至る機能別組織の経験が揃うという「クロスファンクショナル」な組み合わせになっていた。

黒岩はできることなら女性メンバーを一人でも加えたいと思った。けれども二一世紀を目前にしても、この伝統企業の中で女性管理職は異常に少なかった。

黒岩は選んだ人材を「鍛える」と言ったものの、勝負の期間はあまりにも短い。「経営改革となれば誰もが経験不足。ちょっと頼りない感じもあるけれど……」

どのみちこれ以上の人材は見当たらなかった。

タスクフォースは緊急人事として発表され、二週間後の一二月一日に発足した。

だが、最重要の一人がまだ欠けていた。タスクフォースを束ねるリーダーの適任者が見つかっていなかったのである。

太陽産業がアメリカで買収した会社の社長をしていた優れた人がいると聞いた。しかしその人、川端祐二は長期の海外出張に行っていて会うことができていなかった。

そんなとき、偶然にも出張から戻った川端の方から黒岩に面談の申し込みが来た。その時、川端自身はタスクフォースのことは噂程度のことしか知らず、今回は別の用件で黒岩に会いに来たのである。北陸工場の会議室で会った。

彼が切り出した話では、産機事業の中に、かつて買収した米国企業（太陽・カッティング・テクノロジーズ）がある。その会社は一〇年間も赤字を出し続け、本社で問題になったとき、川端祐二が立て直しに行くことになった。そして黒字化に成功したという。

その米国子会社と同じ技術の事業が日本の産機事業本部にもあって、川端はその事業の育成に今も気を配っていた。ところが川端は周囲から、今回の黒岩の改革によって、それがダメ事業と判断される恐れがあると聞かされた。そこで黒岩と早いうちに話しておきたいと思って来たというのである。

黒岩は不振に陥った日本企業を救える人材が、海外で苦労した社員の中に含まれている確率が高いことを知っていた。日本国内の大組織にずっと浸ってきた人は、経営力を試される機会が少なく、むしろサラリーマン的な社内の綱引きに慣れていて、会社の過去を否定できないことが多いのである。

黒岩は川端が持ってきた用件について小一時間ほど話した。そのあと、話は川端のこれまでのキャリアのことに移った。

川端は太陽産業に入社以来、ずっとこの事業分野で仕事をしてきたが、どうやら太陽産業の中では、相当に変わり種の経験をしてきたらしい。

彼はもともと工場の生産技術者だった。ところが若い頃、ヨーロッパに派遣されて販売会社の設立に走り回ったり、国内の営業企画部でマーケティングの仕事をしたりしてきたという。普通なら生産技術者が回される部署ではないから、彼は自分の専門に固執する性格ではなかったのだろう。

四〇歳のときに、先に述べたように太陽産業が買収した米国企業の不振が続き、彼はそれを再生するために社長として送り込まれた。その仕事は簡単ではなく、改革でかなり苦労したらしい。

四年前に日本に戻り、折しも事業本部全体の業績が悪化したため、川端は指示されて厳しい合理化計画を作成した。

その案とは、小型機械を担当するアスター事業の生産活動をすべて協力企業に移し、アスター事業は開発と販売に特化するという案だった。つまりアスター事業のファブレス化を狙うものだった。

川端祐二は産機事業の将来を担う幹部だったが、自ら工場を不要にしてしまう計画を推進したのである。彼はそれが、この事業を救う「正しい」道だと考えたという。

結果的に、産機事業がバブル破綻前に抱えていた社員約一四五〇名のレベルから、現在の七一〇名へと五割以上も人員を減らすことができたのは、生産部門の厳しいスリム化なくしてはあり得なかった。

その計画は、川端祐二の構想通りに実行されなかった。自社工場を失うことに対して、工場長や工場スタッフから頑強な抵抗が出て、当時の本部長やその前任者が妥協を図った。

だから現在でも、大型事業だけでなくアスター事業の工場も規模を縮小して生産を続けている。けれども生産額を縮小した分だけ工場間接費の負担が原価を押し上げることになり、当初狙った合理化効率は得られなかったという。

川端はさらに別の合理化策として、幾つかの組織機能を統合して「エンジニアリング事業部」と呼ぶ新部門の創設を考え、それを香川社長のところに持ち込んで承認してもらい、自らが事業部長になったという。

ここまで話しただけで、黒岩莞太はこの人こそ、自分が探していた改革タスクフォースのリーダーだと直感した。

会話の内容はアスター事業をこの苦境からどう抜けさせるかの議論に移っていった。

「ここ一年ほどの工場のコストダウンはどれほど進んでいるんですか」

黒岩莞太は川端の人物を試すように、細目を突いた質問もしたが、その都度、彼の反応は的確だった。

「顧客クレームへの工場の対応スピードは、どんな感じですか」

川端によれば、以前はクレームを放ったらかして、返事を出すまでに三〇日を超えるような事例があとを絶たなかった。改善を進めて、最近は平均すると五日を割るようになったという。

川端は社内の若手に人気があった。しかし彼が工場長や製造部長などのライン責任者とツーカーの仲かと言えばむしろ逆で、黒岩はある程度の緊張関係を嗅ぎ取った。

川端が二年前に春田本部長に進言した話を、黒岩は別の人から聞き及んでいた。

事業本部が人減らしで赤字を縮小し、周囲が少々気楽になっているときに、川端祐二は事業本部長にこう言ったのである。

「改革をペースダウンしては、まずいと思います。事業の悪さが元に戻ってしまいます」

そういうストレートなリーダーシップが、多くの若手の人望を勝ち取っている理由であると同時に、彼が「外（海外）にいた」と言われたり、上層部から煙たがられたりする理由でもあった。

川端はアスター事業にいる人材の中では、際だって広い視野と、強い語り口を見せた。

黒岩莞太は川端に強い興味を抱いた。川端祐二が会議室から出ていくと黒岩は思った。

「現れたなぁ……ようやく」

改革タスクフォースのリーダー候補者にようやく行き当たったという意味であった。

読者に簡単に読み過ごしてほしくない場面である。会うべき人が会えば、会社の中で埋もれていた人材が、一発で見いだされる。こうした出会いがなければ、古い体質の組織は変革型人材を葬り去っているのである。

黒岩にとって「いつか見た景色」だった。骨のある人物が、大きな会社の辺境に埋もれている。

黒岩は川端祐二の引き抜きにかかった。

事業部長レベルの人材の引き抜きである。簡単な話ではない。彼は社内人事の綱引きに巻き込まれたくなかった。そこで直接、香川社長のところに頼みに行った。

そのような経緯を知らない川端にとって、青天の霹靂のような話だった。

《エンジニアリング事業部長川端祐二(五〇歳)の話》

石川県の工場にいた私に、本社香川社長の命を受けた副社長から電話がかかってきて、君は今日から副事業本部長に昇進で、改革タスクフォースのリーダーに専任だと告げられました。いきなり言われて、辞令もなくて、とにかく本社取締役会で承認を得た人事だから、明日から東京本社に出てこいと言われました。

私はアメリカにいた頃、営業でよくシリコンバレーのベンチャー企業を訪ねました。米国の経営者はみんな一生懸命でした。夜中まで夢中で仕事をして……彼らの熱気を見て、これは脅威だと思いました。米国人がこれだけ働けば、日本はますます危なくなるのではないかと……。

そして四年前に日本に戻ってきたときに、私は社内に強烈な違和感を覚えました。昔の日本企業と違って、アスター事業のオフィスは夕刻六時を過ぎたら、ガラガラで寂しくなるんです。お役所が定時に終業するみたいに。

日本でも、皆の気持ちが燃えていれば、早く帰れと言っても、皆は夢中で仕事をするはずです。そういうガンバリズムは古臭いなんていうのは、絶対に間違いです。米国のベンチャーなんか、ガンバリズムの塊ですから。朝食をとりながらの打ち合わせから始まって夜中まで。週末には家に仕事を持って帰るし……。

不振事業38の症状【日本人は働き者か】

今や日本人が勤勉だというのはウソである。ＩＬＯ（国際労働機関）の労働統計に表れている。働き者の米国人はたくさんいる。とりわけ役員やエリート層は日本人のほうが働かない。

アスターの社内では若手が事業戦略の問題を提起しても、上司は「まず自分で手のつけられるところから始めたらどうか」とか、「君自身がしっかり努力することが先じゃないのか」と説教するわけです。

部下を指導する言葉としては、まあ、そういう言い方もあるかも知れませんが、そこに上司の逃げがあると私は思います。

不振事業39の症状【改革を部下の努力の話にすり替える】

経営レベルで抜本的に事業構造を変えることに取り組まない限り直しようがないものを、個人や狭い職場の改善に話をすり替える人が多い。

つまり会社の現実と対峙して上層部が動くべきなのに、その穴埋めを部下に求めるのです。そんな会社なら、気骨のある社員は悶々としています。それで坦々と、毎日が過ぎ去っていくんです。

不振事業40の症状【**感動がない**】組織に感動がない。表情がない。真実を語ることがタブーになっている。ただシラーッとやっている。

いまから七年くらい前、バブルが崩壊した頃はもっとひどかった。昼休みに電灯を消したり、コピー用紙を裏表使って節約したり、残業をするなどというようなことばかりを徹底させて、もっと重要な「組織の戦闘力を上げる」「戦略を変える」ことが手つかずでした。

上から下まで、縮み思考が当たり前になっていたのです。こんな閉塞(へいそく)状態で人生を過ごしていくのは、お互いに不毛ではないでしょうか。若手だって、こんなチマチマ志向じゃ、経営人材として成長できませんよ。

不振事業41の症状【**攻めの戦略はどこに**】社員が共有し心を束ねる「攻めの戦略」が提示されていない。それを実行する攻めの組織文化が見失われている。

私は五〇代の大台に乗りました。四〇歳のときにアメリカで社長になって、自分のものの見方が一気に広くなったと感じました。

ところが日本に戻ってからは……もう四年になりますが……自分で仕事が面白いと感じたことがないんです。淀(よど)んだ水たまりのような、この雰囲気が何とも……。

《黒岩莞太の話》

この川端氏の話、アスターだけじゃないんです。日本の管理職の給料は、八〇年代に入って円高が進むと、課長や部長で、米国のMBA出身者と同じレベルの、つまりそれぞれの職位では世界トップクラスの給与をもらう人が日本企業にゴロゴロいる状態が生まれたんです。自覚がないまま。

国際レベルでそれだけの給与をもらう人は、本来ならエリートとして、経営革新や新事業開拓を強烈に推進する役割を担います。しかし日本は世界第二位の経済強国になって、世界中から日本の経営は素晴らしいと根拠薄弱なまま崇拝されたから、日本人はこのままでいいと思い込んだ。

しかも円でもらう給与は上がっても大したことはないから、自分が世界のエリートになったなんて自覚はもてない。経営革新を起こすべき責任感も生まれるはずがなかった。だから日本人は八〇年代にバブル繁栄に染まったまま、皆でサラリーマン集団を演じ続けたのです。

私は日米競争のメガトレンドについて一つの歴史観を強く抱いています（第一巻『決定版　戦略プロフェッショナル』に収録された論考参照）。

日本人が九〇年代のバブル崩壊のあとに立ち上がれなかったことには、決定的な伏線があります。八〇年代、世界のトップ企業にのし上がり、世界で一番給与の高い人材を抱えていたその時にこそ、経営力を磨いて新しい企業戦略を推進するという勝負に出る必要があった。にもかかわらず、それを認識できていなかったので、経営者人材を鍛えて育てることに手抜きをしてしまった。

世界的に見れば、八〇年代に米国や中国の新世代が戦略勝負で苦しみながら、個人の経営技量を上げていったのに対して、同じ世代の日本人の経営的力量は上がらず、国際レベルとの比較で言うなら、相対的には、かえって劣化が進んだと私は見ています。だから日本では「経営パワーの危機」

（経営者人材の枯渇）が起きていると、私は当時から叫んでいたのです。

そこにバブル破綻が来た。市場縮小が起き、世界市場での敗退が急激に進む事態が起きているのに、日本企業は思い切った改革を断行できるような強い経営者人材を社内で育てていなかったし、もしそういう人がいたとしても、思い切って抜擢（ばってき）するような人事革新ができなかった。

ゆえに、日本企業の多くはしゃがむことしかできなかったのです。それで今日まで「失われた十年」を過ごしてきて、このままでは、それが一〇年ではすまない話になってきているのです。

まさに、アスター工販の経営がこの流れを象徴しているんです。

バブルがはじけてから今年まで七年間の連続赤字。そこから脱するのに、歴代の事業本部長は口では改革を唱えながら、枕を並べて討ち死にみたいに、何もやれなかった。八〇年代に、狭い社内でバブル経済に乗って仕事をしていただけで、いざとなったら発揮できる経営的力量なんて何もないサラリーマンだったんですよ。

一方、香川社長もそうですが、今回の川端氏のように、海外で事業立ち上げや子会社再建の厳しい戦いを経験してきた人たちは、八〇年代に経営者感覚を鍛えられてきたのです。

二年で撤退を予告されたアスター事業を、もしこれから頑張って救えるとすれば、川端氏のような人たちと、さらにその下の若い年代、いまの三〇代から四〇前後の中で、自分の人生に危機感を抱いている連中しかいないんですよ。今回、私はその人たちを選んだのです。

古い体質の日本企業は、組織に対する古い壁を一旦壊して創り直さないと、元気復活への道はないと思います。私にとって今回の改革は、その戦いです。

文字通り、生きるか、死ぬかの改革ですよ。

タスクフォースは独立部隊

黒岩は経営会議の席上で幹部に言明した。

「改革タスクフォースは現在のラインから外れ、改革統括、つまり私の直轄とします。兼務メンバーとしてラインに属している者もいますが、この改革作業の経過を彼らが自分の所属長に報告することはありません。社内に対する必要な説明や発表は、すべてこの私が一本化して行います。各人がバラバラに話せば、社内は噂だらけになります」

改革タスクフォースが上位者から根掘り葉掘り聞かれたり、ことによっては追及されるような、社内政治の坩堝（るつぼ）とならないための発言であった。黒岩には「いつか見た景色」を踏まえた発言だった。

経営会議におけるこうした事業統括の発言自体が、一つの大きな「事件」だった。

改革タスクフォースという聞き慣れない言葉が、幹部に浸透するのに時間はかからなかった。

壊創変革03 の要諦　**【事件で進展する】**

組織カルチャーの変化は、必ず組織内で起きる「事件」（大きな出来事）を触媒にして進展する。事件を避け、なるべく静かに、無難にことを進めようとする経営者は、その組織文化を変えることはできない。

改革者は固く覚悟を決め、ガタガタと音を立て、人々の心を揺らし、インパクトを与える「事件」を起こしていかなければならないのである。

それも単なる演技や計算ではだめだ。それは簡単に見抜かれる。自分の信念、生き様、そして注意深く組み立てた明快な戦略を、熱い心で皆にぶつけなければならない。

《星鉄也（三九歳）の話》

「会社の大改革が始まる」という声が漏れ聞こえてきたとき、最初に私が思ったことは「またか……」でした。

アスター事業で、私の最初の改革体験は約一〇年前でした。そのときは改革の目的さえはっきりさせることができず、私が企画部員として行った作業は全部ムダになりました。

二度目は別の事業本部長が来て、東京のコンサルタントを雇って、社内新聞を出してコミュニケーションを高めたら改革になるというような、まるで素人のコンサルタントに引っ張り回されました。途中で事業本部長が替わり、社内新聞も打ち切りになって、改革案も見えてこないうちに終わりになりました。何だよこれって、笑っちゃいました。

三度目は数年前にまた別の事業本部長が、大きな組織変更をすると宣言しました。そのときも私は計画作りに参加したのですが、改革は名ばかりで、ちょっと変えただけで終わりました。

過去の改革は、会社にも自分にも、何も生まなかった。いや、それに熱く向かった者には、ただ無力感が残ったのです。もう勘弁してもらいたい、それが当時の本音でしたね。

上司から今回も専任メンバーに指名されたと聞いて、驚きましたよ。ホントにまたか、ですよ。今さら何をするのかなと思いました。

《アスター工販大阪支店営業業務課、主任青井博（三二歳、最年少メンバー）の話》

私がなぜ選ばれたのか？　さあ、よく分かりません。

大阪支店の雰囲気が暗く、私は悶々としていたのでこれはチャンスでした。支店の人たちは気になるらしくて、なかには冗談交じりで「なぜおまえが？」と妬ましそうに言う人もいます。

何が始まるのか、楽しみです。会社を左右するかもしれないプロジェクトに参加するのですから。こう言っちゃ何ですが、一種ゲーム的な感覚もあります。

四〇代前半までの人は、会社の状況について問題意識が高い人もいるのですが、改革なんてどうぞ勝手にやってくださいという人もいて、もどかしく感じます。

何でもあり

改革タスクフォースの最初のミーティングは、一二月六日からいきなり二泊三日の合宿だった。木曜日の朝一〇時、全員が太陽産業北陸工場の研修所に集まった。

参加者は皆がノーネクタイ。川端祐二はジーンズ姿で、青井博はスニーカーをはいていた。

そろそろ始めようか。黒岩のその一言で、全員が四角に組んだ会議テーブルに座った。

黒岩は黙って一枚のスライドを白い壁に映した。

読者にはあらかじめ、本書に出てくるスライドやチャートがすべて、現実に使われた実物であることを伝えておく。

黒岩莞太は脚を組んで、リラックスした様子で話しはじめた。そのスライドを読み取ったメンバーは、リラックスどころではなかった。

覚悟を決める

あなたはもはや野党でいられない

- 経営者の目線で
  これはあなたの宿命である
- 逃げれば逃げるほど
  中途半端な結果に

最初の2カ月が勝負

「君たちは人生の半分をこの会社に賭けてきた……この事業が崩壊すれば、これからの人生は大きく変わってしまう……いわば、人生の岐路に来ている世代と言えるね」

黒岩はその世代から、明日を担う経営者予備軍を選んだつもりだ。

「いろいろなタイプを交ぜた……これは動物園だよ……」

性格、知識、年齢の異なる多彩なメンバーが集まっているという意味であった。

「われわれの任務は、これから四カ月間で、つまり遅くとも三月末までに、事業の改革案を実行可能なところまでまとめ上げることにある」

「いいか、君たちの検討に立ち入ってはならない聖・域はない……事業をバラバラにしようが、工場を閉鎖しようが、余計な部署をつぶそうが、販売経路を変えようが……誰かをクビにすべきなら、それも結構……人事問題抜きで改革なんてあり得ないからね……すべての選択肢を考え抜いてもらいたい……

何、で、も、あ、り、だ」

普通の経営者なら、こういう言い方はしない。若手から青臭い新提案を突きつけられたら、自分が困ってしまう。検討するのはここまでと範囲やテーマを限りたくなるところだ。

改革トップからこれほどオープンに問題を投げかけられたら、困惑するのは若手のほうだ。

壊創変革の要諦04【広く探索】

改革シナリオを検討する初めの段階では選択肢を規制しない。問題点の探索をなるべく広く行う。問題の本質が見えてきたら、そこから選択肢を絞りはじめる。

星鉄也は、本心を言えば気乗りのしない思いで北陸まで来たが、たちまちにして「これは、今までの改革と違う」と感づいた。

黒岩のこの数分間の話だけで、過去の改革が半年かけても辿り着かなかったところに来ている。正直、びっくりしていた。

それにしても、こんな大きなテーマで急に考えろと言われても、自分たちは何を考え……どんな手法で……何から手をつければいいのか……。

落ち着かなかった。経営経験のないミドルたちの脳細胞の中を、今まで処理したことのない種類の、たくさんのデジタル、アナログ信号が、突如として駆けめぐりはじめた。

星鉄也の脳の中には、その情報を整理するための「作業台」も「引き出し」もまだ用意されていなかった。そこで脳細胞は、突如として降りかかってきた問題の処理に困りはじめた。悩み、あるいは混沌の始まりであった。全員が、同じ状態だった。

組織が「変化」「成長」を求めるなら、混沌を避けて通ることはできない。

先ほどの「事件」の話と同じだ。組織を変化させるためには、むしろ意図的に混沌を引き起こさなければならないのである。

壊創変革の要諦 05

【カオスの縁】

人間も組織も、「カオスの縁」すなわち秩序から混沌に落ち込むその瀬戸際に立たされたときに、脳細胞がもっとも活性化され、創造的な思考が湧き上がり、柔軟な行動が生まれ、新しい変化への適応がもっとも早く進む(M・ルビンシュタイン、I・ファーステンバーグ著『「鈍」な会社を「俊敏」企業に蘇らせる!』大川修二訳、三枝匡監訳、日本経済新聞出版、二〇〇〇年)。


元気を失った企業では、社員が旧来の秩序にとらわれて「カオスの縁」に近づくことを恐れている。「必要は発明の母」という言葉があるが、同じような言い方をすれば、「混沌は変化の母」である。その意味でタスクフォースの参加者たちは、たった今、否応なしに今まで経験したことのない「カオスの縁」に入りはじめたのである。

黒岩の話は続いた。

「改革タスクフォースは、この事業を利益の出る『勝ち戦』に変える方法を探す。だが、それが難しいと判明したら……われわれの作業は一番ダメージの少ない方法で『事業撤退』を行う方策の検討に転換する」

香川社長が撤退を考えていることは、公の場で明らかにされている。しかし黒岩改革統括は、撤退する場合の財務的ダメージを最小に抑えることの対策を検討することまで口にした。

「あなたたちが経営者として考えるなら、当然視野に入れておくべき選択肢だろう」

この発言がまた、星鉄也の心に重くのしかかった。そこまで視野に入れるのか。いざとなったら、自分の墓穴を自分のシャベルで掘る。その作業手順まで考えろというのだ。このタスクフォースはホンモノだ。

壊創変革の要諦06【最悪の成り行きシナリオ】

変革の努力がうまくいかなかったときの落としどころ、つまり「最悪の成り行きシナリオ」も、改革チームの腹の中で初めからある程度計算しておくことが必要である。

現実直視

ここで黒岩莞太は、タスクフォースの指導体制を説明した。

「今回の改革の総責任者は、香川社長の指名によって、私です」

そこに来ていない執行役員春田事業本部長も自分の下だという意味に取れた。

「私はこの事業の改革を断行するための統括です。通常のライン業務には加わりません。それと、タスクフォースの作業の進捗(しんちょく)管理など、実務的な押さえはリーダーとして川端さんにお願いします」

「私はこの一カ月ほど、社内面談をして来ました。その感想を言えば……事業がここまでダメになっているのに、なぜそうなったか、社内で理由が明確に語られていません。原因がはっきりしないので、誰も『痛み』を感じていないのです」

原因をクールに分解していけば、問題の根源は何か、自分の部署や自分個人はそれにどう関与しているのか、見えてくるはずである。

「その分解作業が厳しく行われた形跡がまったくありません。だから皆は『自分はちゃんとやってきた』『他の部署の責任だ』『すべて経営者が悪い』くらいにしか感じていないのです」

壊創変革の要諦07【現実直視】

適正な経営行動の第一歩は厳しい「現実直視」から始まる。中身を「自分で扱える」大きさにまで分解していく。言うはやさしいが、経営者が現実直視を怠っているケースは多い。

「そこで合宿一日目は、まず『負け戦』の原因を徹底的に洗い出すところから始めます。それによって、改革の押しボタンが何か、探します」

タスクフォースのメンバーが負け戦という言葉を聞いたのはこれが初めてだった。

星鉄也の心が複雑に動いた。そうか、俺はもう四〇歳近いのに……これまでの人生は負け戦だったのか。その複雑な気持ちの正体は、どうやら外部から来た人に「惨敗」とか「負け戦」という言葉で人生を一言で切り捨てられている気がして、悔しいのだ。

幸いなことに、彼はその気持ちをきちんと整理した。

「第三者から見れば、これが負け戦でなくて何なのだ。そう言われても仕方ないじゃないか」

簡単な話に思えるかもしれないが、改革ではここが非常に重要な分かれ目になる。

星鉄也は組織の政治性につながる「好きか、嫌いか」という感情的反応を、「正しいか、正しくないか」という論理的反応に置き換えて、自分を納得させたのである。

実は、戦略志向の強い企業では社員がこの置き換えに慣れており、そうでない企業の社員は感情的反応にとどまる比率が高い。

その分かれ道は何かと言えば、組織の「目標」や行動の「意味」が皆に共有されているかどうかである。

星鉄也の場合は、タスクフォースの目的をすでに理解してとりあえず肯定的な気持ちでいる。だから、黒岩の言葉の違和感を比較的簡単にのみ込むことができたのである。

五〇〇枚のカード

ミーティングルームの壁一面に白い模造紙を張り、その前にタスクフォースの全員が集まった。

「今から皆で問題点をカードに書き込み、それを壁に貼りながら『改革の切り口』を整理していく作業を行いたい」

模造紙は、事業の「強み、弱み」を整理するために、大きく三つの項目に分けられていた。

A. 経常業務（開発、生産、マーケティング、販売、サービスなど）における強み・弱み

B. 戦略（長期的に競争相手を凌駕（りょうが）していくための戦略的要素）における強み・弱み

C．組織（ビジネスプロセス、危機感、リーダーシップの質など）における強み・弱み

「いきなりカードを書けと言われても皆さんには戸惑いがあるでしょう。発想の『誘い水』になるように、私からいくつか視点を示します」

そう言って、黒岩莞太が自ら一つのテーマを提示した。

●顧客の不満は何か。なぜわれわれはそれを満たせないのか？

皆がカードを持ち、顧客からよく出ている不平不満を思い出すと、たちまち社内の問題点のいくつかに行き着いた。しかし顧客の不満など、よく分からないという者もいた。

カードを一枚書くごとに、まず全員に聞こえるように大声で読み上げ、自分でそれを壁に貼った。他の人が書いたカードの内容について、質問は自由だが、批判をしないことが今日の約束になっていた。異質な意見を奨励するためであった。それが改革には不可欠の要素だ。

二〇～三〇枚のカードが出て、読み上げる声が途切れると、黒岩は次のテーマを出した。

●競合はなぜわれわれより強いのか。その負け戦の原因は何か？

やはり何も書けない者もいて、出されたカードは予想外に少なかった。社員が競争相手のことを知らない。それは不振会社に必ず見られる特徴であった。

それでも三〇枚くらいのカードが出た。それが尽きると、次のテーマが出た。

●部署と部署の連携に問題はないのか？

内部の問題になると、堰を切ったようにたくさんのカードが貼られた。

●事業組織のリーダーシップのとり方。それについて起きている問題は？

上司のことなら、不満はいくらでもあった。個人の名前は出さないように指導された。「まだ遠慮しているね。本当はもっと頭に来たり、ドロドロしているのでしょう？　ズバリと書かないと伝わらないよ」

黒岩にそうけしかけられて、書き直されるカードが結構出た。

営業の古手川が「開発は営業の言うことに耳を傾けない」と書けば、事業企画室から来た課長代理原田太助が「営業は開発の意図を分かろうとしない」と書いた。

そこに工場から来た製造部次長の大竹が「工場と営業はいがみ合いすぎる」と並べて貼ったので、重要な三部署のすくみ合いの縮図がそのまま壁に現れた。

ミーティングルームの中は、これまで皆が社内で経験したことのない不思議な雰囲気だった。普段なら感情的反応が出てくる問題を、皆が冷静に、一緒になってワイワイやっていた。

・これまでの事業戦略の問題点は?

古手川修が「戦略など初めからなかった」と書いて大声で読み上げたら、川端と猫田の二人が期せずして同じことを書いていたので、皆は一斉に笑った。しかしその意味の寂しさに気づいて、笑いはすぐにしぼんだ。

こうして窓の外に夕闇が迫る頃、壁には約五〇〇枚のカードが並んだ。新たなカードはほとんど出てこなくなった。

そこまで様子を見ていた黒岩莞太が、口を開いた。

「これで全部吐き出したの? 君たちの問題意識のすべてが、ここに出ている?」

星鉄也が答えた。

「私は、あの人は無責任だ、この人はやる気がないといった個人への不満を除けば、ほとんどの本音や問題点が出ているように思います」

たった一日の作業ですべての本音が出るはずはないのだが、黒岩はこの段階でこれ以上を求める必要はないと感じていた。

けれども誰もがスッキリしない顔であった。壁一面にあまりにもたくさんのカードが貼られ、その数に呆(あき)れていたのである。

「さて、問題はここから先だ。この五〇〇枚から何を引き出す?」

そう言われて皆は黙り込んだ。その場の誰もがこの壁をもて余しはじめていた。

一人ひとりの貼った意見は五〇〇枚の中に埋もれてしまい、少し離れて見ると、壁全体が「だから何なのさ」と語りかけてくるように見えた。

フレームワークの必要性

夕食を終えると、五〇〇枚のカードを整理する作業が始まった。朝からすでに九時間が経過していた。製造部の次長大竹政夫は入社以来、こんなに考える作業をしたことがなかった。青井博も最年少のくせに一番疲れた顔をしていた。

誰かが「これは『KJ法』でまとめよう」と言った。また「QC活動の『魚の骨』でまとめよう」という意見も出た。

黒岩が予期していた意見だった。彼は「いつか見た景色」で、皆がそんな作業をしても役に立たないことを初めから知っていた。

だがとりあえず、黒岩は黙って彼らの考えで進めさせた。彼には魂胆があった。そのムダが必要なステップだと考えていたのである。

それから三時間をかけて、皆は五〇〇枚のカードをいじり回した。

その場の皆にとって、これは単なる研修ではない。食っていけなくなるという死の予感に迫られながら、エリートたちが必死に出口を探そうとしているのである。

ところが、それぞれのカードには、さまざまな解釈が成り立った。

工場から来た大竹が「このカードはこれと一緒にしよう」と言えば、サービスの赤坂が「いや、それはこちらとも関係がある」と言い、横から青井が「いや、元に戻したほうがいいですよ」と口を挟んで、最年長のリーダー川端が「だったら……」とまとめようとする。

異質な見方や態度の違いが表出しにされて、コミュニケーションが図られていく。けれども答えらしきものは何も出てこない、実りの少ない作業だった。

意味のある整理が進んでいるようには見えなかった。時計の針が夜一〇時近くなった頃、多くの者が不安になりはじめていた。

そんな雰囲気を見計らって、黒岩統括が声をかけた。

「皆、ちょっと休んでくれる?……どうも皆の議論が同じところをグルグル回っているようだ」

彼は少し笑いながら続けた。

「この様子も、遅々として改革が進まない事業の縮図みたいなものだね」

組織内の多様な見方や人々の態度の違いを、無理にでも表面化させるのが改革の第一歩だ。しかしそれだけでは、かえって意見の対立や混沌が深まっていくのである。そしていったんすくみ合いの状態に入ってしまうと、組織は解決に向けて動き出すことができなくなる。

それがこの一〇年近く、業績低迷を続けてきた社内の実態ではなかったのか。

「お互いの価値観が違うということは、どうやら認識できたよね? だからこの作業はムダではなかった。だがこれを、あと何日続けたところで、何か新しい解決法が出てくるという感じはしないでしょう?」

星鉄也はその通りだと思った。

黒岩は皆に出口が見えてこない理由をこう表現した。

「皆はこれらの問題を『くくる』あるいは『分類』しようと試みてきたんだ。ところが今必要なのは、分類手法ではないんだよ。ということは?……われわれにいま必要なものは何だろう?」

経営経験のある川端も、この質問にどう答えていいか分からなかった。

読者の答えは何だろうか。

やりとりが続いたが、誰も答えられなかった。しばらくして黒岩莞太が答えを言った。

「問題は、皆が参照すべき『考え方』つまり『フレームワーク』なんだよ……お互いの『議論の共通地盤』がなければ……つまり、一人ひとりが拠り所にしている考え方や思想がてんでバラバラだったら……何を議論すればいいのかさえ、見えてこないんだ。

皆が目の前の雑多な現象を『個人』として言いたいことは言える……だけど『集団として』現実を整理することはできないんだよ」

簡単な例話で説明しよう。昔の戦争で、劣勢になっている軍の参謀たち数人が、テーブルを囲んで自軍がなぜ負けているのか言い合っている。テーブルの上には何もない。各自が口にしている情報や判断の根拠はバラバラで、言い合っているだけ。グチや責任のなすり合いにも聞こえる。

そのテーブルの上に、一枚の地図が広げられる。粗い地図だが、敵と味方の配置、どこで勝ち、どこで負けているか、補給線の状況も見える。皆の意見はまだ一致しないが、前よりも議論が絞られてくる。「あと、何の情報が足りないか」が見えてくる。その情報を加えれば、議論はさらに絞られてくる……。

黒岩たちが合宿で集まっているその部屋には、朝から、一枚の地図もなかった。黒岩が誘い水で出した大まかな項目に誘われ、壁に、皆がカード五〇〇枚をベタベタ貼っただけだった。

地図があったところで人の意見は分かれるのに、地図一枚もなければ、延々とやりとりが続くだけで、何の解決策も、行動も出てこない。

それがアスター事業の過去一〇年間の姿ではなかったのか。この日の合宿で皆が朝からやってきた作業は、その一〇年間の混沌と無策無能の姿を、縮図として、壁に貼り出しただけではなかったのか。

「皆が同じ地図（経営ではフレームワーク）を共有して、初めて、議論がかみ合い始めるんだ。別のフレームワークのほうがいいと言うなら、取り替えてみればいい。そうやっているうちに、皆が共有できる新しい戦略への気づきが出てくるんだ」

壊創変革の要諦08【フレームワークの提示】

事業を変革するには、共有する「フレームワーク」が提示されなければならない。それが「共通言語」になれば、意見が違っても、議論が嚙み合ってくる。そのフレームワークはリーダーが提示するものであり、論理明快で強力なものでなければならない。

黒岩莞太は、三二歳で日米合弁会社のトップになった約二〇年前にそのことを学んでいた。社員に新たな「共通言語」が生まれたとき、初めて改善のプロセスが始まる。それは新たな組織カルチャーを作り上げるための第一歩なのである。星鉄也はなるほど、そういうことかと思ったが、すぐに笑い出しそうになった。

「皆の思想がバラバラ？……でも俺は違う……俺はただの空っぽだった。思想や理論なんか持ち合わせていなかった……」

それなのに自分は今朝から結構、偉そうに意見を言ってきた。

同じように、ここにいる皆が大した洞察もないのに勝手なことをバラバラに言ってきたのなら、全体がまとまらないのは、当たり前だったのだ。

星鉄也は事業本部の幹部たちの顔を思い出し、今の自分たちはアスター事業全体の縮図だと思った。黒岩莞太が言った。

「それにしても、フレームワークって、何だろう。それを明日の朝から固めてみたい」

彼は皆に、この五〇〇枚のカードの壁から、しばらく離れてみようと提案した。

「この壁は、歴代の事業本部長の苦悩を象徴しているようなものだね。現実は、どうしていいか分からないくらい、グチャグチャだってことさ……これが……現実だった」

社内には、この五〇〇枚を遥かに超える多くの意見が駆けめぐり、それが感情によって増幅され、時に陰湿に潰し合い、出口の見えない閉塞状態の中で不満が鬱積している。

黒岩は歴代の経営者がそうした現実に対して、モグラ叩きをする以外に、どうしていいか分からなかったのだと言っているのである。

「経営者はフレームワークを提示しろと言われたって……簡単じゃないからね。君たちがこの現実から目をそらすと、また何カ月も、何年も、時間が過ぎていく。今回は何としても答えを出さなければならない。事業はあと二年。改革案を出すのはあと四カ月……。さあ、どうする?」

どうするって言われても……困るなぁ……皆がそんな顔であった。

「ここから先は、皆で一杯やりながら……」

黒岩が時計を見ながらそう言うと、皆は一斉に息を吹き返した。

食堂に用意されていたボトルや氷が運び込まれた。

黒岩統括が、乾杯でウイスキーの水割りを一口飲んでから、再び声をかけた。

黒岩は、皆の顔と、壁のカードを見比べながら言い切った。

「でも実は、その答えのほとんどを君たちはすでに知っている……答えは君たちの中にある。この壁の中にある。しかしそれはこの混沌を整理し、ストーリー化しないと見えてこない」

ほとんどの企業変革に当てはまるこの意味深長な言葉を全員が聞き流した。黒岩が言っていることの意味を、彼らがこの段階で理解することは無理だった。

今夜は飲みながらも、何となく盛り上がらなかった。

この分だと、今夜の夢の中にこの五〇〇枚が出てくるかもしれなかった。

深夜の孤独

《星鉄也（三九歳）の話》

あの後、しばらくミーティンググルームで皆と飲んでいましたが、夜一一時過ぎに解散になり、部屋に戻りました。同室の古手川さんは先に寝入ってしまいました。私も寝ようとしたのですが、まだ頭の中が緊張している感じで、眠れそうもありませんでした。

あの五〇〇枚から何を引き出せるのかと考えていたら、ますます頭が冴えてきてしまいました。寝つかれなかったので、私はそっと起き出して、さっきのミーティンググルームに行こうと思いました。あの壁を見ながら考えたほうが手っ取り早いと思ったのです。

自分の気持ちがそこまで入れ込んできていることを、自分でも不思議に思いました。

薄暗い階段を静かに下りて廊下を曲がると、おかしなことに、ミーティンググルームの電灯が一部ついていて、薄明かり状態になっているのがドアのガラス越しに見えました。

初めは、誰かが電灯を消し忘れたのかな、と思いました。

カーペットの廊下を音を立てないように近づいていって……ガラス窓からそっと中を覗いてみました。ハッと驚きましたよ。いえ、これは怪談じゃありません。ミーティングルームの一番奥のところに、ポツンと一人の男の人が座っていたのです。先客がいたのです。

こちらからは、背中しか見えませんでした。浴衣姿で、正面の壁をジーッと眺めている様子です。黒い影がシルエットになって五〇〇枚のカードの中に浮かんで、不思議な光景でした。

誰だろう……目を凝らして見ると……肩幅の広い、大きな体格……なんと黒岩統括でした。

孤独に見えました……。着任以来、毎月大きな赤字が続いています。改革を急がなければならないプレッシャーのはずです。

物音一つしない深夜に……改革責任者が一人で……会社の問題点の海の中で、考え込んでいる……。

「この人は、必死なんだ」

私は単純な人間ですから、ぐっと来ちゃいまして……大変なものを見てしまったような気がしました。中に入って声をかけようかと思いましたが、何か近寄りがたいものを感じて……。

そのまま部屋に戻りました。

ますます寝つけませんでしたよ。

[改革の第1フレームワーク]「創る、作る、売る」のサイクル

合宿二日目の朝、黒岩統括は皆の前に出て、パワーポイントで改革の基本になるべきコンセプトの説明を始めた。彼があちこちの赤字会社の再建に入っていくときに、基本中の基本にしている考え方だという。

その第1フレームワークは事業の原点「商売の基本サイクル」だった。その説明は経営ノート①に詳細に書いたので重複を避けるが、最も重要な内容なので、できれば読み返して欲しい。

その理屈自体はあっけないくらいシンプルな「創る、作る、売る」の考え方だった。

「でも、馬鹿にしちゃいけないよ。この単純な図式を日本の経営者が見失い、放置していることが多いんだ。この図式が、元気のない会社を活性化するきっかけになり得るんだ」

この二カ月間、黒岩は社内を歩いて、アスター事業は小さな組織なのに、開発→生産→販売→顧客までの距離が異常に遠くなっていることに気づいたと説明した。

「それがこの事業の戦闘力を弱めていると私は見た。壁に貼られた五〇〇枚のカードのうち、相当の枚数がこの問題から発生しているはずだ」

黒岩がこの論理に気づいたのは二〇年以上も昔のことだ。

「私はまだ三〇代前半で、日米合弁会社の社長だった」

その場の全員が、その年齢で、自分は何をしていたかなと思った。

猫田洋次は、突如として眼前に現れたこの単純きわまりないフレームワークに驚いていた。

自分がこれまで何年も社内で戦ってきて、どうにもならなかった組織の病状をこれほどシンプルに説明する方法があったのか。

黒岩は続けた。

「トヨタのカンバン方式は生産現場を対象にしている。一方、『商売の基本サイクル』は営業や開発を含む事業全体を対象にしている。工場の『工程』と呼ぶか、会社の『部署』と呼ぶかの違いはあっても、基本的な見方は同じなんだよ」

黒岩莞太はそこで、この話が九〇年代に入って以降に米国が繁栄を取り戻し、日本企業が弱体化していった歴史に深いかかわりがあると言い出した。

彼の話は、合宿の目的から離れはじめているように見えた。しかし彼は説明をやめなかった。タスクフォースが、この歴史観を共有することが重要だと考えていたからである（黒岩莞太のこの話の内容は本書経営ノート①及びシリーズ第一巻『決定版　戦略プロフェッショナル』の中の「世界の事業革新のメガトレンド」参照）。

黒岩莞太は長い解説を終え、一息ついて、笑いながら言った。

「日本発の考え方が米国企業の活性化を助け……一方、ご本家の日本企業は組織活性を失って凋落……残念だよね」

日本企業はバブル崩壊とともに、それまでに鬱積していた内部矛盾を病原体として一気に表面化させた。アスター事業はその典型的事例に他ならない。

星鉄也は自分の前に立ちはだかる壁の大きさを思った。この改革タスクフォースは、太陽産業一社のことだけでなく、日本人が過去数十年に背負った歴史の重荷までが関係している。

星は心の中で毒づいた。「俺たちの世代に、これまでに日本人が背負い込んだ歴史のギャップを埋めろと言うのか……」

日本的手法から発したさまざまな経営フレームワークは、その後もサプライチェーン・マネジメントなどの名前で、米国のコンサルタント会社やコンピューター企業によって日本に逆輸入され、日本企業に売り込まれている。

アマゾンの巨大化もこの歴史に乗って、日本の経営手法から始まっていたのだ。

黒岩莞太は言い切った。

「米国のシステム商売に乗れば、日本企業の改善が一気に進む？……そう考える日本人がいたら、愚かだね。この壁の五〇〇枚のカード……アスターのこの日本人ドロドロの組織実態が、米国発想のコンピューター・システムの導入で解決すると思うかい？」

黒岩莞太による改革の第1フレームワークの説明は、ようやくここで終わった。

この歴史の話とアスター事業の改革はどのように結びつくのだろうか。

一気通貫の組織効果

午後からはタスクフォースの討議だった。

アスター事業の「創る、作る、売る」のサイクルが迅速に回っていないことは、誰の目にも明らかだった。現在のアスター事業の組織は機能別であり、工場の工程別組織に似ている。それぞれの工程部署が小型機械C～F商品群のすべてを扱い、次の部署に引き渡していく。

それぞれの部署の社員は自分の仕事には精通しているが、前後の部署のことや全体の流れに責任はないし、また口を挟みにくい。部門ごとに仕事の優先度が異なるから、競争相手や顧客に対してどの仕事が急ぎなのか、社内の根回しや調整に大変な時間がかかる。

顧客を中心にした「商売の基本サイクル」からすると、動きがバラバラになりやすい組織なのだ。

「『創る、作る、売る』は組織の価値連鎖（バリューチェーン）を表す」

儲からない企業がなぜ儲からないかと言えば、社内活動で社員が商品に新たに付加している付加価値が低い。つまり組織の「価値連鎖」が弱いからだ。

「『創る、作る、売る』は『時間連鎖（タイムチェーン）』も表している」

顧客へのレスポンスが遅い企業では、サイクルの回しが崩れているのだ。

スモール・イズ・ビューティフル

黒岩は問いかけた。

「ここで、もしアスター事業の『時間連鎖』をダントツに早くすることができたら、どんな効果を生むのか討議したい。私が皆に提起する発想の原点は『小さい組織』だ……その考え方、スモール・イズ・ビューティフルのことを話したい」

黒岩がいま提案しているのは、仮の結論を先に出し、それを現状に当てはめて正しいかどうかを検証するという順序だった。

壊創変革の要諦 09【仮説を先に立てる】

仮説検証の手法をうまく使えば、分析やシナリオ作りの作業時間を大幅に短縮することができる。熟達した経営者はこれに長(た)けている。しかし、それは経営者にとって楽な仕事ではない。その仮説を自分こそが先に示さなければならないからだ。

黒岩の質問に対して、その場の誰もが真っ先に考えついたことは、アスター事業に含まれる小型機械C、D、E、Fを商品群別の事業組織に分けることだった。

それぞれの商品群が、それぞれ開発から営業までの一気通貫組織を持つようにするのである。

そのような組織を、仮にアスター事業の中の「ビジネスユニット」と呼ぶことにする。事業の中の事業、いわばミニ事業部のようなものだ。

単一の商品群で「創る、作る、売る」の組織をワンセット持つのだから、「時間連鎖」は一気に強化され、事業スピードは飛躍的に上がるはずだ。

それはカンバン方式で証明された原理と同じであり、リエンジニアリングやサプライチェーンの基礎になっているビジネスモデルである。

「そこで今日は仮説として……たとえばD商品群を独立させてミニ会社にする……そんな情景を想像してみよう……仮説だから、とりあえず皆はこの論理に乗って、議論しよう……」

D商品群はアスター事業の中では一番大きな商品群の組織サイズである……製造のかなりを外注しているので、その外注企業で関係している社員まで含めれば……開発から生産、営業、アフターサービスまで一五〇名くらいの組織だろうか。

「その一五〇名の中で、ビジネスユニットの『本社』とイメージできる組織は、たかだか一〇名くらいじゃないかな。狭い事務所フロアに開発、生産、営業などの担当マネジャーが並んで座って、目の前にビジネスユニットの長……仮に『BU長』と呼びます……が座っている。それが『BU本社』だよ。中小企業みたいなものです」

これまでの組織とは違い、たった一〇人だから、「社長が大声を上げれば、全員に聞こえる」規模である。それどころか、営業部長と製造部長が隣同士で座っているのだから、膝をつきあわせて二人が話せば、ほとんどの問題がその場で解決されてしまう。これまで生産と営業のいがみ合いの場になっていた、悪名高き「製販会議」などというものは不必要になる。

営業担当者は各地に散っているが、D商品群だけを売るのだから、営業組織も現在のような大組織ではない。営業部長の連絡一本で、各地の支店長を介することもなく、全営業担当が一斉に動く。

古手川はここまでの仮説を聞きながら、まだ疑問を捨て切れていなかった。

機能別組織を商品群別に小さく分割すれば、組織の力が分散されて弱体化するのではないか。それぞれの部署で蓄積した専門知識やノウハウが分散してしまうのではないか。それぞれの機能部署の中で柔軟に運用しているスタッフの融通が難しくなって、かえって人が増えたり、非効率な組織になるのではないか。

実はこれらの疑問は、カンバン方式を導入するときに工場内で出る抵抗感とまったく同じだった。だから今日まで、世界の事業革新でどんな変化が起きているのかに無知だったタスクフォースの全員が、黒岩莞太のスモール・イズ・ビューティフルの仮説を聞いてもすぐに理解できず、疑問を抱くのは当たり前だった。

彼らは、その意見を拒絶するほど強い理由があったわけでもない。そこで皆は素直に、五〇〇枚の壁の前でワイワイやりはじめた。

開発の猫田洋次が口火を切った。

「この組織では、D商品群の毎月の赤字がモロに見える……個々のBUに属する社員には心理的に強烈なインパクトだね。機能別組織と違って、この一五〇名はD商品群と抱き合い心中……目の色が変わるね」

考えてみると、今までの機能別組織ではすべての部署がすべての商品群を扱い、いわばすべてを片手間で扱ってきた。

そこからさまざまな意見が出はじめ、議論はかなりの熱を帯びはじめた。

今までプロダクトマネジャーのような役割とされてきた商品群担当でさえ、いまは事業企画室というスタッフ部門に属している。

スタッフというのは事業責任を負わない人々を指すのだから、「創る、作る、売る」全体への権限がないのは当たり前なのだ。

そう考えてみれば、会社のどこを探しても、商品群別の「創る、作る、売る」をワンセットにした事業統括者は存在していないのだ。商品の一つひとつにおいて、その事業責任というものは春田事業本部長のところまで行かない限り、責任として完結しないのだ。

だからその下の機能別組織の責任者や担当者が集まって、何かで互いにすくみ合い、結論を出せないという問題症状が出るのも、今の組織では、自然にそれが起きる仕組みなのだ。

赤坂三郎は、「目から鱗（うろこ）」とはこのことだと思った。前から分かっていたはずのこの単純な事実が、まったく違う重みで迫ってきた。

つまり、皆がD商品群の大赤字を知りながら、それを自分の責任だと思う単独の責任者は一人もいなかった。組織構造として、商品一つひとつの責任をワンセットにして背負っているのは最上位の春田事業本部長だけなのだ。その本部長が自分の責任を果たさず怠けていれば、あちこちで問題が放置されるのは当然ではないか。

古手川修も、気づいてみればこれは恐ろしい組織だと思った。

「この一気通貫組織ができれば、プロダクトマネジャーの似非ものみたいな商品群担当というのは廃止になるね。各BU長がこれまでの商品群担当の役割を自分で果たすことになるだろう」

古手川がそう言うと、赤坂が応じた。

「この程度の組織なら、四、五名の幹部がBU長の周りに集まるだけで、すべての意思決定ができる。三〇名が集まる経営会議とか、ほとんどの大会議は廃止だね」

ついでに星鉄也が、いまの代理症候群について、言いにくいことを言った。

「事業本部スタッフの『番頭さん』みたいな人もいらなくなる。各BU長が、BU毎に議長も含めて、自分で采配を振るえばいいんだ」

この合宿にその番頭さんの山岡が来ていたらとても言えないことだった。

「一二もある『委員会』は、ほとんどいらなくなる」

「これまで月一回、製販会議で販売計画と生産計画の調整をまる一日かけてやっていたけど、D商品群だけとなれば、担当者が隣り合わせに座って、毎日ちょこちょこ調整すれば十分だろう」

これで過剰在庫や品切れが減る。カンバン方式で在庫が激減するのは、「時間連鎖」の短縮化が一気に起きることによる。

合宿での討議がここまで進んできて、タスクフォースの全員が、「スモール・イズ・ビューティフル」の組織効果に強い関心を持ちはじめていた。

太陽産業が買収した米国デンバーの会社で経営再建をしてきた、タスクフォース・リーダー川端祐二がその経験を思い出しながら言った。

「小さなビジネスユニットなら、今よりも、みんなが顧客を近くに感じるようになるね。それで皆の切迫感が高まる。自発的に『商売の基本サイクル』を早く回そうとするだろう」

いつの間にか、皆の議論がかみ合って、互いの主張を補完し合う感じになってきた。

このディスカッションは「単なる仮説として議論すればいい」と黒岩莞太が気楽さを強調したところから始まった。

とりあえず皆は、その誘導尋問的な設定に相乗りしただけだった。

皆がお互いを一つの議論に引き込むことで、今まで気づかなかった新たな発想を自由に口にできる「磁場」が形成されていた。

「この考え方なら、事業本部のアスター関連部署と販売会社アスター工販は合併すべきだね。今は二つの組織の境目で『時間連鎖』がすっかり切れている」

その表現が、皆が毎日直面している煩瑣（はんさ）なやりとりの問題をうまく説明していた。

「どのみち、営業だけ外に出したのは愚策だったよ」

「組織レイヤーとしては、いまは、事業本部長 ↓ アスター工販社長 ↓ 工販営業部長 ↓ 支店長 ↓ 営業所長 ↓ 営業担当の六レイヤー、もし本社の開発・生産を一レイヤーと数えるなら七レイヤー」

「それが一挙に、産機事業本部長 ↓ BU長 ↓ BU営業部長 ↓ 営業担当の四レイヤーになる」

プロフィットセンターとしてはBU長がトップだから、通常の問題は三レイヤーで決まるはずだ。営業担当から見たら、間に一人入るだけだ。本社をはるか「神の国」と言っていた営業担当にとって、それは「時間連鎖」のドラマチックな短縮を意味していた。

「営業組織がビジネスユニットごとに小ぶりな組織になるから、BU長は自分の営業担当だけを全国から集めて、対面で営業会議を行える」

この組織が実現できれば、創業期の小組織で当たり前だった双方向のコミュニケーションをフェース・ツー・フェースで取り戻すことになる。

「その営業会議には、同じBUの生産や開発の人たちも一緒に出てきて、意見を戦わせればいい」

「そうなると、開発者も、生産現場も、市場で起きていることに敏感になる。クレーム対応が早くなるんじゃないの」

「責任のなすり合いをしていた機能別組織が一つのBUで隣同士で座っているんだから、担当同士でちょこちょこ調整できる」

「何か仕掛けたら、良くも悪くも結果が早く見えるようになるから、経営陣は鍛えられるよ。これは、経営者育成に向いている」

壊創変革の要諦10【経営者人材の育成加速】

もともと大組織よりも、小組織のほうが経営者育成には向いている。官僚的になっている組織で打ち合わせや根回しに時間をかけているよりも、小企業ではアクションやその結果の見えるのが早く、成功でも失敗でも、経営者人材の学びのサイクルが早まるからである。スモール・イズ・ビューティフルの組織設計は、たとえ大企業であっても、小組織の効用を生かそうとするものである。

人は厳しく損益責任を問われない限り、経営者として育つことはない。そして今までの組織でその立場にいるのは事業本部長ただ一人だけだったのだ。

それぞれのBU長と数名の幹部がマネジメントチームを組めば、従来では考えられなかった数の経営者予備軍を、同時並行的に育成できることになる。

そんな話で皆の会話は盛り上がっていった。

北陸の山に夕闇が迫り、皆に一日の疲労感が出はじめていた。

一網打尽の解決

《リーダー川端祐二（五〇歳）の話》

いや、私にとってこの合宿は、強烈ですよ。

ついこの前まで、密(ひそ)かに転職の可能性まで考えていたんですよ……長い間眠っていた脳細胞を急に叩き起こされて、いきなりガンガン使うことを要求されています。

この合宿では、フレームワークと言っても、抽象的でなくて、現場で実際に使える考え方が提示されていると思います。

私は米国子会社の社長までやりましたが、今日の話を聞くと、当時の自分は行き当たりばったりの自己流でやっていたと感じます。もっと早くこういうフレームワークを知っていたら……やり方が違っていたと思います。

黒岩統括の「創る、作る、売る」のフレームワークのことで、私はちょっと忸怩(じくじ)たる思いにとらわれているんです。自分がやってきたことは間違いだったと……。

それは私が二年前から取り組んできたクレーム処理のTAT（ターン・アラウンド・タイム）のことです。

私はあの改善を、クレーム情報が工場に来てから工場を出ていくまで、つまり「工場内の処理だけ」を対象にして進めてきました。それは「部分最適」の見方でした。

クレームがお客様のところで発生してから、各部署が連携してそれに対応し、お客様のところで問題が完全に解消するまでの「トータルのサイクル」をとらえるべきでした。

正直に言えば……ここだけの話ですが……工場の外の組織で、あの気難しいアスター工販の吉本社長とか、その下にいる動きの悪い営業担当たち、クレーム問題で迷惑顔の開発の人たちなど……彼らを巻き込むことは、私の責任の対象ではないと思っていたのです。

とにかく、何一つ動かない組織ですからね。だから私は改善を工場の中だけに限定したのです。

それは「顧客の視点」を見失っていたということであり、「商売」を忘れていたことに他なりません。だから反省します。

夕食のあと、全員が椅子を動かして、五〇〇枚の壁の前に集まりました。この先、いったい何をするんだろうという好奇心がありました。

「もしD商品群のビジネスユニットを作ったら、この五〇〇枚のカードのうち、解決ないし大幅に改善できるのはどれでしょうか。そのカードを隣の壁に移していこう」

そう黒岩統括に言われて、またみんなでワイワイガヤガヤ始めました。

そのうち面白いことが起きはじめました。以前の分類作業では一つの解決法に対しては互いに矛盾して喧嘩していたカードが、仲よく隣の壁に出て行くという現象が頻繁に出てきたのです。

たとえば、「開発は営業の言うことに耳を傾けない」「営業は開発の意図を分かろうとしない」「工場と営業はいがみ合いすぎる」というカードは互いにすくみ合っていました。

今の組織で一つの立場で解決に動けば他方が反発し、いつも三つ巴になって、にっちもさっちもいかないことが多かったのです。

けれどもこの夜の作業でこの三枚は、仲よく隣の壁に移って、「解決可能」の印がつけられました。というのは、新組織では、

「幹部数名の小さい組織だから、コミュニケーションが劇的に良くなる」
「部署が融和して、互いの痛みが見えやすくなる」
「赤字の危機感も共有されるようになる」
「だから皆の行動が早くなる」

ということです。そうなれば、

「互いにすくみ合って、問題を長い時間放っておくことが、自然に減ってしまう」

そこで、この三枚は揃って外に出ていったのです。

やがて、皆が驚く結果が出ました。五〇〇枚のうち、実に三〇〇枚近いカードが、「解決、または、かなり改善可能」ということで、隣の壁に移ってしまったのです。

アスター事業の売上高は、上場企業の事業としては小さい方だと思いますが、実はとんでもない肥大化現象が起きていたのです。あれほど激しい人減らしをしたのに……。

この仮説作業は、私にとって大きな発想転換のきっかけになりました。新しいフレームワークを

軸に根本原因を叩くと、一網打尽の解決を図る方法があるかもしれないのです。

肥大化した機能別組織の欠陥

《アスター工販営業企画室、課長古手川修（四一歳）の話》

私はここ五年ほど営業で企画をやっていて、その前は星鉄也と同じ事業企画室のプロダクトマネジャー、さらにその前は、開発センターでB商品群の開発をやっていました。

この会社では珍しく、横っ飛びの異動を繰り返してきました。上司とぶつかることが多かったので、こいつは扱いにくいと、あちこち回されたのだと思っています。

私は普通の社員より会社全体を客観的に見ていると思っていましたが、この合宿に来て、自分の見方が狭かったことに気づきました。

あの後、黒岩統括さんが最後の作業を示しました。

「さて、皆が『解決ないし改善する』ということで移した三〇〇枚が、これまで社内でどんな問題を引き起こしていたのか、分類してみよう」

私たちは、二時間ほどで三〇〇枚のカードを、大きく一〇項目に分類しました。

それをスライドにして、壁に映しました。

アスター事業は今、「肥大化した機能別組織　一〇の欠陥」に悩まされていたというわけです。

事業が行き詰まれば、個別の部署の論理では対応できないわけです。

入社以来ずっと似たような組織でやってきて……ちょっとやそっとの刺激では、人々の「認識」が切り替わらないのです。

肥大化した機能別組織［10の欠陥］

❶ 事業責任が分かりにくい
❷ 損益責任があいまい
❸「創る、作る、売る」が融和していない
❹ 顧客への距離感が遠い
❺ 少人数で意思決定できない
❻ 社内コミュニケーションが悪い
❼ 戦略が不明
❽ 新商品が育ちにくい
❾ 社内の競争意識が低い
❿ 経営者的人材の育成が遅れている

だからカオス（混沌）とか革命が必要だという議論に行き着くのだと思います。

ここから先のわれわれの改革は……社員全員が市場や顧客に近づくために……組織をショートカットする方法を考えなければなりません。

それを、黒岩統括は「組織の短絡化」と呼んでいました。「時間連鎖」を強化するにはそれしかないと。日本語で短絡的と言えば悪い意味に使われますが、これからは「短絡化の時代」だというわけです。

シナリオを描く

《アスター工販大阪支店営業業務課、主任青井博（三三歳）の話》

私は最年少で、この事業のトップクラスの先輩が集まっているので、合宿に来るまでは自信がなかったのですが、ワイワイやっているうちに、何とかなりそうな気がしてきました。

黒岩統括が改革の第1フレームワークを説明したあと、あの五〇〇枚のうち約六割が隣の壁に移ってしまい、まるで手品のようでした。
いまの組織図をぐるりと九〇度回してタテヨコ逆にしただけなんですが（笑）。

でも……私はまだスッキリしていません。小組織といっても、具体的にどんな形になるのか分からないからです。二日目の夜も一〇時過ぎにお酒になりましたが、皆からその疑問が出ました。

「アスター事業のC〜F商品群ごとに事業組織を分けたら、営業はそれぞれ小さな営業部隊に分割されてしまいます。営業力が極端に落ちるのではありませんか」

「工場も複雑です。BU組織ごとに生産ラインを分けることなどできるのか。現実的でしょうか。それに……いままでの工場長はどうなるのですか」

「開発も同じです。商品群ごとに開発部隊を分けたら、会社としての技術共有がなくなるのではないでしょうか」

それぞれ、まさに私が聞きたい疑問でした。要するに、組織シナジー（相乗効果）を失い、かえって競争力や効率を失うのではないか……。

それに対して、黒岩統括はニヤニヤ笑いながらこう言いました。

「皆、私に聞かないでよ……それでは困るんだ。これから四カ月間かけて、何を実行し、どんな効果を期待するか、そのシナリオを描く……それが改革タスクフォースだ」

経営問題について、こんな投げられ方をされたのは初めてでした。

「今はまだ何も決まっていない。ただでさえ社内から抵抗が出るのに、君たちが納得しないことを実行しても、どうせ、うまくいくわけはないだろう」

われわれに下駄を預けたみたいな……それでいて自信たっぷりで……誘導されているような、されていないような……押せばスーッといなくなっちゃうみたいな……。

実は、黒岩統括にお酒を注ぎながら、それを言ってしまいました。そうしたら、ちょっと赤い顔をした黒岩統括が、笑いながら、こうおっしゃいました。

「あのな、青井君……贅沢を言うなよ。改革者とは、いつもこのような宙ぶらりんの不安の中で答えを探し続けるんだよ」

これまで私たちは、自分じゃあまり考えないで、いつも上に答えを求めてそれに従ってやってきたら、その答えが間違っていて、事業はこれで終わり……。

だから、おい、今回はおまえが答えを出すんだよって言われているんでしょう。

当分、この心理状態が続くのでしょうね……。

今日はこてんぱんに疲れました。黒岩統括は社外からきて、タフですね。驚きました。

これで二日たちましたが……頭の芯までぎゅーぎゅー詰めです……。

明日は土曜日だから、朝は少しゆっくり始めるということで、今夜は飲むぞーとなりました。

トップがここまで気持ちを入れ込んでくれれば、誰だって付いていこうという気持ちになりますよ。

タスクフォースの士気は高いです。

選ばれた者だという責任感が、皆の気持ちを支えていると思います。

【改革の第2フレームワーク】勝ち戦の循環

合宿最終日の土曜日、窓の外は一二月の冷たい雨に濡れていた。その朝、また黒岩莞太が前に立った。話のテーマは、今度は「戦略」だった。

「たとえ『商売の基本サイクル』を早く回せる組織が実現しても、『戦略』が曖昧なままだったら効果は出ない。お粗末な戦略を高速に実行するのでは、かえって始末が悪い（笑）」

そう言ってから黒岩統括は、未整理のカードがまだ二〇〇枚ほど残っている壁に歩み寄った。

そこには、事業戦略が不明確なために起きていると思われる社内現象が多く残っていた。

- 目先の売り上げの数字作りばかりにとらわれている。
- 戦略がないから、負け戦の自覚もない。
- 競合企業の戦略がよく分かっていない。
- 会社の「商品戦略」が営業担当まで伝わっていない。
- 勝負すべきことへの資源投入がいつも中途半端。
- 新商品の狙いが不明確。いつも競合の後追い。

黒岩はざっと読み上げてから、問題を一言に要約した。

「今のアスター事業では、会社が何をやろうとしているのか、皆に戦略のストーリーが見えていないと思う。だから行動がバラバラになる」

そして彼は、この現象を二つの原因に分けて考えたいと言った。

「社員に戦略が見えないというときに考えられる第一原因は、戦略が『組織末端まで伝わっていない』という場合だね」

経営の意思が伝わらず、末端で社員が実行していないという状況である。

これを黒岩莞太は「『戦略連鎖』が崩れている」と呼んだ。

昨日出てきた「価値連鎖」「時間連鎖」に次ぐ三つ目の造語だった。「ビジネスユニットの中で戦略連鎖がつながれば、全体戦略、開発戦略、営業戦略、営業活動などが、矛盾や切れ目なくつながりはじめる」

そして黒岩は皆の顔を見渡し、ニヤッと笑ってから言った。「その『戦略連鎖』を具体的に設計するのも、タスクフォースの任務だよ」

タスクフォースの仕事がまた増えた。星鉄也は気づいた。この合宿の進行とともにこれから何をするのかという疑問が減っていく。それに応じて、自分たちの仕事が増えていく。

次いで、黒岩統括は戦略欠如の第二原因を取り上げた。

「戦略が組織の末端にまで正確に伝わるようになったとして……その戦略の内容が間違っていたらどうなる？　社内にゴミを垂れ流すようなものでしょう」

黒岩莞太は、第二原因の「戦略の内容がお粗末」を、さらに二つの原因に分けた。

- トップの「戦略志向」が弱くて、戦略立案が放ったらかしとか、手抜きをされる場合。
- 戦略の「立案スキル」が不足している。戦略を編み出す技量や知識が足りなければ、陳腐な戦略しか出てこないのは当たり前だ。

星鉄也は聞きながら、アスター事業ではこれまで、この両方ともがお粗末だったと思った。

そこで黒岩は改革の第2フレームワークを映し出した。

「さて、競合を上回る成長を続けている企業では『勝ち戦の循環』が回っている。ダメな会社はこの循環のどこかが切れているんだ」

- 顧客ニーズは時代の変化とともに変わっていき、それに伴って競争のカギ（KSF、キーサクセス・ファクター）もシフトしていく。現在、われわれの事業は、顧客ニーズの何を満たすものなのだろうか？　将来はどう変わるのだろうか？
- 誰が本当の競争相手なのだろうか？　最近は業界の境が曖昧になっているから、思わぬところに潜在的競争相手が潜んでいるかもしれない。
- そうして定義された市場の中で、われわれは常に成長分野に参入してきたのだろうか。
- それも他社の後追いでなく、リスクを負い、常に先陣を切って参入してきただろうか。
- そしてその市場で、勝ちを収めるまで執拗かつ集中的な勝負をかけてきただろうか。そのためには優先度の低い事業から、経営資源を移動させることが必要だ。
- 成功企業はこうした攻めの戦略で成功し、その分野でのトップシェアを勝ち取り、ナンバーワン企業だけが手にするメリット（コストや情報の優位性など）を享受する。
- しかし、長期間それに甘んじていると、やがて事業や商品は「陳腐化」して競争性を失いはじめる。あるいは業界そのものが経済の中で相対的にマイナーなものになっていく。
- そこで「鼻の差」でいいから常に先行する商品・事業開発を行うように、組織内の資源移動を図り、いつも次の成長分野に参入する努力が続けられなければならない。

第2フレームワーク［勝ち戦の循環］

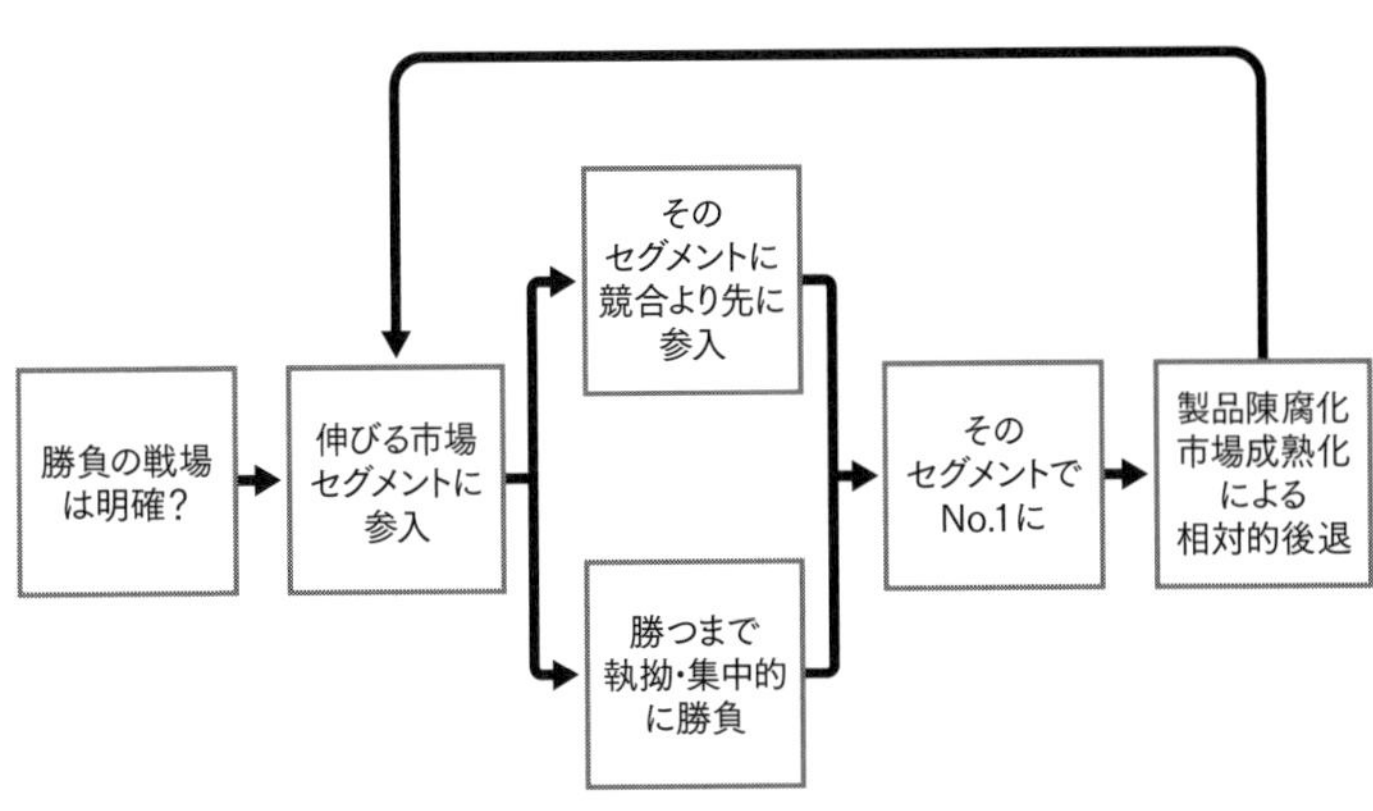

- 以上の循環が回っている企業では、常に組織の緊張が保たれ、皆が目標を共有し、社員の力量が押し上げられていく。
- 逆に負けている企業は、この循環のどこかで行き詰まっている。

この合宿で新しいフレームワークが提示されるたびに、改革タスクフォースのメンバーは心中穏やかではなかった。自分の会社がいかにお粗末か、その理由が次々に見えてくるからである。

「頭に来た。アスター事業はろくでもない。俺は人生をこんな職場で過ごしてきたのか」

タスクフォースのメンバー全員がそんな感情に支配されていた。一〇年近い歳月を経て、今ようやく彼らの自尊心が根本から揺らぎはじめていた。フレームワーク（セオリーや原則論）を外部から学んで、初めてようやく内部の問題が見えるようになって来たのである。

国民の知的レベルが上がって政治的に目覚めれば、

その国の為政者が批判されやすくなるのと同じように、社員の経営リテラシーが上がってくれば、トップのとっている方針や戦略に対する社員の目も肥えてくる。

国民の知的レベルの低いほうが統治しやすいとする、いわゆる愚民政治を行えば、為政者は君臨し続けることはできるかもしれないが、国の長期の発展は起きず、国民は貧困なままである。

会社の経営にも同じことが言える。

内向きの経験則や硬直した序列が幅をきかせ、若手が頭を押さえられ、会社の変身が抑制されている企業で、何かをきっかけにしてその抑圧の構図を読み取った社員が怒りを感じるのは当然だった。

その最たる思いは「自分が世間的に劣った人材に押し込められていく」という恐怖感だろう。

この合宿を境に、タスクフォースのメンバーにとって、感情を無理に抑え込むことは無用になりはじめていた。腹立たしければ、それを語ることが許されはじめていた。

その真っ直ぐな気持ちこそが、過去への「強烈な反省論」を組織に迫り、皆が「よい会社作り」に向かっていくための、原動力になるのである。

各部署固有の問題

お昼を挟んでミーティングが再開されると、黒岩莞太は未整理のカードがたくさん残っている壁に近づいた。

「昨日の『スモール・イズ・ビューティフル』で解決できるカードは、すでに皆さんが昨夜あちらの壁に移しました。今日はあとに残ったこの二〇〇枚を整理してみよう」

そう言って黒岩は、最初の視点を提示した。

●事業全体の「事業戦略」を明確に示せば解決できる問題点。
●個々の「商品戦略」を明確に示せばよくなる問題点。

そこで皆はこれらに関係したカードを抜き出し、隣の壁に移していった。

それには、さっき黒岩統括が読み上げた「新商品の狙いが不明確」「資源投入がいつも中途半端」などのカードが含まれていた。

これで約七〇枚のカードが減り、元の壁に残ったカードは一三〇枚になった。

次に黒岩は「間接・サポート部門」に関係するカードを整理させた。

●「人の評価」のシステムを変えれば解決できる問題点。
●「数値管理」つまり経理報告や原価計算などの手法を良くすれば解決できる問題点。
●「情報システム」を変えれば解決できる問題点。
●「教育・トレーニング」のプログラムを充実させれば解決できる問題点。

同じような視点がいくつか続いて、合わせて約五〇枚のカードが移った。今や隣の壁はカードでぎっしりになり、元の壁はスカスカになっていた。

「最後に残ったこの八〇枚は、『商売の基本サイクル』『戦略連鎖』『間接・サポート機能』のどれにも属さない問題だ」

「ということは……ほとんどが開発、生産、販売などの個別部署に限定された問題ということになる」

そこで黒岩莞太は最後の視点を出した。

●各部署の固有問題として、それぞれの内部で解決改善に取り組むべき問題点。

皆は、原価低減や生産リードタイム短縮（工場）、営業組織の改革（営業）、外部新技術の取り込み、開発期間短縮（開発）などの問題を分類していった。

いずれも重要な改善項目だったが、日本企業が以前から取り組んできた機能別テーマが多く、なかにはマンネリ化して実効の上がらなくなっているものもあった。

この合宿ではそのような従来発想の議論から始めることを避け、「創る、作る、売る」の角度から改革議論に入ったので、最後になってこれらのテーマが残っていたという順序になったのである。

そのうえで残ったこれらの従来テーマに取り組み直せば、解決が加速されるだろうという期待も出てきた。

午後三時を回っていた。元の壁に残っているカードはなくなった。ようやく五〇〇枚のカードの整理が完了したのである。

黒岩莞太が全員を席に座らせてから、ゆっくりと言った。

「一〇年近くも曖昧にされてきたアスター事業の多くの問題点を……皆は……この三日間であぶり

出した」

全員の顔に達成感が出ていた。

黒岩はタスクフォースの今後の進め方として、重要な説明を行った。

「これらのカードはすべて、『どんな切り口で直していけばいいのか』という大まかな分類の、どれかに所属している」

「われわれはその分類ごとに、具体的改革案を考える。次いでそれらを全体シナリオでつなぎ、整合性や優先度を確かめて、実行可能な改革案を組み上げていく」

一枚一枚のカードの現象をモグラ叩きのように取り上げるのではなく、常に「考え方」「フレームワーク」の裏打ちを保つ。

多くの症状を互いに矛盾のない形で、一網打尽に解消していく方法を探すというのである。

あと一時間ほどで、この合宿は終了の予定だった。

【改革の第3フレームワーク】熱き事業集団の構造

ここで再び黒岩莞太が立ち上がり、この合宿のまとめに入った。

「皆に質問がある……」

そう言って、黒岩莞太は最後のチャートを映し出した。改革の第3フレームワークだった。

「改革タスクフォースは、これからアスター事業の『戦略』を見直す。それと整合する形で『商売の基本サイクル』、すなわち『ビジネスプロセス』が迅速に回る組織を設計する」

そのチャートを見ると、一つのマルの中が空白になっていた。

「ところでこの二つを見直して……われわれはそれによって、何を生み出したいのだろうか?」

黒岩莞太は、二つの矢印の先にあるマルの中に書いてあることは何かと聞いている。

「『利益向上』ですか?」

「『キャッシュフロー』の改善ですか?」

いずれの答えにも黒岩はかぶりを振った。

「利益やキャッシュフローなどは『戦略』の中で検討されていると考える。だから私が尋ねているのは、その先の話だ」

「では、企業の『繁栄』?」

「自分たちの『夢の実現』?」

黒岩が尋ねているのは「会社を変革していくための原動力」になるものだから、これらも答えとしては遠かった。

「『人』ですか」

川端祐二がそう言ったとき、黒岩の表情が動いた。

「『人』?……うん……『人』の何だろう?」

猫田が手を挙げた。

「皆の『やる気』ですか?」

その意見に黒岩莞太は大きく頷(うなず)いてから、自分の答えを言った。

「私が書き込みたい言葉は『マインド・行動』なんだ」

会社が変わっていくとき、その最大の原動力は人々の心だというのである。

熱き事業集団の構造（第1形態：変革3つの原動力）

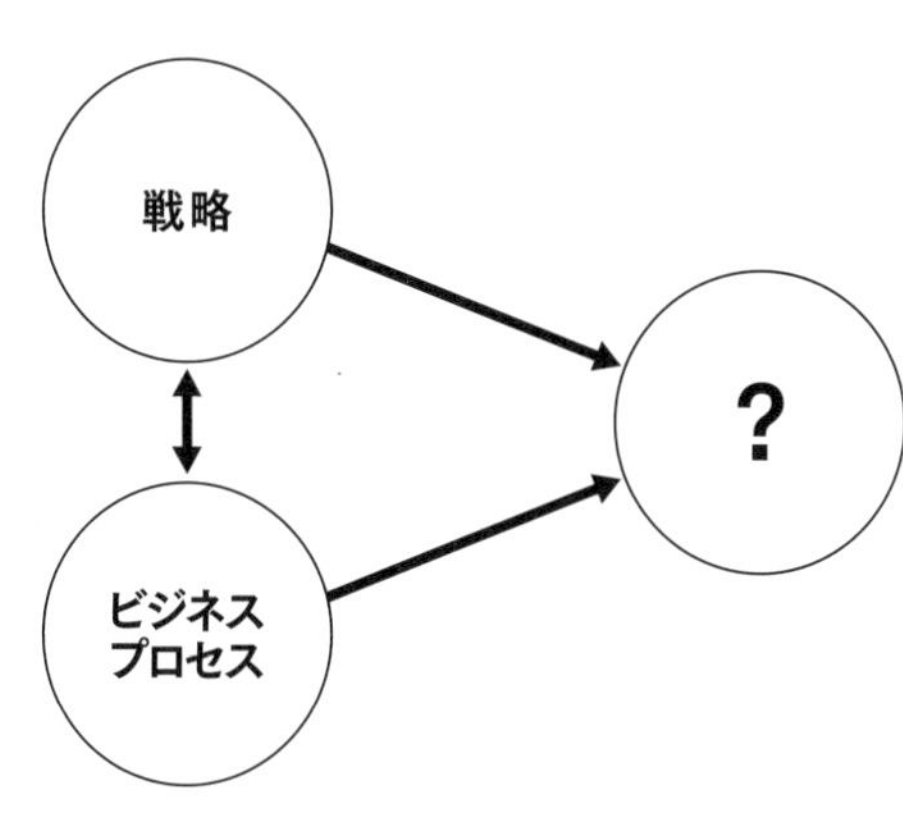

黒岩の話に最後の熱が入った。

「企業が何をするにせよ、社員のエネルギーが結集しない限りは何もできない。経営者は誰しも、朝から晩まで、そのことに最大のエネルギーを使っている」

不振企業の場合、社員のマインド・行動を変えさせるために、いくら「経営意識を持て」「危機感が足りない」と叫んでもその効果は長続きしない。そんな言葉では組織を構造的に強くできないのである。

経営風土を変えるために「風土改革をしよう」とか、意識を変えるために「意識改革をしよう」などと、それ自体を目的化したところで、業績向上に辿り着くことは難しい。

社員の多くはそうした抽象的なお題目に反応しない。彼らの心は燃えないのである。翌日になったら忘れている。

組織はその構成メンバーの大多数が、実際の自分の仕事のうえで、「目的」と「意味」を鮮明に意識し共有しない限り、組織エネルギーを発揮できないのだ。

「社員のマインド・行動を束にするには、①明確な『戦略』が示されること、②社員が最速で効率よく戦えるビジネスプロセスが組まれていること、この二つがカギだ」

「しかし、その二つが整理できたら、それだけで会社が良くなる？　それも違うね。何か肝心なものが足りない」

　われわれは何のために、「戦略」を立てるのだろうか。頭のよさそうな人たちが集まって素晴らしい経営戦略を立てたら、それで会社は強くなれるのだろうか。新しい「ビジネスプロセス」をデザインして新組織を発令したら、会社は自動的に俊敏になれるのだろうか。

「経営戦略なんてただの道具……それを書き上げただけで何かが解決するわけではない。その証拠に……膨大な時間をかけたのに実行されない計画がたくさんあるじゃないか。コンサルタントにどれほどお金を払ったって、無駄になっているケースなんて、イヤほどある」

　それは日本だけではなく、米国企業にも頻繁に見られる現象だった。

　黒岩が言いたいことは、「社員の心に響くストーリー」を作り上げようということだった。

「われわれが『戦略』や『商売の基本サイクル』をいじくり回す目的はただ一つ……今そこにいる幹部や社員のマインドを一つにすること」

　皆が目的と意味を共有すれば、組織の行動が束になり、すごいエネルギーが出るようになるという意味だった。

　ここで黒岩莞太は組織をつなぐ「情報連鎖」を加え、それで「四つの連鎖」となった。

　黒岩は最後に、新たな造語を持ち出してきた。

商売の基本サイクル［5つの連鎖（5C）］

❶ 価値連鎖	Value Chain
❷ 時間連鎖（スピード連鎖）	Time Chain（Speed Chain）
❸ 情報連鎖	Information Chain
❹ 戦略連鎖（目標連鎖）	Strategy Chain（Goal Chain）
❺ マインド連鎖	Mind Chain

タスクフォースの打ち出す戦略は、組織の新たな共通言語になり、「社員の気持ち」を束ねる接着剤の役割を果たすものにならなければならない。

「つまりわれわれは、組織の『マインド連鎖』を生み出さなければならない」

その言葉は、「熱き心の連鎖」「燃える集団の連鎖」と言い換えることのできるものだった。

壊創変革の要諦 11【五つの連鎖】

事業を元気にするには、「商売の基本サイクル」のグルグル回しの中で、「五つの連鎖」を抜本的に改善しなければならない。複雑な組織をそのままにして、これらの連鎖を一つひとつこね回しても改革の効果は出ない。組織をできるだけシンプルな構造になるようデザインし、その中で五つの連鎖が今までより劇的に早く回るように設計する。

こう考えてくると、組織をシンプルにするためには「スモール・イズ・ビューティフル」の構図がカギになる。それを実現すれば、自動的に「五つの連鎖」のすべてが同時に、著しく、改善される。それができれば、先に示した「肥大化した機能別組織　一〇の欠陥」が劇的に改善されてくるという順序なのである。

これこそ黒岩莞太による、この三日間の合宿のまとめであった。

壊創変革12の要諦【スモールとはどれくらいの規模？】

「スモールって、どれくらいの大きさですか？」と、基準がないと動けませんと言わんばかりの質問を受けることがある。絶対基準はありえない。一兆円事業を三つに分けたら「創る、作る、売る」のスピードが競合より早くなるならスモール・イズ・ビューティフルだ。二〇〇億円の事業を分けたら競争性が上がるならそれも答えだ。もちろん、分けることで弊害の出る面は必ずあるから、何が最適か、その都度、テイラーメイドで慎重な設計が必要だ。

危険な吊り橋

合宿のすべての議題が終わった。黒岩莞太はここで一息ついて、微笑した。

皆にとっては、どこを走って、どこまで行けば終わりになるのかも分からない合宿だったが、黒岩にとっては、ほとんど計算通りの道のりだった。

「皆、三日間ぶっ続けの作業で疲れただろう。でも、その甲斐はあった。君たちが優秀な人材だということも分かったよ」

それは本音だった。

「この合宿はまだ入り口にすぎない……本当の仕事はこれからだ」

そう言って、彼は一枚のスライドを壁に映し出した。合宿の初日に見せられたものだった。「覚悟を決める」「もはや野党でいられない」と書いてあった。

誰もがあれからまだ三日しかたっていないことに不思議な感覚を覚えた。もっと長い月日をかけてここまで走ってきたような気がしたのである。

「これからの数カ月間は、昼も夜もなく大変だと思う。だがこれも人生の巡り合わせだと思って、頑張ってくれないか」

スライドには、「逃げれば逃げるほど、中途半端な結果に」とも書いてあった。世の中にはこの割り切りができずに、覚悟の足りない役員やミドルが、危険な吊り橋の途中で立ち止まり、逡巡や自己保身の押し問答を繰り返し、改革の勢いをつぶして、事業再生の機会を逸するのである。

そんな会社はとりあえず生き延びても、ただジリ貧への道を落ちていくだけである。この日本で、どれほど多くの企業がその道を辿り、それによって個人の実力を鍛え損なった日本人を増やしてきたことか。

皆の不安は減っていなかった。自分たちは、黒岩改革統括の求める改革シナリオを、うまく作り上げることができるのだろうか。この事業を救うことができるのか。ここから先の長い道のりを思った。

「強烈な反省論」を描く

改革の鉄則

前章の合宿最終日に、黒岩莞太は改革の第3フレームワーク「熱き事業集団の構造」を示し、皆に質問をしながら、三つ目の大きな丸に「マインド・行動」の文字を入れた。沈み込んでいるアスター事業の組織が、改革を成し遂げ、健全な事業活性を取り戻すには、この「三つの原動力」が常に作動している組織に変えていかなければならないのである。その三つの原動力のうち「ビジネスプロセス」には、「スモール・イズ・ビューティフル」の組織論と、「五つの連鎖（5C）」の原理がベースとして組み合わされている。

このフレームワークは、私（著者）が過去の事業再生の経験で試行錯誤を繰り返し、自分で進化させてきたフレームワークだ。

実は、「熱き事業集団の構造」の図は、この「三つの原動力」で完結しているわけではない。私の原図には、そこにもう一つ、「第四の原動力」が書き加えられている。その大きな丸には「強烈な反省論」と書いてある。

成功する改革は、どこの会社であろうとも、その出発点は「強烈な反省論」である。アスター

熱き事業集団の構造（第2形態：変革4つの原動力）

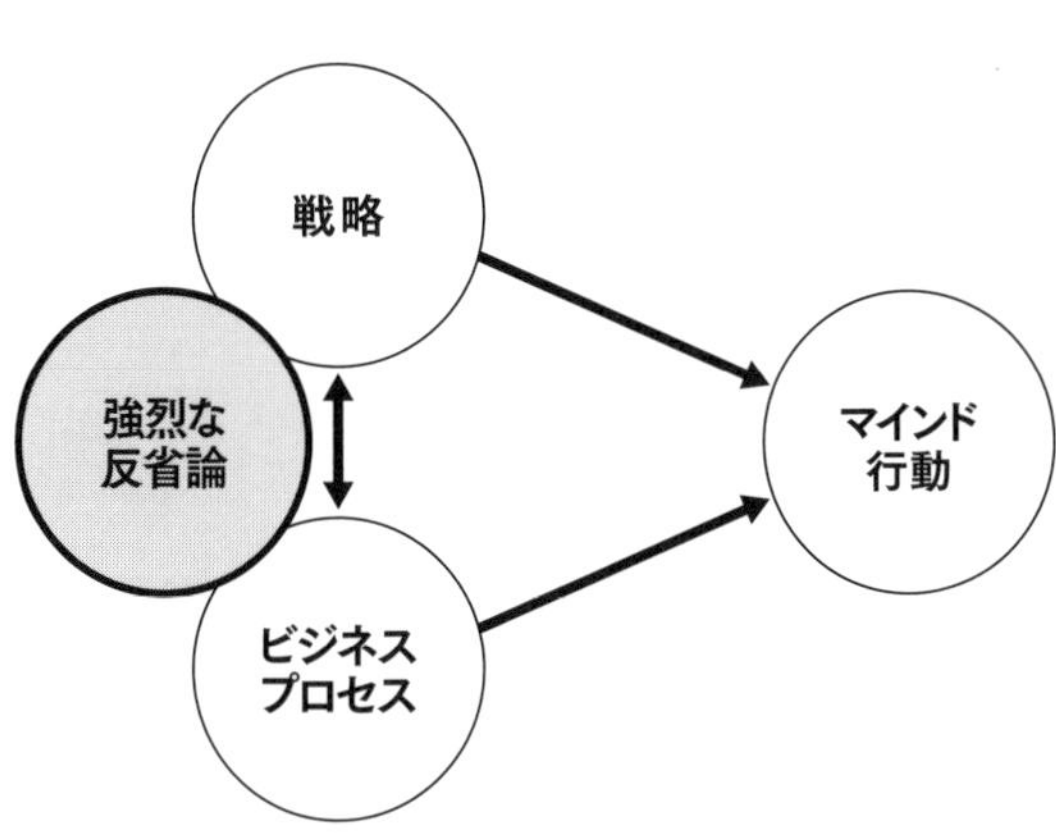

事業の改革でも、次の第四章で、黒岩莞太とタスクフォースは「強烈な反省論」を描くところから作業を始める。それが鉄則なのである。

低迷企業では、会社全体が危機的状況に陥っているにもかかわらず、社員個人としてはさして痛くない状態が続く。自分はちゃんと仕事をしている、悪いのは上層部や他部署だと批判して溜飲（りゅういん）を下げている社員が多いのだ。そのことは、経営ノート②に詳しく書いた。

私はある時、これは大企業病と呼ばれる病気の最たる症状であり、改革の入り口でこれが障害になって、改革を開始することさえ難しいという状況があちこちの日本企業で起きていることに気づいた。

過去に改革を唱えながら、結局それを貫けなかった日本企業はたくさんある。外部から改革者を招いてようやく改革に成功した日産自動車や日本航空が、それ以前にいったい何回、改革と称するものをやって失敗したことか。歴代の社長は何の成果も出せず、会社が死の谷に近づくのを許してしまった。

ここで読者に質問がある。会社が大きな赤字を出しているのに、その会社の社員がさして危機感を抱かない現象は、なぜ起きるのだろうか。

この単純な質問に対して、社員の危機感が足りないと、トップがいくら声高に叫んだところで、何の効果もない。いつもの私の駄洒落（だじゃれ）だが、社員は、危機だ危機だと聞き飽きた、になるのがオチなのである。

赤い糸のつながり

なぜ社員は危機感を覚えないのか。私はその答えを、事業再生の苦しい経験を重ねる中で探し続けた。やがて答えらしきものが見えた。なーんだ、と言われるような答えだが、実行するのは簡単ではない。

社員が危機感をもたないのは、事業不振の原因に、自分個人がどう関わっているのか、その個人的な因果関係が見えないからである。その関係が、どんなに細くてもいいから赤い糸のように見えれば、真面目な日本人の多くは自分の責任を認識する。そうなれば、他部署や経営者のせいだけでなく、「自分もまずかった」と気づく。

だが、その赤い糸が見えなければ、痛く思わないのは自然ではないか。会社の中がそういう仕組みであれば、事業不振は他人のせいだと思い続けることにはやむを得ない面があるのだ。偉い人が大赤字の話を壇上からいくら説明したところで、赤い糸が見えない話なら、個人の危機感は高まらないのである。

強烈な反省論とは

第1の意味
「強烈な反省」と異なる
●「論」のつく反省

第2の意味
「全体現象」と「個」を繋ぎ、問題の根源を両者一体で説明するもの

社員のほぼ全員に「自分もまずかった」と言わせるような論理的説明

だったら、この問題に対処するにはどんな方法があるのか。男と女の赤い糸みたいな、小指と小指が因縁で繋(つな)がっているような、見えない赤い糸を見えるようにするにはどうするか。

私は一〇年間そのための手法を探し続けた。その結果として出てきたのが、「強烈な反省論」と呼ぶフレームワークである。

強烈という言葉は、上司が怒声を上げて個人の反省を強いるような意味ではない。何よりも「論」の字が付いている。事業全体の悪さを「論理的に分解」して、各部署にいる個人の役割と責任にまで「ひも付け」をしていくのである。グウの音も出ないデータをあぶり出して、赤い糸が一本一本見えるように、社員に示していくのである。

次章第四章では、黒岩莞太とタスクフォースは、その赤い糸を紡ぎ出す作業を行う。描かれているように、凄(すさ)まじく苦しい作業になった。そのお陰で、最後に鋭い内容のプレゼンが出来上がった。

それが発表されると、それを聞いた社員は愕然(がくぜん)

とする。誰だって、おまえが負け戦の原因だと言われたら腹が立つ。しかしグウの音も出ないデータを見せつけられて、その指摘が正しいことが分かってくると、愕然とする。

これまで自分は業績破綻（はたん）の「被害者」だと思っていた。実は「加害者」だったのだ。社員たちはその場で考え込み、そういうことなら、「自分もまずかった」と思う。個人の痛みを感じ、自省の念を抱く。

「強烈な反省論」が示され、部署内部のほとんどの個人がそれぞれ「自分もまずかった」と思うことが起きたら、**その痛みは部署全体の反省論として共有された**ようになる。事業不振を他人のせいにしていた人々が、「これはまずい。自分としても改善しなければ」と思い、「これ何とかしよう」と互いに話し、それが部署の大勢になれば、その部署は改革に向かって動き始める。

この流れ、お分かりだろうか。まずは「赤い糸」が見えるようにするにはどうするか。それが「個人の痛み」を生み、「部署の痛み」になり、それが社内の全部署で展開されれば、会社全体に反省論の連鎖が広がり、全社的に「何とかしなければ」の前向きの姿勢が広がる。

壊創変革の要諦 13【強烈な反省論の意味】

強烈という言葉は、社員の皆が静かに耳を傾けて聞いた説明内容に、全員が衝撃を受け、一発で目覚めて、それまでの認識を転換することが起きる変化のことを意味する。クールなデータ分析に加えて、改革者がこれまでの社内常識に妥協せず、新しい価値観を創り出していくことへの、論理と熱い語りが必要である。

私が事業再生の経験を積みながら、腐って動かない不振企業の組織をどう元気にするかという命題に対して、出した答えがこれだった。

黒岩莞太は、この考え方と手法を、どうやって具体的に現場で使っていくのだろうか。それが第四章で展開されるのである。

強烈な反省論を描く手順

赤い糸を可視化するためには、「強烈な反省論」をどのような手順で描くのだろうか。

まず、不振会社の特徴として、社員の意識は内向きで、社内の他部署や上層部への批判と不満をお互いに垂れ流している。改革リーダーはこの社内心理とは逆方向に動かなければならない。

第1ステップでは、最初に目を「外」に向け、市場での戦いを見る。

競合との勝ち負け、自分たちの戦い方、相手の強み弱み、顧客ニーズへの対応など、競争戦略の本質にかかわる問題点を、できるだけ細かく解析していく。インテリサラリーマンの表層的な分析は致命的な誤りを起こす。市場で起きている具体的な負け戦の症状を、ざっと見るのではなく、切り刻んで、具体的な細かい現象一つひとつに分解していく。

第2ステップとして、そうして見えた市場での負け症状を細分化した要素を、一つひとつ、社内の「創る、作る、売る」の各部署とそこにいる担当者の仕事内容にまで、関連づけてみる。市場でのこの現象は、社内の誰の仕事の結果として生まれているのかをできるだけ明らかにする。

そのためには第1ステップの段階で、負けの実態が「社員一人ひとりが扱っている仕事」の大きさにまで分解されていることが肝要だ。概論的に大きな分類の表現のままだと、個人へのひも付けはできない。かなり細かい、緻密な作業になる。

クロスファンクショナルなタスクフォースでこそ、できる作業だ。

そうやって行くと、市場で負けている症状のうち、一つの部署が関係している赤い糸の先っぽが、部署だけでなくそこにいる担当者のところにまで繋がってくる。決して個人名は出さない。しかしその当人は、赤い糸の先の商品名や商品番号を見れば、自分が関係していることが分かり、市場で起きているその負け戦の原因について、自分のことが指摘されていると分かる。部署毎にこの作業を続ける。

第3ステップでは、一旦市場から離れ、社内の一つの部署に着目する。そしてその部署に集まっている赤い糸を、一本一本逆にたどって、市場での出来事を見る。

すると、その部署の社員の動きが、市場での負け戦にいかにつながっているか、「部署単位」でまとめることができる。

この作業が終われば、自分の部署が市場の戦いのどこで弱みを生みだしているのか、自分の部署の「強烈な反省論」ができ上がる。

社内で今まで問題だとやり玉に挙がっていた部署が、本当の悪玉とは限らない。「悪いのは他部署、あの人たち」と思っていた人が、実は自分の部署の、しかも自分自身の個人の罪が小さくないことに気づくのである。

失敗の本質（ボトム）を探る

ここまでは、表面に見えている負けや病気の症状を、市場と社内を行き来しながら、たくさん追いかける作業だった。

次の第4ステップでは、社内に注目する。まず、一つの部署が生んでいる負け症状を取り上げる。その症状の原因が、社内の別の部署の問題から来ていないかを点検するのである。人のせいにしたいことはきちんと表出しすればいい。陰でコソコソ不平を言っているのではなく、それをきちんと言うことが社内で「真の原因」を探す作業になるのだ。

市場から始まってその部署まで来ていた赤い糸の先端が、さらに社内の他の部署に向かって延びていく。一部署では、よかれと思っていた考え方や行動が、他部署で病気を生む原因になっていることは多い。その因果律を洗い出すのだ。

あくまで全体最適の視点を保ちながら、トヨタ改善手法における、五回のなぜ、と同じことを繰り返し、ボトムの原因と思われるものに行き着くところまで、原因を辿って行くのである。

立ち入り禁止の聖域を設けてはいけない。これが真因だと思うものに行き当たったら、それを直せば事業の負け症状を反転できるポイントになる。あなたはそれをどう是正するか。全社最適の視点で方針を打ち出していく。

ここまで述べた作業は簡単ではない。真剣に迫れば迫るほど周囲から邪魔も入るし、本人の分析力が足りなければ真因まで辿り着けないという、致命的問題も起きうる。だがこれによって、いままで誰も直せなかった組織の病気の「真因」があぶり出されてくる。部分最適で良かれと判断していたことが、他の部署で「商売の基本サイクル」を悪化させる作用を生んでいるかもしれないのだ。

以上の作業が、事業の病気の核心に迫る「単純化」である。解決への押しボタンが見えてくる。

不振企業は、当然ながら内部に悪玉の原因をたくさん抱えている。だからといって、あれもこれもと一度に解決しようとすれば、モグラ叩きになる。

「多くのテーマを並行で進める盛りだくさんの改革」は、積年の懸念を一気に払拭する美しい改革案のように見えるかもしれないが、総花的改革案は社内の改革エネルギーを分散させてしまう。

改革ストーリー

単純化された「強烈な反省論」ができ上がったら、それに基づいて、いよいよ実行のための「改革ストーリー」を作成する。それはここまでに浮かび上がった「強烈な反省論」の絵を、バサっとひっくり返した絵だ。それを私は「反転ロジック」と呼ぶ。病気の真の原因がすでに整理されているのだから、反転ロジックはそのまま、切れ味の良い改革ストーリーになるはずだ。

「強烈な反省論」と「反転ロジック」は、視覚的に見ただけで対照的になっていれば、改革の切れ味はかなり良くなるというのが、私の経験である。皆が反転の意味を感覚的に正確に理解してくれるからである。

そのあとは改革ストーリーを実現すべく、リーダーが「意を決した集中」で、組織の改革エネルギーを集中させていく。やる気のない、あるいは能力の足りないリーダーは、切れ味の悪い反転の絵で満足しているだけで、その実行について意の決した行動をとらない。その壁を破って、皆が魂を込めて実行に移せば、事業が一気呵成に良くなる効果が生まれることを期待できるのである。

第四章

【壊創変革のステップ・4】

改革シナリオを組み立てる

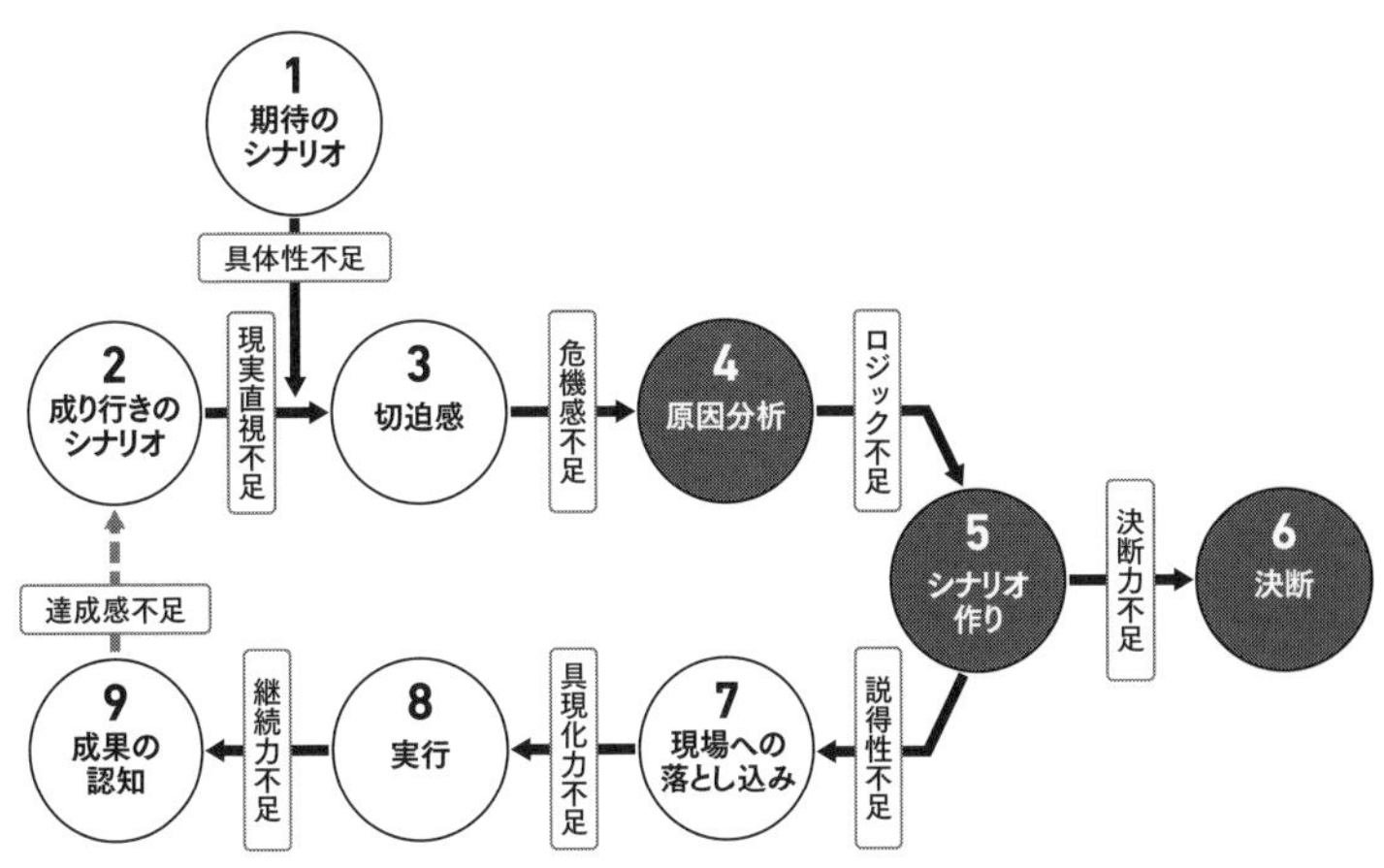

組織のスピードへの感応性

タスクフォースのメンバーは、全員が本社に用意された作業部屋に席を移していた。

彼らはやがて何度も「これが修羅場というものか」と感じるようになる。しかし、最初の一カ月の立ち上がりは鈍かった。

タスクフォースが取り組んだ第一作業は、過去に対する「強烈な反省論」を、具体的な事実関係や数字の裏づけを示して、クールに描き切ることだった。改革統括の黒岩莞太は皆に言った。

「上は香川社長から……下はアスター事業の一人ひとりの社員に至るまで、開発、生産、営業、他の部署もすべて漏れなく、『これはひどい経営だった』と気づき、同時に『自分もまずかった』と思えるような「強烈な反省論」を、われわれは提示しなければいけない」

黒岩莞太がこのことにこだわるのは、すでに述べたが、特別の理由があった。

壊創変革の要諦 14 **【改革の出発点】**

「改革シナリオ」は必ず「強烈な反省論」から始まる。経営幹部や社員が反省論に共鳴すればするほど、彼らは改革に向けて結集していく。

反省論が中途半端なままであったら、組織の結集は起きない。幹部や社員が**自分で情けなくなる**ほどの痛切な反省論を自ら語り、共有することが必要なのだ。

そう言われて、タスクフォースは開発、生産、営業の機能部署別に、それぞれの現状のひどさを浮かび上がらせようと、データを集め、それを鋭い表現で指摘するパワーポイントを作っていった。

ところが黒岩の目から見ると、皆の仕事のペースはのんびりしていた。

《星鉄也（三九歳）の話》

合宿でこれは厳しいプロジェクトだと理解しましたが、頭の隅ではまだ、「いい勉強のチャンスだ」くらいの気楽さがありました。

タスクフォースが始まって三週間ほどして、忘れもしない一二月の末近くでした。それまでの作業結果を報告した私に、黒岩統括からドカンとカミナリが落ちました。

「君の報告内容は二週間前から、ほとんど変わっていないね。準備期間四カ月のうち、もう半月が経ってもうすぐ一カ月目が終わってしまう。これはお勉強会じゃないんだ。俺たちには時間がないんだよ！　もっと真剣にやってもらわないとだめだ」

黒岩統括の困惑した顔と鋭い眼差（まなざ）しに、目が覚めました。私はこの一〇年程で何度か「改革」とよばれたものに取り組んだことがありましたが、黒岩統括のような、あれほど真剣な表情の上司に出会ったことはありませんでした。

上司よりも、社外から来た彼の方が、問題を正すことに必死なんです。サラリーマンをやってきた僕らなんか、とても及ばない真剣さなんですよ。

任務の重大さ、時間のないこと、自分が主体的に進めなければならないことを思い知りました。

この事件を見ていた他のメンバーも、目の色が変わりました。それから昼夜休日を問わず、どこに悪さがあるのか、どこにわれわれの生きる道はあるのかと、行きつ戻りつ、悩みながら作業を進めました。

開発のまずさを開発の人々にクールに指摘し、工場の問題を工場の人達自身でグウの音も出ないデータで工場の人に指摘し、営業の人たちも自分たちはまずかったと、逃げられないデータで自分を追い込まなければならないのです。

本当によく働きました。入社以来あの四カ月ほど厳しく鍛えられたことはありません。いい加減にやってきた自分が恥ずかしく、汚名返上のつもりで、こっちも意地で頑張りました。

壊創変革の要諦 15【スピードのリセット】

企業変革ではスピードに関する組織カルチャーをリセットしないと、勝利の方程式は動き出さない。まずは、改革に関係しているメンバー自身のスピードをリセットすることから始まる。

タスクフォースのメンバーが戸惑ったのは、スピードだけではなかった。

答えが見つからず、メンバーが自信のない案を黒岩統括に見せると、簡単に見抜かれてダメを出された。メンバーは何日もかけて考えて作業したのに、それがズレていることを、ものの数分で指摘されてしまう。

「まだ甘いな。これを聞いた社員は大して痛いと思わない。誰かのせいにする。君の仕事次第で、この組織の心理が変わるか、それで事業の生死が決まるんだぞ」

星鉄也は、サラリーマン目線ではなく、本当に経営者の立場で戦略を考えることがこれほど大変とは知らなかった。

「この程度じゃ、まだ修羅場とは言わないぞ」と、言われた。

過去の「強烈な反省論」と言われても、どこの会社であれ、ミドルが社内を厳しく指弾することは容易ではない。自分自身も皆と同じ調子でやってきたのだし、あまり厳しいことを書くと、いざとなれば上司や同僚への遠慮も出てしまう。

本人たちが精一杯、鋭く表現したつもりでも、実は逃げの心理が働いていて、聞く側からすれば何を言いたいのかピンとこない、という書き方が多かった。

タスクフォース・リーダーの川端祐二は、このところ急速に黒岩統括の考え方や論理を理解するようになって、リーダー役に馴れてきた様子だった。

「君、これをみると、学生が書いたレポートみたいだ。もっとはっきり言い切ったほうがいい」

そういう指摘をたびたび行うようになった。

その様子を見ていた黒岩莞太は、ある日、しびれを切らして皆にこう言った。

「事業がつぶれそうだというのに、誰に遠慮しているんだ？　いいかい、香川社長にも、春田本部長にも、もちろん私にも遠慮する必要はないんだよ」

けれどもこの会社で、上司から「何でもいいから言いなさい」と言われて、あとで痛い目に遭った人は多い。だから皆は懐疑心を抱いていた。

黒岩莞太のように新たに外部から来た人が、一番簡単に「私の立場に遠慮はいらない」と言えるのではないか。そのため村社会の心理にとらわれた者は「外から来た人は、どうせ失敗しても自分が出ていけばいい。気楽なものだ」と陰口を叩きたがる。

だが、大企業の中でそういうことを言う人ほど、実は失敗するほどの挑戦をしてこなかった人が多い。気楽な者ほど、挑戦の辛さを知らずに、人のことをあげつらうことが多いのである。

ゆえに村の住民の中で、先進的な考え方の者ほど、概して外から来る人を歓迎する。古い考えの中に浸っている者のほうが部外者の闖入を嫌う。

黒岩莞太にとって、こうした場面は「いつか見た景色」だった。外から来た者は、その組織において、「歴史の部外者」であることが最大の強みなのだと、黒岩は開き直れることを知っていた。

「君たちが社内に向かって言いにくいことは、私か川端さんが話す。君たちが言い出して、いきなり矢面に立たされて辛いということはさせない。だから目一杯、私や川端さんが戦える武器を作ってほしい」

力強く語りかけてくる黒岩が、皆の「元気の素」になっていた。黒岩のような人に頼って、既存の価値観を切り崩さない限り、この事業は変わらないのだとメンバーは納得しはじめていた。

個別最適だけではだめ

最初の一カ月で「反省論」をまとめることはできなかった。正月休みを挟んで仕事が止まったので、黒岩統括と川端の主導者二人は焦りはじめていた。

「強烈な反省論」のステップを省略することは、絶対に許されない。それなしで先に進んだら、目的地の分からない航海を続けることになる。

年が明けて、二週間ほど経って、タスクフォースはようやく「強烈な反省論」をまとめ上げることができた。そこには、開発、生産、販売それぞれの部門で、いままでの仕事のやり方でなぜ競争に敗れてきたのか、その原因が明快にあぶり出されていた。

その内容はあとで紹介することにして、ここで誤解のないように、読者にしっかり説明しておかなければならないことがある。

この「強烈な反省論」は、開発、生産、営業それぞれ、部門別に書かれている。各機能部門で働く社員が「えっ、だから負け戦だったのか」「自分もまずかったな」という反省を迫られるには、その部門の問題が具体的に指摘され、そこにいる個人の問題にまで迫られなければならない。

もちろん名前を出して、個人をあげつらうことはしない。けれども何かが厳しく指摘されたとき、「いま、自分のことが言われている」と気づくほどの具体性がなければならない。

ところがそこには落とし穴がある。もしその反省論が「部門毎の論理」に基づいて書かれたものであれば、それは依然としてその部門内の範囲内で考えられた「部分最適」の話にとどまっている可能性が高い。そうなれば、全体業績が悪いのは、やはり他部門のせいだという論理が、依然として生き残る可能性も高くなる。

壊創変革16の要諦【全体最適をベースとする「強烈な反省論」】

部門別の反省論といっても、それらはすべて、「全体最適」のフレームワークに繋（つな）がった内容でなければならない。もし個別最適の論理が生きたまま改革に進めば、部門別の利害対立は消えず、切れ味のいい全体改革にはならない。

皆が合宿で共有した改革フレームワークは、たとえば「創る、作る、売る」や「時間戦略」など、すべての部門を包括した「全体最適」の考えに基づいて考えられていたことだった。

それによって初めて、五〇〇枚のカードのうち三〇〇枚に解決済みのスタンプが押されるような、凄まじい変化が起きた。この一〇年近く、決して越えられなかった壁が崩れた。

その発想をタスクフォースは忘れてはならなかった。

つまり、「個別最適」の改革をただ集めたものは全社戦略にならない。いまここで必要なのは、「全社最適」「事業全体最適」が何かを明確にする原点に一旦立ち返り、その上で、もう一度、各部門別の改革案や戦略案に戻らなければならないのだ。

会社全体として改革していくストーリーのことを、黒岩統括は全社の「骨太の戦略ストーリー」と呼んでいた。

「事業全体として、事業の存在価値があると言い切れるストーリーが描けているか？　これで魅力十分な事業に変われるという絵になっているか？　それが無理なら、この事業はやめたほうがいい」

星鉄也は思った。

「そうだった！　過去の改革はいつも、そのまま事業を続けることが前提になっていた」

しかし、今回は違う。香川社長も黒岩莞太も、生き続けるという前提を初めからなぎ倒していた。

このタスクフォースは二年以内の「死」が宣告され、それを前提に開始されたのだ。

壊創変革17の要諦　【逃げ場のない改革案作り】

変革リーダー自身が厳しい現実直視の姿勢を崩さず、しかもウソの計画を見抜く力量を持っていれば、計画作りに逃げ場はない。大胆だが現実性のあるジャンプをトコトン考えさせる。

「みんな、個別部門の反省論から一旦離れよう。そして全体最適のスモール・イズ・ビューティフルをどう導入できるか、事業全体の戦闘力がどれほど上がりそうか、具体的施策を考えよう」

黒岩統括は続けて、基本的視点を示した。

- 組織を変える目的は「創る、作る、売る」の中で回っている「5C（五つの連鎖）」を改善することにある。
- 組織と戦略は一体で改革するものとして、同時に組上に載せて、検討を進める。
- きれい事の案はいらない。そのまま直ちに実行に移せる現実的な改革プランを作る。
- 新組織案には具体的に、人の名前を入れてみることも必要だろう。

密かに人事のことまで考えるところに、改革タスクフォースの特異性があった。それだけの権限を与えられているところに重要な意味があった。

壊創変革18【逃げ場に行かない改革案】の要諦

事業変革のシナリオ作りでは、あらゆる選択肢をオープンに考える権限を与える。「そんなことまで考えなくていい」は禁句である。

重要な「破綻要素」が見落とされることのないように、営業、開発、生産など各職場のことを熟知しているキーマンをさらに兼務メンバーとして加え、スモール・イズ・ビューティフルの概念を導入したときの問題点を検討する臨時のサブチームが幾つか編成された。

この時点では、まだ改革の構想を社内に明らかにするわけにはいかない。実効性も確認されていないのに、改革のアイディアを社内に垂れ流すことは、騒ぎの原因になりかねなかった。

そうしたサブチームの作業は、業務への影響を避けてほとんど土曜か日曜に行われた。

ある日、一つのサブチームで小さな事件が起きた。職場から指名されてサブチームに加わっていた中堅メンバーがこんなことを言った。

「これほどダメな事業を急に直すという考えは間違いじゃないのか。改革は一〇年くらいかけるべきだ」

事業が二年で終わりという話を知らないはずはなかった。周囲から優秀だと褒められていた社員だった。「来てみたら、こんな改革、まるでくだらない」と言わんばかりの態度だった。

事業をおかしくした経営への失望が高じて、上が何を言っても信じないひねくれ精神に支配されていた。それほど不満ならさっさと会社を辞めて他に行けば、優秀なのだから面白い人生もある。その決心もつかずズルズルといて、批判精神だけが発達しているのである。

不振が長く続いた沈滞企業で、しばしばお目にかかるタイプである。それも、気骨のある社員ほどどうなることが多い。

いわばこれまでの甘い経営体制の犠牲者なのだが、態度が攻撃的なだけに始末が悪い。

「まるで、昔の俺みたいだな」

古手川修は、よく知っているその社員の態度に、ついこの前までの自分の姿を見た。古手川も、北陸の合宿に行ってあの五〇〇枚のカードを前にして、途方に暮れ、「君たちはもう野党じゃない。自分が経営者ならどうするんだ」と迫られるまで、この男と同じ気分ではなかったか。

その不満メンバーはその後、サブチームのミーティングに無断で来なくなった。

ただでさえ孤立感のあるタスクフォースに、その社員の批判行動は辛いものだった。同世代の青井博など、助けてくれと声をかけた仲間に、冷たく見捨てられた気分だった。

黒岩統括も愕然とした。

この会社では命じられた仕事を勝手に無視して、会議に来ないことが許されてきたのか。

わがままに育てたあげくに子供に手を焼く家庭の親が日本で増えたのと同じように、この会社では弱い上司が強い社員を放し飼いにしてきたのか。

海外企業であれば即刻クビになる行動が、長期雇用の保障された日本企業では優しく許されていた。そうした甘い経営は、挑戦や鍛えの場から逃げたその社員個人の成長が遅れるという意味で、会社の緩さのツケが個人本人に回るのである。

川端祐二は黒岩統括がこの社員を厳しくとがめ、ちょっとした騒ぎになるかもしれないと予想した。ところが黒岩は動かなかった。意外だった。

「いいよ。やる気のない奴を無理に引きずり出すのはやめておこう」

黒岩の本音を言えば、どのみち批判的な手合いは今、社内のあちこちに巣食っている。社内の小さな反対行動にいちいち懲罰的行動をとれば、改革は旗揚げもしないうちに感情論にすり替えられる可能性があった。

まだ勝負の時期ではない。「この指」に止まらない者は、とりあえず放っておけばいいのだ。

壊創変革の要諦19【小さな魚を追いかけない】

改革シナリオを発表する前の小さな出来事は、よほどの害毒をまき散らすものでない限り、相手にしない。

もちろんこの姿勢は、改革が実際に始まったあとは、逆にしなければならない。

つまり、改革シナリオが発表されたあとに社内で個人が起こす否定的反応は、かなり些細なことまで追いかけ、一つひとつ説明と指導を行い、穴を埋めていくことが重要である。放っておくとその態度が広がり、小さかった穴が次第に大きくなりかねないからである。

だが今の段階では、社内の局地戦を避け、静かに潜行することが先だった。

潰れっこないという妄想

タスクフォースの必死の作業が進んでいるある日、秋山資材部長が黒岩統括に面会を求めてきた。

社内には、業績停滞の原因の一つとして、これまでの上級管理職の動きの悪さと、保身の態度を指弾する声が少なくなかった。

黒岩莞太にとって、これも、迂闊に扱ってはならない問題だった。

重要なことは個人別に分けて考えて、その人がこれから進める改革で先頭に立ってくれる人なのか、それとも背を向け、マイナスの存在になっていく人なのか。

遠慮するわけにはいかないが、なんとかこちらの考え方を分かってもらう必要があった。

《秋山資材部長（五六歳）の話》

ええ、私は社内で古手ですから、黒岩統括に言うべきことは言わなきゃいけないと思って話に行きました。社長の方針として出された「二年で事業撤退」の話ね、私はあれが非常に気になっていたので、私の意見を言いました。

初めは普通に話していたのですが、その話題のあたりから……雰囲気がおかしくなりました。私が何を言ったのか？　二つ言いました。一つは、「あまり社員を不安にするようなことは言わないほうがいい。士気が下がる」ということ。

もう一つは、「改革は時間をかけて、じっくり五、六年かけて直すほうがいいのではないか」ということです。

社内でも、そう言っている者は多いですからね。

黒岩さんは私の意見がお気に召さなかったようです。途中から彼の口調が変わりました。

「部長、その考え方は間違いですよ」

ピシャリと言われたので、私もちょっと驚きました。

「五、六年かけてとか、一〇年かけてという考え方は、この状況では許されないのです。これまでの一〇年で何が良くなったのですか。いくらの累積赤字を出したんです？　二二〇億円ですよ。倒産なんですよ」

「でも、やりすぎると、壊れます」

「部長、もう壊れているんです。あと二年で良くならなければオワリと申し上げているのです。あなたの職だって、どうなるか分からないんですよ」

真剣なのは分かりますが、本当にオワリなんですかね。

太陽産業全体は、かなり減ったといっても、利益が出ています。この会社が倒れるなんて、誰も思っていませんよ。

しかし黒岩統括にさらに言われました。

「一、二年で変わることのできない組織は、五年たっても、一〇年たっても変わらないのです。アスターのこれまでの歴史がそれを示しているじゃないですか」

彼の顔がさらに厳しくなりました。

「組織のカルチャーを変えるには、ダラダラやってもダメなんです……一気呵成(かせい)のエネルギーを投入しなければダメなんです。部長、私は過去の経営再建の経験で、それを見てきました。長い年月、問題を放っておくと糸がもつれて、何が原因で、何が結果なのか、いったい誰の責任なのかも分からなくなるんです」

まあ、それは分かります。この一〇年近く、事業本部長が替わるたびに変革とか言って、結局、何も変わらなかったのは事実です。

ところが、私が面白くない顔をしていたせいか、話はそこで終わらなくて……。

「社員を不安にするなとおっしゃいますが、それも違います……私は社員に実態をあからさまに語ることから始めているんです」

黒岩統括は私の目を見ながら、そう言いました。

「このひどい状況を『現実直視』することが、われわれの第一歩ですよ」

「現実直視……」

「部長、今さら士気なんて……下がるだけ下がっているじゃないですか」

私の士気は……別に下がっちゃいませんよ。下げているのはあなたじゃないかと言いたかったんですがね。

「部長、なぜ事業がこんなていたらくになり、なぜそれが放置されてきたのでしょう。事業の幹部が、この疑問にきちんと答えを出さないといけないんです。違いますか？」

まさか、業績の落ちた責任が私らにあるという意味ではないでしょうね……これだけ市場が冷え込んでいますから……私は与えられた仕事をきちんとやってきましたよ。

「黒岩統括があまり否定的に言ったら、失望して辞める若手が出てきますよ」

「辞めませんね」

こいつ、この確信は何なのだろうと思いました。

「若い者は皆、実情を知っているんです……今さら隠してもダメなんです……前向きの人ほど、真実を聞かされればそれを受け止めてくれます。そういうものです」

私は黙ってしまいました。

「社員が不安になる？　だから何です？　私の経験で言えば……不安になればいいんです」

私はぎょっとしました。

「それは避けて通れないのです。古い価値観が崩れる、不安を感じる、社内がガタガタする。それが変化の第一歩なんです。それを避けてこの事業を良くする道なんて、もう残ってないんです」

歴代の事業本部長で、こんなにはっきりモノを言う人はいませんでした。外から来た人にここまで言われるのも、面白いはずがないでしょう。

「この事業はそこまで来ています。協力して、一緒に、そこから始めていただきたいのです」

途中で二度もそう言われましたから、私も頭を下げて……。現実直視？　そんなこと、わざわざ言われなくたって……。

まあ……私なりに、変える努力はしますよ。今までも精一杯、やってきたのですが。

改革者をどう守るか

資材部長は部屋から出ていった。楽しい会話ではなかった。黙って帰せば「俺は『改革のやり方がまずい』と言ってやったんだ」と吹聴されるに決まっていた。

黒岩莞太は異なる二つの態度をとることができた。

一つは対峙（たいじ）を先延ばしにして、時間をかけてなんとか理解されるのを待つ。もう一つは、今の段階で少しガツンとやっておく。

改革を批判してサブチームから逃げたあの社員に対しては、黒岩は前者の態度で臨んだ。だがこの資材部長に、黒岩は後者の態度を選んだ。

あの若手社員と違って、これは決してつまらない「局地戦」ではない。

本来なら業績不振に責任を感じるべき上級ミドル、社内で隠然とした存在感を見せる古手が、社内を代表するかのような顔をして、文句を言いにきたのだ。

黒岩より年上の人で、黒岩には鷹揚（おうよう）な態度だった。それも問題だった。黒岩ははっきり、お互いに年齢で仕事をするわけではないことを示した。黒岩は香川社長の代わりの経営者である。

昔から、日本企業の社員全員が役員になれたはずはない。いくら年功序列でも、どこかで選別が始まり、年次の逆転が起きる昇進など、昔から珍しくもない。それが日本企業の生きる知恵だったのだ。おまけに業績がこのていたらくで、古手が大きな顔ができるのか。

黒岩莞太はいったいこれまでの事業再生経験で、何人から「社員を不安にすることは言わないでください」と言われたことだろう。これは完全に「いつか見た景色」なのだ。

彼らは完璧（かんぺき）に間違っている。それが仲間を守ろうとする日本人の心情だと言うなら、それで会社を潰（つぶ）してどうする。その結果に自分で責任をとりきれないくせに、偽善もほどほどにしろと言いたいくらいだ。

社内で真実を語りたくないのは、それを言われて自分が困る人なのだ。

- 過去に問題を生じさせた人
- その処理を引き延ばした人
- 今もその問題を避けようとしている人
- 分かっていても自分の力量の及ばない人
- 自分の残り年数を数えて楽をしていたい人

若い社員たちは、社内で真実が語られない理由を見抜いている。そして白けた気持ちで黙々と、言われたことだけをやっている。

だから問題の核心が整理され、解決の切り口が示されると、若い社員はそれが正面から取り上げられたことに心を揺さぶられ、そこから本当の変化へのエネルギーが出はじめるのである。

日本企業の反省論は「そう言われて困る人たち」に配慮しながら語られることが多かった。そのため強烈でも何でもなかった。変化への本当の押しボタンに迫っていなかった。

新しい体制に適応できない社員を切り捨てるよりも、むしろ一緒に変化してほしいと考え、彼らに働ける道を残すことに神経をつかってきた。

そのために、米国企業ならばたちまち冷たく放逐されるであろう人々が、日本ではたくさん組織内に残留することになる。

そして残念なことに、その優しい配慮がなされればなされるほど、残留した当人たちは「自分は何も悪くなかった」と思い続けることが起きるのである。

そのため、組織の中に新しい変化への動きが高まってきたそのときに、「そんなことやっても、無意味だ」「おまえら、どうせ失敗する」「やめておけ」と、冷ややかな言葉を陰で投げかける行為が起きる。そうした発言が、これからあえてリスクに立ち向かう人々の気持ちをどれほど萎(な)えさせてしまうことだろう。

壊創変革20の要諦

【良人による意識なき破壊】

改革では抵抗の態度を示す人でも、人間的には悪い人ではなく、個人的につきあえばとてもいい人が多い。彼らは自分でそれほど意識せずに、組織の変革を妨げる行為をするのである。

それは改革で避けることのできない現象だった。だが、このアスター事業にはもう、そういう人々に寛容でいられる時間がない。

いや正確に言えば、時間をかけるべきではない。ゆっくりと社員を啓蒙し、漸進的に改善を進めていく段階は過ぎている。二六年間シェアを失い続けた日産自動車が、さらに一〇年間をかければよくなると言えた道理など、どこにもなかった。

そういうことを言う人がいるとすれば、必ず社内の甘ったれなのだ。事業が七年間連続赤字というのは、経営的に許容される限界なのだ。

黒岩統括は願った。潜在的な反対派は、ただ中立の立場にとどまっていてくれるだけでありがたい。黙って見ていてくれるなら、それでとりあえずは十分なのだ。そうすればやがて彼らも分かってくる。

これは、一度しか組み立てることのできない積み木細工である。それを途中で崩され、人々の気持ちが散逸したら、積み木を再び構築していくのは至難の業になる。

もし批判者たちが中立にとどまることをせず、周囲に対して陰に陽に否定的言動を繰り返し、積み木を揺らし続けるなら……。黒岩莞太は黙ってそれを許容するつもりはなかった。

壊創変革の要諦21【蛮勇】

前向きに進もうとしている人々を守るのは改革リーダーの最大の責務である。いくら話しても変わらないガンが見つかれば、冷厳に排除しなければならない。それを蛮勇と呼ぶ。

個別部門の「強烈な反省論」

幸いなことに、新たに設置したサブチームのほとんどはタスクフォースの熱気を受けて、前向きに動きはじめた。

とりわけ開発センターのキーメンバーが参加した開発サブチームは、タスクフォースに大きな転機を作ってくれた。

新製品の開発期間は平均すると本来の二倍を超えていた。たとえば一年で完成すべき新商品の開発が二年以上もかかっている実態が見えてきたのだ。

しかも発売後に品質トラブルが多発していた。どの開発ステップでなぜ遅れが出たのかを洗っていくと、ありとあらゆる問題がゾロゾロと見えてきた。

開発の人々はプライドが高い。そうでなければいいものは作れない。しかし、この一枚目の作業で問題がゾロゾロ出てきたのは彼ら自身の欠陥だった。

黒岩は香川社長の言っていたことを思い出した。

「当社の開発陣は自分たちの技術が天下一品だと思っている。世界で一流だと思っている。その傲った意識が市場での敗退を生んでいることに気づかない」

ある日のミーティングで一人の開発者が胸を張って発言した。「われわれは要素技術において技術レベルが高いのですが、商品で負けています」

その言葉に黒岩統括は我慢がならなかった。

「商品が市場でボロボロに負けているのに、要素技術は優秀だなんて……犬も食わない詭弁じゃないか」

詭弁だろうが何だろうが、開発グループの最後のプライドはこれで支えられてきたのだ。その最後の砦を黒岩が一言でなぎ倒してしまった。

プライドを傷つけられ、不快な顔をする者もいれば、うなだれる者もいた。

黒岩の発言に技術者たちは感情的に反発するのか、それとも論理的に判断するのか。アスター事業のあちこちで起きはじめているのと同じ相克が、開発陣のマインドの中で起きた。

幸いなことに、社内でもっとも論理的に考えることに慣れてきたこの技術者集団の多くが、黒岩の発言を「正しい」と思った。

黒岩莞太から詭弁だと言われる事件が起きるまで、彼らは自分たちの悪さを表に出せば、社内の批判や嘲りの対象になるから嫌だと思っていた。けれども、このやりとりがきっかけになって、彼らは現実を見つめ、腹をくくって協力し始めたのである。

一人の部長クラスの人の前向きな姿勢が、その変化を率いていた。

そこから先は、開発のマネジャーたちが自ら、アスター事業をよくしたい一心で反省論を語り、病根を浮き彫りにしていった。

その姿勢に他のサブチームが刺激を受けた。

「営業批判ばかりしていた開発の連中が今、自分たちの問題点を語っている」

そうなれば、営業メンバーも他人批判をやめなければならない。工場も、購買も同じだった。

黒岩は安堵した。成功する改革では社員の素直さが重要な要素なのである。

一部にひねくれた社員や陰湿な政治劇を演じる向きもいるかもしれないが、それに染まらぬ純粋さが社内の大半で生きている限り、日本企業の変革の成功率は高くなるのである。

変化を渇望していた心ある社員の間で、さまざまな議論が行われるようになっていった。それが少しずつ社内で共有され、微妙な変化が広がりつつあった。

改革タスクフォースに孤独感がつきまとうのは宿命である。

タスクフォースを支えたのはトップの関与であり、それがなくなったらすべてが終わりだった。

黒岩莞太は自ら頻繁にタスクフォースの討議に参加し、彼らをリードした。

そうした彼の動きがどれほどタスクフォースの作業を加速し、最短時間でシナリオを固めていくことに役立ったであろうか。

多くの企業は、改革リーダーの人選を間違えて改革に失敗する。

- 組織の政治性を演じることに染まりすぎた人
- 自分の身の安全を心配しすぎる人
- 会社が死にそうだというのに週末に働くのを避けたがる人
- 外の世界を知らなすぎる人

こういう人々が改革チームに入り込んでくると、改革は必ず中途半端な結末に終わる。黒岩、川端のリーダーシップ体制に迷いはなかった。煮え切らない態度の決定はいっさい行われなかった。

黒岩統括は作業手順や分析の切り口について、次々と指示を出していった。

黒岩が「力のリーダー」と「智のリーダー」を兼ねていたとすれば、それを受けてメンバーを指揮する川端祐二は「動のリーダー」であった。水を得た魚とは彼のことを言うのだろう。ついこの間まで工場で生気がなかったのに、今は引き締まった顔をして、頬を紅潮させて動き回っていた。
彼が海外勤務で得た視野の広さは、タスクフォースの陣容に大きな厚みを加えるものだった。黒岩は川端祐二のリーダーシップに目を見張り、人材の見立てが正しかったことに安堵した。

《リーダー川端祐二（五〇歳）の話》

この改革は過去三回の改革と違います。タスクフォース活動はすさまじい頭の体操です。ほとんど休日のないハードな日々ですが、驚いたことにタスクフォースやサブチームの一時間の検討作業が、過去に経験した改革の何カ月分かに相当すると感じたほどなのです。過去の失敗原因が次々と明快に浮き彫りになってきました。

ここまで作業を進めてきて、私は二つのことを理解しました。

一つはこの事業が、本当に限界まで、だめになっているということです。

もう一つは、この会社を支えてきたつもりの自分にも、ガン細胞があったという事実です。

私はこれまでこの会社の経営体質を批判的に見てきましたし、自身で改革にチャレンジするつもりでタスクフォースに来たという自負がありました。

私はこれまで、社内の善玉・悪玉を「組織や人の単位」で分けていました。しかしそれが間違いだと分かってきたのです。

つまり……この人が善玉、あの人が悪玉、あるいは営業が善玉、開発が悪玉とかいう分類ではなく……社員一人ひとりの中に善玉・悪玉が同居しているのです。

だからこの事業の沈滞に対して、誰一人として「無罪の人はいない」と気づいたのです。

ここまでの作業を通じて、改革の先鋒だと思っていた自分自身さえ、どう言い訳しても半分はガン細胞であり、今度の改革では切り刻まれなければならないと思ったのです。

この発見には結構悩みましたよ。

黒岩統括が「強烈な反省論」のことを「人ごとではない……自分もまずかった」と言わせることだと説明していたのは、こういうことだったのかと納得しました。

でも、家に帰ると私の妻はまだ、会社の姿勢を結構悲観的に見ていますね。

過去の改革が中途半端で終わったのを、私から聞いて知っていて、「今回は本当に信用できるの？」と。あとで私ががっかりしないように、気をつかってくれているのでしょう。

《ある本社ミドル（四五歳）の話》

私はタスクフォースのメンバーではありませんが、私の席が本社のタスクフォースの部屋に近かったので、いろいろ様子を垣間見ていました。

彼らが作業部屋にこもって夜中まで議論し、大きな模造紙を壁一面に張って、何かデータを洗い出しているのを何度も見ました。

黒岩統括と川端さんが皆に指示を出している声もしばしば聞こえてきました。黒岩さんは作業部屋にはしょっちゅう来ていて、彼が帰ったあとは、皆が何だかしょげている様子のことが多かったですね。

しかし休む間もなく活動を再開する姿を見て、そのエネルギーはどこからくるのか、大げさに言うと「鬼気迫るもの」を感じました。この会社では見たことのない熱気でした。

私は横から覗いているだけで、まだ自分には関係ないことだと思っていました。私の周囲にも知らぬ顔をしている者が多かったですね。

改革をホンモノと思わせる事件

新しい組織コンセプトは意外に早く見えはじめた。幸いなことに、タスクフォースは北陸の合宿で想定した内容に近いシナリオを見つけ出すことに成功し始めていた。

アスター事業の中をいくつかのビジネスユニットに分けるという考えだった。そのような組織形態の功罪が、極秘で検討されていった。

「何かわけの分からないことをしつこく聞いてくるので、うるさい」

「現場から優秀な奴ばかりを引っこ抜いて、つまらないことをやっている」

このような陰口が聞こえてくるのは、改革タスクフォースを立ち上げた初期に、必ずつきまとう現象である。しかもそれを言う上位の社員は、古い組織の中で無視できない存在であることが多い。だから自信のない経営者は、現場から聞こえてくるそんな陰口に押されて、早々に迷いを見せはじめる。自信のある経営者であれば、断固として突き進む。

第二作業の組織案と全体戦略の検討は二月の初旬、つまり作業期間四カ月の半分を少し過ぎたところで固まってきた。

その結果を見て黒岩莞太が早々に一つの決断を下した。それはタスクフォースばかりでなく、社内を驚かせるものだった。

ここまでの分析で、新規事業のF商品群はどう見ても将来性が見えなかった。

将来の新しい事業を育てるという言い方を錦（にしき）の御旗（みはた）として掲げて、今日まで引きずってきた。あれもこれもと手を広げ、ただでさえ潜在性が十分でないのに、投資も経費投入も優柔不断の中途半端、という過去パターンを繰り返してきたように見える。

そもそも事業組織がプロジェクトチームに少人数の社員を配置して、あとは開発、生産、営業の部署が協力して動く（それは建前だけで、皆にとっては単なる、まま子扱い）というやり方が失敗の原因だった。

今年度の売上高一〇億円。Ｆ商品群の「創る、作る、売る」の責任全体を誰が負っているのかも分からないから、ここまで放置されてしまったのだ。いまの組織構造の欠陥がモロに出ていた。しかも、それぞれの機能別部署が負担している人件費や経費がどのように使われているのか正確に分からないところがあった。分析してみると、経理上の赤字は四億円だが、実際にはその二倍近い赤字の数字が出てきた。

その差額はこれまで、他の商品群の赤字に闇で割り振られていたことになる。

経営リテラシーが低いために行われている損益管理の甘さであり、さらにそれが戦略判断の間違いを生んでいた。そのお粗末な戦略リテラシー欠如の恐さを、当事者はまったく気づいてこなかった。

黒岩莞太は断を下した。

「この事業は、これからの改革対象に含めても、望みがない。早々に撤退しよう」

壊創変革の要諦22【撤退の王道】

赤字には「楽しみな赤字」と「悪性の赤字」の二種類がある。再生の道がないと確認した悪性の赤字事業は、恥も外聞もなく、早期に撤収するのが王道である。

黒岩は香川社長に報告に行ったが、社長の姿勢に一切のブレはなかった。

「待つ必要は何もない」

まだそのままの立場で在任している春田事業本部長は、事業をここまで追い込んでしまって、F商品群の撤退に反対する気力も存在感も失っていた。

二月の事業本部の経営会議で、初めて黒岩統括が改革統括者としての立場で立ち上がった。

「F商品群は、即時撤退を決めた。改革をするまでもなく、早く赤字垂れ流しを止めることが最善という判断です。山岡事業企画室長が中心となって、二週間以内にその実行案をまとめます」

それを聞いて、その場の全員が唖然（あぜん）とした。その事業は誰もが問題視していたから、その方針への反論者はいなかった。しかし、黒岩統括を甘く見ていた者は思った。

「とうとう、本当に、やりはじめた」

彼の決然たる姿勢を見て、一〇年近く続けてきた言葉だけのゲームの時代が終わったことを実感した。アスター工販の吉本社長も、秋山資材部長も、下を向いて黙ったままだった。

その日の夜、F商品群の担当者たちを集めて、川端祐二リーダーがその決定を伝えた。悔し涙を流す者がいた。川端は彼らに見かけより大きい赤字の実態と、厳しい先行きに対する経営者としての判断を説明した。

「これまで会社のサポートが弱く、君たちは素手で戦ってきた。この決定は気の毒だが、人生、ダメなときはダメと割り切るんだ。次にチャレンジするものを見つけようや」

Ｆ商品群の撤退決定は、歴史を刻む「事件」として全社員に強烈なインパクトを与えた。

BU別戦略の検討

こうして、走りながら考え、決断しつつ、タスクフォースは第三作業に入っていた。

「ビジネスユニット組織の構造は見えてきた。次に、それぞれのBU基本戦略を立案しなければならない。そこから逆に全体戦略や全体組織案に戻ってそれらを修正することも出てくるだろう」

黒岩統括はビジネスユニットごとの戦略案を「ビジネスプラン」と呼んだ。

- ビジネスユニットごとに、競合分析から始まって、不採算商品の切り捨て、工場や生産拠点の整理、販売網の整備、営業方針の絞りなど、あらゆる見直しを行う。
- ビジネスプランは最後に四年間の数値目標に落とし込む。その一年目は来年度の予算になる。

黒岩は、メンバーにしつこく言った。「君たち自身がビジネスユニットのトップに任命されても、ちゃんと自分で実行できる案を立てなければダメだ」

壊創変革の要諦 23【実行者自身による計画作り】

計画を組む者と、それを実行する者は同じでなければならない。他人にやらせることを前提に立てた計画は無責任になりがちである。あとで失敗の原因を計画のせいにすることがしばしば起きる。

黒岩が何気なく言った言葉、「君たち自身がビジネスユニットのトップに任命されても……」の重大な意味を全員が聞き落とした。その考え方が何人かの運命を左右することになるとは思いもよらなかった。

「ユニット別のビジネスプランは、チームを分け、同時並行的に進めよう。時間がないからね」

星鉄也は、これまであまり関与していなかったC商品群に新鮮なメスを入れるということで、そのリーダー役に回った。D商品群はアスター工販の営業企画室にいた古手川修、E商品群は開発から来た猫田洋次がリーダーになった。その単純に見える任命さえ、以前のアスター事業の常識ではできないことだった。

他の全員もどれかのチームに入った。皆はいつ終わるとも知れぬ作業量に圧倒されていた。

修羅場の教育効果

客観的に見れば、若い経営者予備軍を短期間に訓練する場として、このタスクフォースほど理想的な環境はないだろう。

そこに入れられた本人たちが、それを意識して、喜んで耐えるのか、何とか逃げたいと思うのか、それは本人の選択だ。途中で批判を口にして消えていったサブチームメンバーの例を黒岩が許していた事件もあったし、この先改革が開始されればタスクフォースは解散することになり、それで逃げたければこの改革の苦行から四カ月で脱出することができる。

しかし星鉄也たちは、普通なら一〇年かけても身につけることが難しい経営的見識を、こうしたハイテンションの苦しみを通じて、一気に体得しているのである。それは「修羅場の教育効果」とでも呼ぶべきものであった。

その場で戦っている最中は、彼らは「この問題をどうしようか」と考え続けて、答えの見つからない苦しさが先に立った。

《古手川修（四一歳）の話》

私は以前から、事業の将来に危機感を持っていて、会社が負けても、自分自身は個人として磨かなければ、自分がダメになると考えていました。

けれども会社の具体的な情報は流れてこず、毎月一〇日になると給料は自動的に振り込まれてきましたから、雇用不安や金銭的な切迫感を抱いたことはありませんでした。

ところがタスクフォースに参加して、自分の入社以来の価値観が一八〇度変わるような情報を聞き、自分の置かれている立場、実行しなければいけない改革、また香川社長の追い詰められた姿勢などを知って、ただ驚くばかりでした。

ある日、黒岩統括が私にポツリと言いました。

「君は優秀だけど……あまり『挫折（ざせつ）』と呼べるような経験がないでしょう。陳腐な指摘だけど……」

あの言葉は生涯忘れません。その指摘は当たっていましたが、それは自分が、言ってみればサラブレッドの証明だと思っていたのです。

私はこの会社の中で他の社員より仕事の力量が高いと思っていましたから、それ以上のことを要求されることはなく、したがって挫折もありませんでした。その状態が続く限り、楽だったのです。黒岩さんが言いたかったのは、私がこれから困難な局面にぶち当たると、精神的に意外にもろいのではないかという危惧だったのだと思います。

確かにタスクフォースのこのゴタゴタの世界に投げ込まれ、この先も何が待ち受けているのか分からない流動的状況に身を置くと、今までの人生が甘かったことを思い知らされました。

選ばれて意気揚々としてここに来てみたら、自分の生き様を問われたのです。タスクフォースは、私にとって人生を見直すきっかけになっています。

《原田太助（三五歳）の話》

私はこの会社の経営に以前から強い不満を持っていました。一人で上級管理職のだらしなさを糾弾したこともあります。若い頃に、組合幹部になれば社長に直接ものが言えると考えて、組合活動に身を入れた時期もありましたが、組合は私の答えではありませんでした。

歴代の事業本部長や周囲の管理職にとって、私は扱いにくい社員だったと思います。私は黒岩統括との面談のときに、正直に出すぎたことを言いました。

「とにかく、事の本質をついて仕事する人間がいないので、効率は悪いし、バカげたことが多い」

「経営トップの意思が不明確」

「ミドルは、できない、やれない、やりたくないの、ないないづくしで保身者ばかり」

そんな会話の直後に私はタスクフォースの一員に選ばれたので、ちょっと意外でした。合宿で飲んだとき、改革統括になぜ私を選んだのか、それとなく尋ねました。黒岩さんは、「君は気骨がありそうだったから……」と笑っていました。

このタスクフォースで、アスター事業がどのような事業戦略をとるべきか、まだ曖昧模糊(あいまいもこ)としていた段階でしたが、日曜日に出勤してミーティングを行いました。

皆のやりとりがかみ合わず、私はモヤモヤして、いつもの調子で意見を言いました。

自分としては普通の言い方をしているつもりでしたが、その日の長いミーティングが終わりかけた頃、突然、黒岩統括が私に向かって言いました。

「君の話はいつも他人の批判ばかりだね。社長はダメ、専務はダメ、経理部長はダメ、営業部長はダメ、工場長はダメ、開発はダメ、組合はダメ……。いつまで批判ばかり言っているんだよ。具体的戦略を編み出して、新しい道を示すのが目的だよ。ここは言いっ放しの野党の集まりじゃないんだ」

私は頭をガーンと殴られた感じでした。改革統括の言葉の意味は分かりました。しかし私は猛烈に腹を立てました。

黒岩さんはああいう叱り方をしょっちゅうしていて、怒ったあとはケロッとしているんです。でも私は頭に来ましたよ。これまで私は会社の経営を正そうと、真剣にものを言ってきただけなんです。それを全否定された気がしたのです。

あの出来事で、私は自分が果たすべき役割を再認識したのは事実です。なにごとも短兵急でなく、根気よく行動することが大切だということも認識するようになりました。

タスクフォースの仕事を通じて、少しずつ自分の視界が開けていくことを実感しています。

《猫田洋次（四五歳）の話》

ビジネスプランで私の担当したE商品群の中に、技術的にユニークで優位性があると思われるのに、発売以来、数年たっても売り上げの増えない商品がありました。

例によって、営業から「こんなものは売れない」とやられていた商品の一つです。

私は開発技術者ですが、その前はプロダクトマネジャーの経験もあり、商品戦略の組み立て方に自信を持っていました。

そこでタスクフォースの作業でも、同じような考え方でこの商品の戦略をまとめ上げました。

これでいけるというストーリーを作って、ある日の夜一〇時頃になって、黒岩統括と川端さんの前でプレゼンテーションをしました。

ところが二人から、自分のこれまでの人生のプライドをひっくり返されるほどボロクソに叱られてしまったのです。

「こんな資料じゃ、営業担当の活動に使えない。彼らはこの商品を売る気にならないよ。そもそも、君の言っていることに『商売の臭い』がしない。だからお客も買う気にならない。過去にこの商品が売れなかったのは、営業のせいではなくて、君のマーケティングセンスの問題じゃないのか」

会社に入って二〇年近く、あれほど辛辣（しんらつ）に言われたことはありませんでした。

考えてみると、以前、黒岩統括と面談したとき、私は似たような指摘を受けて、これが二回目だったのです。やんわり言われた程度じゃ、私は進化していなかったんです。

実はこれまで、販売戦略などは営業が考えればいいと思っていました。俺たちが何でこんなことまでやらされるんだと思っていました。

だから今回、「この商品が売れないのはおまえのせいじゃないのか」と言われて、大ショックでした。あとから考えると、すごく反省させられる値千金の指摘でした。

こんな叱り方をしてくれる上司は、入社以来、一人もいませんでした。なぜだろうかと考えました。ひょっとすると、この会社の上司は世間に比べて仕事の満足基準が低くて、この内容に腹も立たなかったのかもしれない。

タスクフォースの作業は大変ですが、自分のやるべきことが見えてきて、気持ちがスッキリしています。あの商品は売れなくて困っていたのですが、改めて戦略を整理したら、過去の亡霊から解き放たれた感じになりました。大げさに言うと、自分の人生が見えてきた気持ちです。

自分の壁を越える

タスクフォースの面々は、黒岩莞太からたびたび厳しい指摘を受け、ショックを受けた。仕事の内容だけでなく「現実と向き合う姿勢」や「人生の生き様」まで問われた。

共通した最初の反応は、「外から来た人にいきなり言われて不愉快」というものだった。それなら社内の人から厳しく言われたことがあったのかと聞かれれば、それもなかった。

つまり彼らのほとんどは、誰からも厳しく叱られたことがなかったのである。

先輩や上司が何かを成し遂げようと熱くなれば、部下を糾合し、指導し、時にはきつい言葉も出るはずだ。

だが沈滞企業の内部では、そんなぶつかり合いはほとんど起きなくなっている。怒ったり厳しく叱ったりすることは、大人げない行為だと見られていることが多い。

そのくせ、上の者は、口先で部下に「切磋琢磨（せっさたくま）」などと言う。

米国企業は、役に立たない社員はさっさと辞めさせて、有能な者を外から雇う。日本企業がそれをしないなら、代わりに、企業内部で社員を鍛える手法を持たなければならない。

日本の沈滞企業では、上に立つ者が自分を成長させる挑戦機会に手を挙げず、肩書なりに偉そうにしているだけで、実は部下を鍛えるには経験も知識も足りない。ぬるま湯的な組織とは、そうして上と下が互いに遠慮している環境から生まれる。部下は鍛えられないので、成長が遅く、世間的に次第に劣った人材になって行くことを、ぬるま湯の特徴として、自覚できない。

三枝匡の生き方論 02

【個人として一皮むける】

改革先導者に加わった者は企業変革を前にして、会社の変化の壁だけでなく、同時に自分の実力の壁に行き当たり、その現実に苦しむ。会社と個人の二つの変革がワンセットで求められるので苦しいが、この試練をうまく越えれば、人材として「一皮むける」機会になる。これを人生のチャンスととらえ、ひたすら足を前に出す。

改革チームが熱き心を持てるかどうかは、経営改革が成功するかどうかの第一関門である。自ら燃えていないチームが、社内を燃えさせることなどあり得ない。

アフターサービス部門の課長、赤坂三郎は自分が兼務メンバーであることをすっかり忘れたように、親会社に来てタスクフォースの仕事に入り浸りになった。

「職場の仕事を放っておいて、いいの？」

「タスクフォースのほうが大事です」

これまで自分が人生を託してきたつもりの事業の命運がここで決まると思うと、いても立ってもいられない気持ちになっていた。職場の上司が、「あと二カ月ほどのことなら……」と寛容だったのが幸いしていた。その上司はサブチームに参加し、改革の意味を完全に理解してくれていたのだ。アスター工販の大阪支店から来た最年少メンバー青井博も、同じようにタスクフォースの仕事に没頭した。

彼は星鉄也と一緒にC商品群の戦略立案にかかり切りになり、支店よりも東京にいる時間のほうが長くなった。

東京から大阪支店に戻ると、急ぎの仕事を片づけたあと、家に帰らず新幹線の改札口で妻から着替えを受け取って、東京にトンボ返りすることが何度も起きた。

出産を控えていた若い妻は不満だった。愛人が男を引き止めるような会話になった。

「今日はウチに泊まっていって」

「ダメだよ、東京に帰るよ」

彼女は、疲れているはずの夫が意外に輝いた顔をしているのを見て、それ以上文句を言ってはならないと悟った。

香川社長へのプレゼンが迫ってきた最終段階で、メンバーの一人が考えに行き詰まり、深夜になってチームの作業部屋から姿を消して、戻ってこなかった。

他のメンバーは万一のことが心配になり、建物の中をあちこち捜し回った。彼はビルのテラスに出て、タバコを吸いながら夜景を見て頭を冷やしていただけだったが、ドアがオートロックされて建物の中に戻れず、困っているところだった。

彼のしばしの失踪（しっそう）はすぐ笑い話に変わったが、彼らがお互いにそんな心配をしたほど、タスクフォースが心理的に追いつめられた時期もあったのである。

黒岩莞太はそのような話を聞いても、意に介する気配はなかった。

「これは前向きの『生みの苦しみ』だよ。こんなことで、誰が死ぬもんか」

もし黒岩、川端の主導者二人が、この段階を乗り切る自信のない風情を見せていたら、タスクフォースの張り詰めた気持ちは、そこで崩れていたかもしれない。

リーダーの「執念」を感じ取って、メンバーは自分の気持ちを支え続けた。

四カ月目に入ると、あとは時間との戦いだった。第四作業がそっくり残っていた。

この時点で、全体作業の一カ月の遅れは決定的に痛かった。追いつめられていたが、部署別の重要な改善テーマについて、基本的な方向づけを検討しておかなければならない。

- 工場における納期短縮、工程改善、品質向上などの進め方と目標設定
- 部品調達や外注先の見直しなど、購買政策の改善と目標設定
- 営業への戦略的手法の導入。営業担当行動管理システムのデザイン
- 開発における開発期間短縮、開発進捗（しんちょく）管理の手法改善など

タスクフォースがすべてのテーマをこなすのが無理になってきたことは明白だった。

「改革シナリオを発表するのに、直接の関連性が浅いと思われるテーマは後回しだ……」

黒岩はそう言って、第四作業の中身を大幅にカットした。この決断によって、のちに痛い目に遭うことも出てくるのだが、もはや贅沢は言えなかった。

あと二週間というところにきても、改革シナリオはあちこちに穴が空いていた。何としても、三月末の期限を死守したかった。黒岩統括が着任して五カ月がすぎ、しかも毎月の大きな赤字が続いている。これ以上プランニングばかりに時間をかけていることは許されないのだ。

黒岩の脳裏には、答えを待っている香川社長の顔がしばしばよぎった。状況説明に行った。

「香川社長へのプレゼンテーションは四月九日と決まったよ」

社長報告が四月一日のつもりでいたタスクフォースの面々は、それを聞いて喜んだ。

「ありがたい……八日間の余裕ができた！　何とかなる！」

昼も夜もなく、くたびれたと言う暇さえなく、タスクフォースは走った。黒岩莞太も連日、川端と一緒に、メンバーの持ってくる問題に、その場その場で結論を与えた。シナリオを絞っていくことを現場で一緒にやっていた。

黒岩が横で見ていると、一週間ごとに、メンバーの体と脳が音を立てて成長している感じがした。まさに火事場の馬鹿力のような現象に見えた。

数多くのエピソードを残しながら、とにかく、改革タスクフォースの四カ月の作業は完了した。

果たして川端祐二たちタスクフォースは、七転八倒して作り上げた改革シナリオを、香川社長に認めてもらえるのだろうか。

1―2―3枚目ロジックを重ねる

骨太の戦略ストーリー

タスクフォースの「強烈な反省論」とそれに基づく改革シナリオは塗炭の苦しみを経て、ようやく形になりつつあった。経営トップへのプレゼンは迫り、もしそれで承認が下りれば……その保証はないのだが……その直後には社内への発表を行い、そしていよいよ改革の実行の幕が切って落とされる。

そのすべての命運を握るのが、改革シナリオの「切れ味」である。事業不振に陥った会社を元気にするには「骨太の戦略ストーリー」をあらかじめ作れるかどうかが、改革の勝敗を分ける。

3枚のA4用紙

その改革案は3枚の紙を重ねて作る。私（著者）はそれを「1―2―3枚目ロジック」と呼ぶ。デスクの上に、1枚目の紙を置く。それにいまの事業の病気症状を書き出す。聖域を設けず「広く探索」して、厳しい「現実直視」を行う。

俗に茹（ゆで）ガエルと呼ばれるような、緩んだ組織の雰囲気や狭い社内常識に長年染まってきた人は、茹(ゆ)でられてきたことに関する自覚も低い。だからよほどの覚悟をもって取り組まないと、現実直視の作業にはならない。

前章で描いたように、それは大変な思考力と、反省論と、難しいことを易しく書き換える文章力が必要だ。まず1枚目に現実の問題症状（目に見えている眼前の病気症状だが、見えているだけでその原因までは追究できていない）を徹底的に書き出すことができたら、その1枚目はまるで言葉のごった混ぜで何が何だか、相互関係は分からない。

そこで、その1枚目の紙の上で、それらの病気症状のなかで、重要な根っこの原因であると思われる問題に太い線で印をつける。この作業は大変な智的格闘を要する。社内で言いにくいことが目立つように印をつけるのだから覚悟もいる。社内には、付けたその印が面白くないと言う人がたくさんいるのだ。

頑張ってうまく整理できれば、グジャグジャに見えていた目の前の混沌(こんとん)が晴れてくる。その景色が驚くほど「単純化」されているのだ。皆が「いままで曖昧だったけど、確かにこれが根っこの問題だね」と合意するものに行き当たらなければならない。あなたは、経営ノート③であぶり出された「強烈な反省論」の、核心の問題に印をつけているのだ。

次に、デスク上の1枚目の紙の上に、白紙の2枚目を重ねて載せる。1枚目で太い印をつけた「根っこの問題」が、下に透けて見える。そこで2枚目には、1枚目の太い印と同じ位置に、その問題に対する打ち手（対策、戦略、改革方針などと呼んでもいい）を印とともに書き込む。もし1枚目での単純化ができているなら、2枚目の印の位置も同じなのだから、自動的に単純化が継承されている。

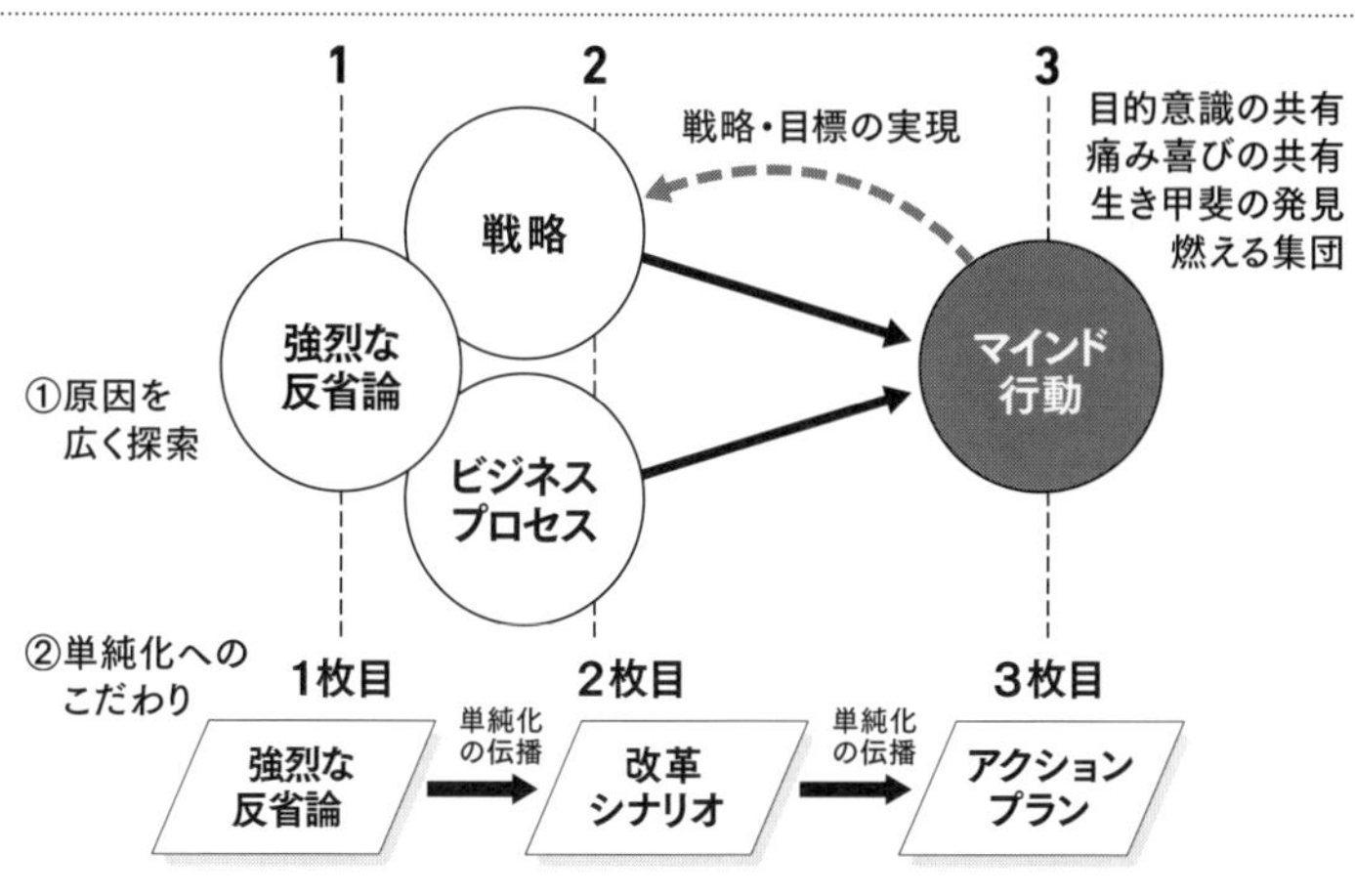

次に、3枚目の紙を載せる。2枚目の戦略や対策が透けて見える。3枚目には、2枚目と同じ位置に、その打ち手の「アクションプラン（行動計画）」を印とともに書く。併せて、その実行責任者、期限なども書き込む。

さてこれまでの作業で、デスク上には3枚の紙が重ねて置いてある。そこで、壁にカレンダーを留める時に使う「貼りピン」を持ってきて、一番上にある3枚目の印のところからタテに刺して串刺しにする。そのピンに刺されているのは、すべて同じ問題の、一番下が「原因」、2枚目が「対策」、3枚目が「アクション」になっている。紙全体をみると、重要だと選んだ問題の、全体のマップを俯瞰できる。

これが「1－2－3枚目」手法のイメージだ。「強烈な反省論」から始まって、ここに至る手法が、あなたの改革の命運を決める手順であることがお分かりだろうか。その時々を、ただ言葉と感情だけで切り抜けてきた不振企業のサラリーマンが、この作業を行い、実行に移すことは容易ではない。だから日本企業の多くで「失われた三〇年」が経っている。

作業の進め方

さて、この論理作業をうまく進めるためのキーワードを並べる。

1枚目では、聖域を設けずに問題を「広く探索」する。実態を本当に網羅的に描けたら、次に、それに太い印をつけて絞り、つまり「単純化」して原因の構図を確定する。

2枚目の「対策、戦略」はシンプルな言葉で、皆が「何をすればいいのか」を書く。「戦略シナリオ」とか「戦略ストーリー」と呼んでもいいだろう。

3枚目は、改革テーマ一つひとつに対する、人員や経費の割り当て、改革の手順、その時間軸などを、具体的に書く。

乾坤一擲（けんこんいってき）の大きな改革では、3枚セットは走りながら考えるというものでは、決してない。事前に完璧だと思えるまで考え抜くことが必要だ。とりわけ重要なのが、出発点の1枚目だ。

過去に改革を打ち出しながら、結局何も変わらずにズルズルと今日に至っている日本企業は多い。そういう会社では当時を思い出して、あの時は「戦略がまずかった」「方針が中途半端だった」などと反省や批判を語ることが多い。それは、2枚目や3枚目のことを語っているに過ぎない。

読者の皆さん、いいですか。実は、改革が成功するかどうかの分かれ目は、1枚目なのです。その「強烈な反省論」が核心を突いていなければ、自動的に2枚目、3枚目が的外れになるのは当たり前なのだ。改革に失敗した企業は、歴代の経営者や改革リーダーが「本当の1枚目」に迫ることに失敗したからなのだ。

1枚目を作る作業は苦しいものだ。アスター事業の前章から次章に至るタスクフォースの作業は、その後一〇年経っても語り草になるほど、厳しいものだった。

社長から二年で事業閉鎖という宣告が示されていた中で、改革チームは覚悟を決め、知恵と体力を尽くし、社員を改革に結集させるに至る。その二年間の事業再生の戦いから、普通の日本企業であれば一〇年かけても養成できるかどうか分からない経営者人材の若手が育ってくることも起きた。

改革における死の谷の現象の一つは、改革行動を開始して大ナタを振るい始めたものの、まだ何も「成果が出てこない」時期に現れる。しかも、考え抜いた1－2－3枚目を改革開始前に準備することを怠った改革リーダーは、改革の「死の谷」をいざ渡り始めてから、その準備不足に気づくのである。

そこでは、改革リーダーの孤独感が募る。もし改革が長引けば、周囲は疑いを抱き始め、リーダー本人の信念も揺らぎ始める。周囲から迷惑だと言われたり、部下の態度が白けはじめる。それが改革というものだ。本当に状況が悪くなれば、経営トップなど支援者だったはずの人々の「手の平が返る」ことが起きはじめ、リーダーは次第に状況コントロールを失って、最後は「もうやめろ」と宣告される。

一旦「死の谷」の深みに陥ってしまうと、リーダーは自力でそこから抜け出すことが至難の業になる。だからこそ、いいですか、事前にそれを考え抜いておくことが重要なのです。

しかし考え抜くにしても、素人考えでそれをするなら、考えたことにならない。「下手の考え休むに似たり」になってしまう。だからそこでも、考え抜くためのフレームワークを持っているかどうかが大きな分かれ目になる。妥当なフレームワークに支えられ、それに基づいて考え抜いて生み出したシナリオだけが、死の谷に臨む改革リーダーとタスクフォースを支えてくれる。

第五章

【壊創変革のステップ・5】

トップのサポートを得る

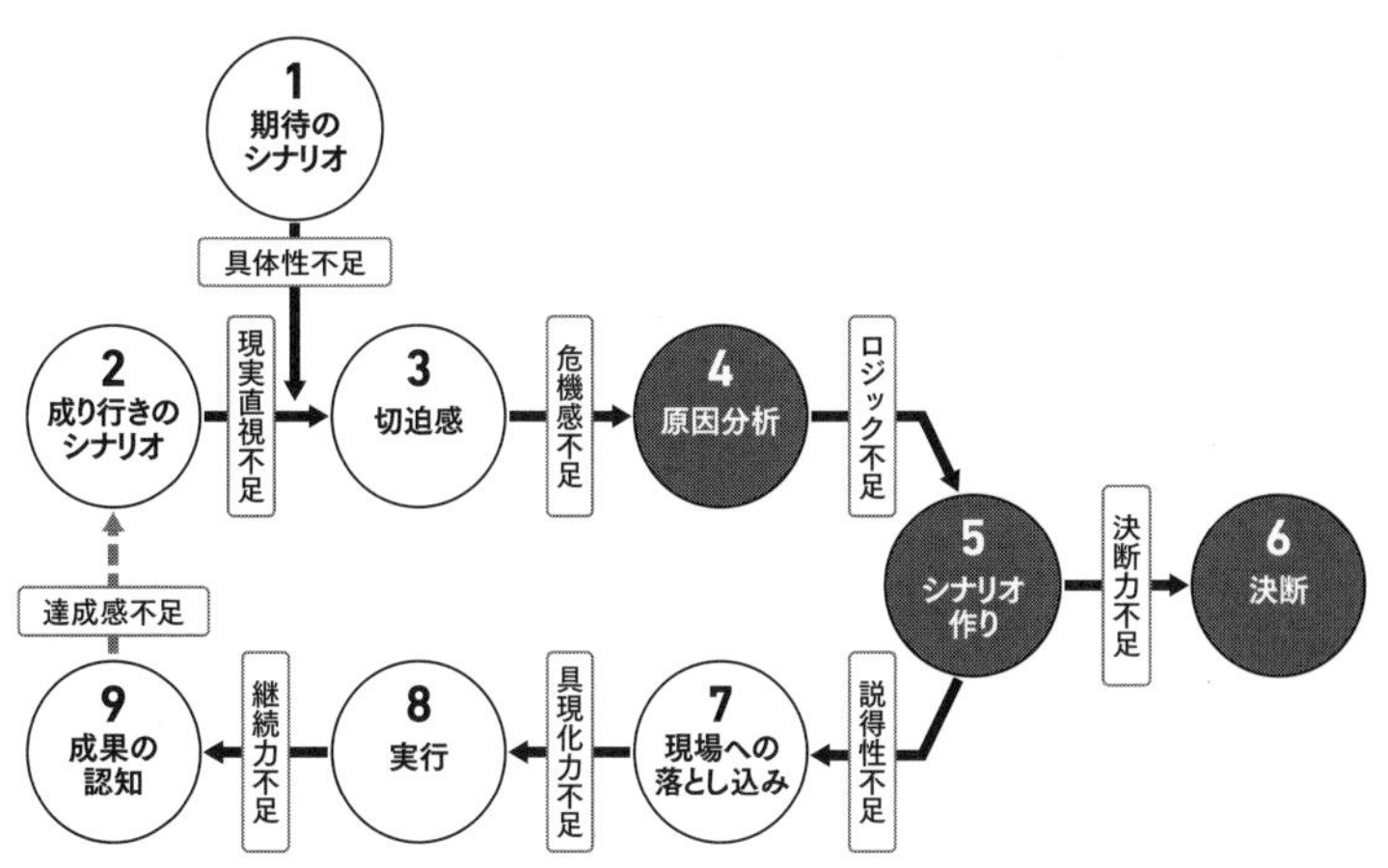

知られざる赤字

タスクフォースの面々は緊張していた。

大きな会議テーブルを隔てて、目の前に太陽産業の社長香川五郎が座っている。今まで、社長の顔をこんな近くで見たことはなかった。

一二月、タスクフォース発足の合宿から四カ月が過ぎ、桜はすでに散っていた。

香川社長の右隣に、経営企画担当の飯田（いいだ）副社長。左隣に経理の鈴木（すずき）部長。香川社長自身が何となく腕まくりの感じだった。トップのその雰囲気が重要だった。

最初は約一時間半をかけて、現状分析と「強烈な反省論」の説明である。この部分は黒岩改革統括と川端タスクフォース・リーダーの二人が話す。

ここで読者にお断りしたいのは、アスター事業の悪さの分析はすでに本書の前半で詳しく述べている。冗長になるのを避けて、ここではプレゼンの流れだけを描きたい。

黒岩莞太が映したパワーポイントの一枚目は赤字の発生源を商品群別に示した表だった。

「産機事業本部が赤字に陥ったのは三年前ですが、その中のアスター事業に限って言えば七年前からずっと赤字でした……その赤字を合計すると実に二二〇億円に上ります」

香川社長は表情を隠していたが、何度聞いても、ぎょっとする不快な数字だった。（原著では一五〇億円と書いたが、露骨に実態を開示することに当時の著者が遠慮したための脚色だった）。

産機事業本部が赤字に陥って以来、事業本部全体の経常赤字は三年間で合計三八億円にすぎない。それが香川の聞いている数字だった。

ところがアスター事業だけの数字を取り出せば、ここ七年間の赤字が二二〇億円にも達していたことが、タスクフォースの作業が始まってから知らされた。恥を忍んで認めれば、黒岩とタスクフォースが発見するまで社内の誰もこの数字を認識していなかった。

その原因は、

- アスター事業の損益が事業本部と子会社アスター工販それぞれ別に計上されていた。それを商品別の連結損益で追うことをしていなかった。
- 事業本部は機能別組織で大型機械も小型機械も同じコストセンターとして集約しており、商品別に「創る、作る、売る」を一気通貫で管理する責任体制は曖昧だった。
- 事業本部の損益は毎年の本社決算で処理すれば、きちんとした管理会計がない限り、累積損益の商品別数字は残らない。アスター工販は子会社だから、そのバランスシートに累積損益数値は残るが、商品別には分からない。

管理会計の欠陥が社内の危機感の醸成を妨げていた（第二章 不振事業の症状16、17、18）。

「アスター事業に携わるすべての社員がこの巨額な累積赤字を知りませんでした」

タスクフォースのメンバーたち自身が、この数字を集計してみて愕然としたのである。

二〇世紀の後半、日本経営は長期的視野で行われていると米国人から激賞され続けたが、その長期行動には、臭いものに蓋をして長く放ったらかすことも含まれていたのである。サラリーマン習性による無関心とも呼べるのだ。

「それに加え……過去にまで遡って累積赤字を計算し、それを経営者の責任として取り上げる責任者がいなかったのが現実です」

読者がこれを人ごととして聞けば、単なる分析に聞こえるだろう。しかし過去の経営を断罪するその言葉は、社内で聞けば強烈である。

ここから先、黒岩の分析は瀕死(ひんし)のC～F商品群に絞られた。

彼が出した次のチャートは、アスター事業の市場シェア推移を示していた。

この約一〇年間で市場シェアが大きく下がっている。今や黒字の商品アイテムは一つもないことが説明された。

「もしわれわれがせめて同じシェアを維持していたら……まあ、死んだわが子の年齢を数えるようなものですが……昨年度のC、D商品群の売上高は七〇%も多く、アスター事業も事業本部も赤字になっていません」

タスクフォースの誰かが深夜一二時頃に、エクセルで叩(たた)き出した数字だった。蜃気楼(しんきろう)のはかない数字だった。黒岩はこの一言で、過去の「負け戦」が、今日(こんにち)どれほどの機会損失を生んでいるかを示した。

香川社長と飯田副社長は画面を見ながら、黙って聴き入っていた。

単なる分析に聞こえるかもしれないが、それが「過去の俺たちのドジの結果だ」と迫られたら当事者の背筋は伸びる。

「しかも、この一〇年程で失った市場シェアの半分近くは、最近わずか一年間で失われています」

それは衝撃的な新情報のはずだった。グラフの最後が急に落ち込んでいる。負け戦が、今や危機的に加速しているという意味であった。

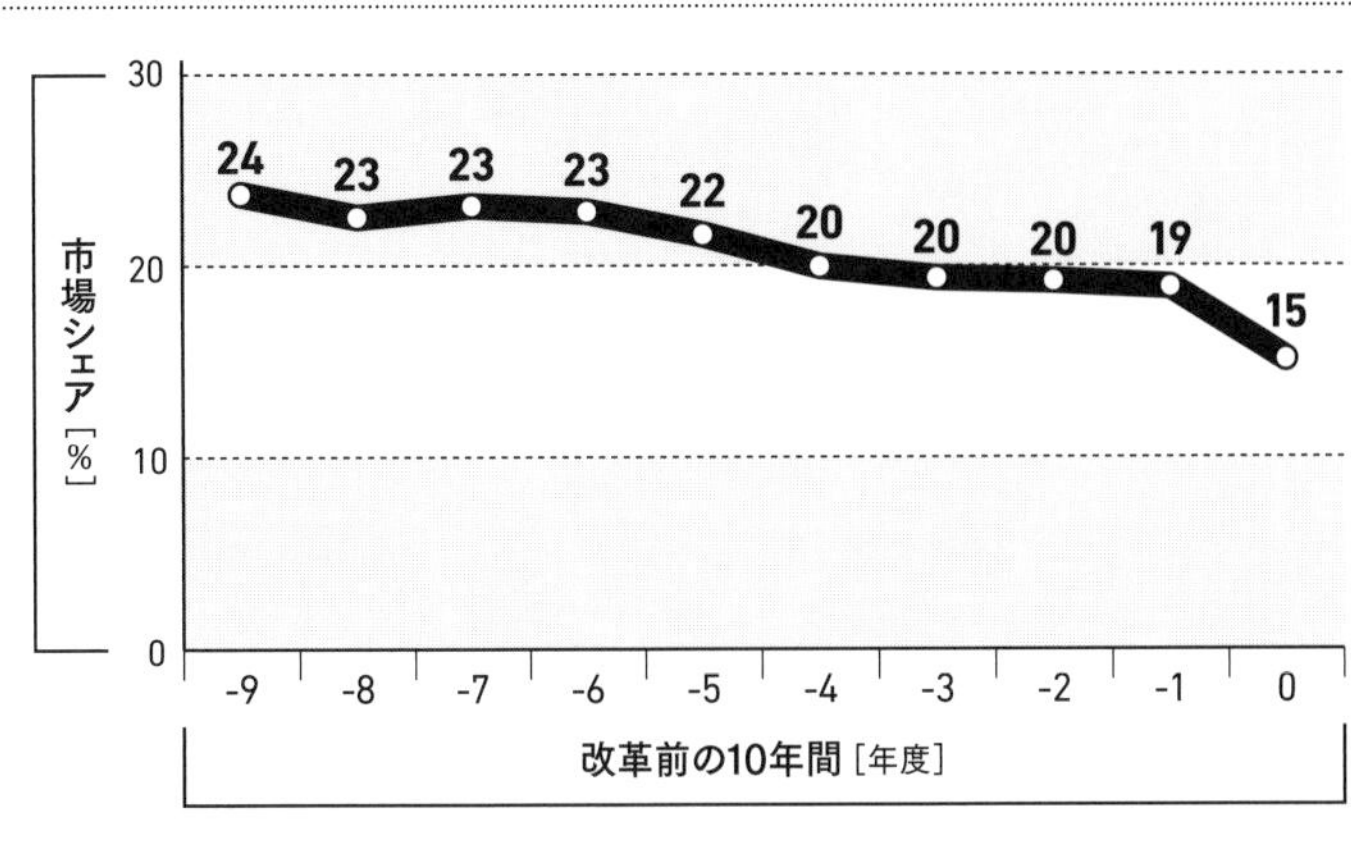

小型機C～F商品群だけを売っているアスター工販の吉本社長がもしそこにいれば、目を剝くようなプレゼンの出だしであった。

黒岩のプレゼンは初めから緊張に満ちたピッチで進んだ。

社長香川五郎は聞いていて、「これは面白い」と思った。

自分の知らなかった事実が、次から次へと出てくる。話が物語のように淡々と続く。

タスクフォースの中ですっかり当たり前になった「負け戦」という言葉が、香川社長の前で何度も語られた。

もしその言葉の論拠が曖昧だったら、当事者は不快な顔で反発する。自覚がないからだ。

だが香川社長は気づいていた。

タスクフォースの指摘の一言一言に、必ず事実や数字の裏づけが示されていた。いちいち、空論ではないという裏付けが伴っていた。

競合比較や顧客の視点を軸に、誰もグウの音が出ないように実態の確認が行われていた。プレゼンは始まったばかりだったが、タスクフォースが相当に緻密(ちみつ)な作業を行ってきたことを窺(うかが)わせた。

壊創変革の要諦 24【グウの音も出ないデータ】

人々に「強烈な反省論」を迫るときには、グウの音も出ない徹底的な事実・データに基づく追い込みが不可欠である。反駁(はんばく)される余地のあることは、プレゼンの内容に含めてはならない。

香川社長も、飯田副社長も、経理部長も相槌(あいづち)を打ち、発言すると自分で「負け戦」という言葉を口にしはじめた。今やこの言葉は、太陽産業社内の新たな共通言語として認知されたも同然だった。

杜撰な現場経営

プレゼンテーションは「負け戦の原因分析」に入った。

「事業が成長を続けるときには一つの好循環が回っています。しかしアスター事業ではその循環が途中で切れています」

黒岩は「勝ち戦の循環」(第三章、改革の第2フレームワーク)のチャートを香川社長に説明した。

最初に取り上げたのは「開発」だった。

やはり多くのデータが示された。とりわけ新商品の立ち上げにことごとく失敗しているデータは、サブチームが初めて体系的に白日の下にさらした現実の姿だった。

第2コンセプト［勝ち戦の循環 ―― “開発”］

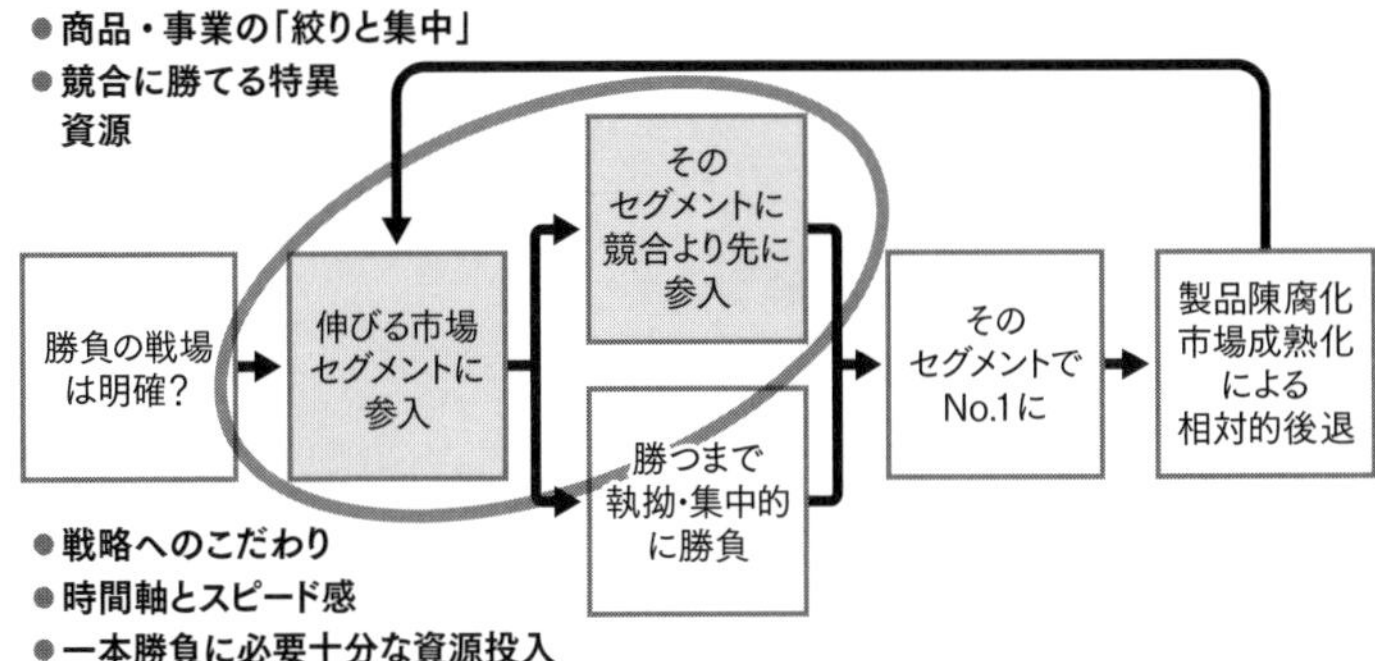

二〇分間、厳しい分析が続き、技術的詰めの不足、開発計画の甘さ、「絞りと集中」の欠如、遅れても平気なスケジュール管理など、よいところは何もないと言われているようなものだった。

この席に開発部長佐々木がいたら、いくら紳士的な人とはいえ、反発するに違いない。だが、彼の部下がサブチームに参加し、自らこのような分析を行ってきたことは彼も知っている。

この場でも、黒岩がメンバーのことに触れたので、それは何物にも代え難い説得性を持った。

香川社長は興味津々の様子だったが、質問一つせず、黙って頷き、先を促した。

黒岩莞太のプレゼンは営業の話に進んだ。その反省論も三〇分近く続いた。

拡販の指示があまりにも総花的で、組織の途中で戦略が消え、「何を売ってもいい」が当たり前になっている状況が、具体的分析とデータを伴って示された。

「全国の営業行動はバラバラ、各地の支店の管理手

第2コンセプト［勝ち戦の循環 ― “営業”］

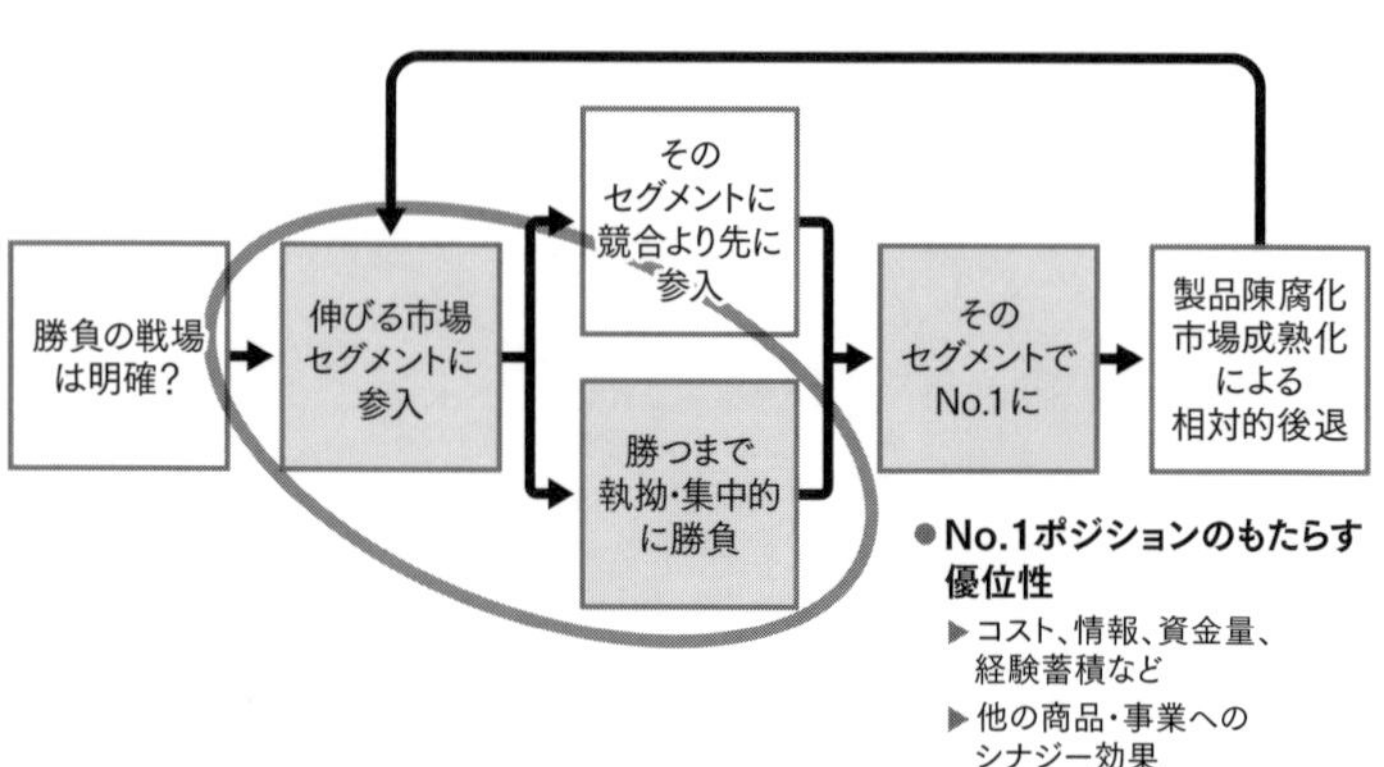

法さえバラバラです」

それは、日本企業の営業組織にしばしば見られる現象である。なぜそんな状態が許されてきたのか、黒岩の説明は単純だった。

「バラバラでも、今まで困る人がいなかったのです。本社の戦略機能が貧弱で、統括体制はないも同然で、支店長任せだったからです。いわば『地域モンロー主義』の営業体制でした」

そのような営業組織では「地域の特殊性」が後生大事に語られる。けれども特殊だと思っているのは本人たちだけで、客観的に分析してみると大した特殊性など存在していないことが多い。

タスクフォースが営業担当の活動実態を分析してみると、営業担当の一日の訪問件数は少なかった。重要得意先へのフォローが不十分だという分析が示された。

若手営業担当への育成指導がおざなりになっていることも指摘された。OJTというのは、多くの日本企業で「何もしない」の代名詞なのである。

第2コンセプト［勝ち戦の循環 ― “戦略”］

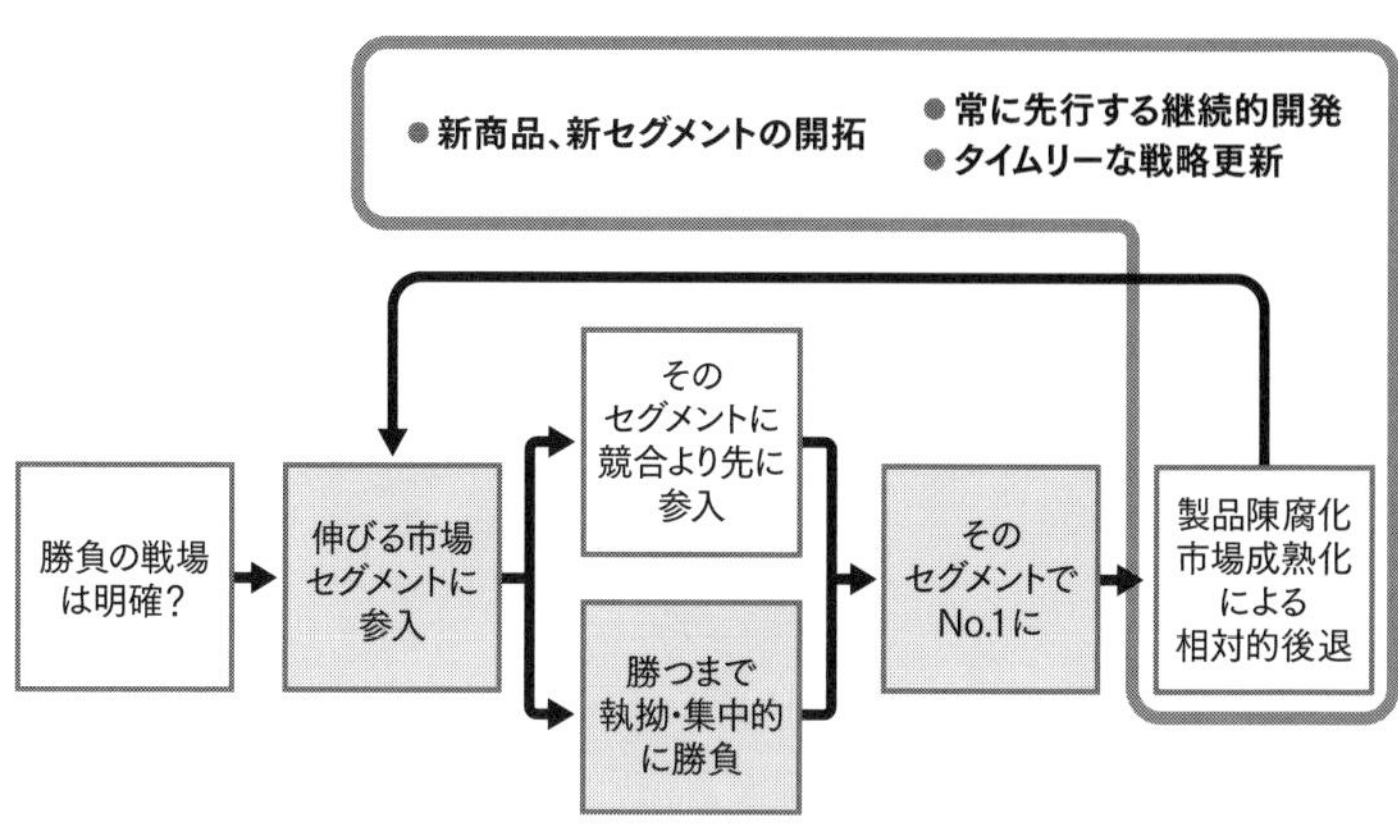

それなりに工夫し、努力してきたつもりの支店長たちには面白くない内容だろう。しかしタスクフォースがこうした指摘を避ければ、改革のための「強烈な反省論」など成り立ちようがない。

組織全体の「体質」を客観的事実として指摘することが目的であり、個人をあげつらうつもりはないという配慮が、さりげなく何度も表明された。だからどこの支店とか、どの地域といった特定の固有名詞はいっさい引き合いに出されなかった。

だがもしこの場に該当する社員が座っていれば、自分のことが話されていて、その事実関係に反駁の余地がないことは明確だった。

黒岩は最後にこうまとめた。

「先ほどの開発陣の問題点と同じように、営業部隊も同じくらい、深刻で構造的な問題を抱えていることが読み取れます」

皆が同じだという表現を加えて、特定の部署だけが槍玉(やりだま)に挙げられてしまうのを避けていた。

壊創変革の要諦25【個人を責めない】

古い体質の個人を作り上げたのは会社の責任である。特定個人や部署を責めず、古いシステムが現実に引き起こしている問題だけをクールに指摘し続ける。

黒岩はまとめとして、「勝ち戦の循環」を正しく回しているエクセレントカンパニーのパターンを説明した（第三章一六六頁と重複するので、ここでは省略する）。

次にタスクフォースのリーダー川端祐二が前に立った。

緊張している若いメンバーに比べて、部門長レベルだから、さすがに余裕のある表情をしていた。

川端祐二は自分がここ数年間働いてきた「生産」部門の反省論を描き、次にアフターサービス部門、品質保証体制などについて、「強烈な反省論」を淡々と述べていった。

ここまで聞いていて、香川社長は心底、驚いていた。

頭を抱えたい気分だった。太陽産業の経営トップとして、社内のことはある程度分かっているつもりだった。しかしこの太陽産業の中に……「着実な経営」と「優れた品質」で高い評価を受けてきたはずのこの会社の中に……こんなおかしな組織があったのか。

優秀だと信じてきた当社の社員は、いつの間にこんなに堕落してしまったのだろう……。

しかもこの状態がどうしてこんなに長い年月、放置されてきたのか。太陽産業の中で、この事業部はまるで辺境の村のようではないか。

いやもしかすると……この現象はアスター事業だけの問題ではないかも……まさかガンが転移するように、同じ症状が全社の他部門にまで広まっているのでは……。

撤退か改革か

プレゼンテーション前半の山場が来た。

一時間半の予定で説明してきた反省論の最後が「組織論」だった。

ここで黒岩莞太が立ち上がり、一二月の合宿で皆が作り上げたスライド「肥大化した機能別組織一〇の欠陥」（第三章）を映し出した。

ここまで述べた「組織の病気」のまとめとして、これ以上適切なチャートはなかった。

叩くべきは社員個人ではない。誤った組織の仕組みや経営システムが、社員を病んだ行動に駆り立ててきたのである。

黒岩が前半最後のまとめを言った。

「過去一〇年程、何度も事業活性化の計画が提案されては、消えていきました。正直なところ、事業不振の最大の原因を挙げれば、『現場経営があまりにも杜撰（ずさん）だった』ということです」

最後にまた、思い切った発言だった。

過去の経営を一刀両断に切って捨てたも同然だった。

だが、黒岩の発言は無謀ではなかった。そこに至るまでに明快な論理性と隙のない事実の積み上げが行われ、聞く者の心を完全にとらえ、反駁のリスクを減らしたうえでの発言だった。

黒岩は「現場経営」という言葉を使うことで、香川社長に累が及ばないように配慮していた。

香川社長にとって、まったく違和感のない結論だった。

ここまで読み進んできた読者の中には、不安に感じている人も多いに違いない。日本企業の中で、

2つの解釈

市場で惨敗、大赤字、組織活性がない

- 「事業撤退」の判断は当然
- 「自力再生は無理」の判断も当然

しかし事業不振の根本原因は、

- 現場経営があまりにも杜撰だった

そこで2つの解釈

❶もうダメ ⟶ **このまま事業清算?**

❷改めて本気でちゃんとやれば良くなるかもしれない ⟶ **最後の挑戦?**

このようなプレゼンは現実に可能なのかと。

そのプレゼンの原版も残っている。けれども、もちろん簡単なことではなかった。人間関係に気をつかう社内でこれだけのことを言い切るのは容易ではない。太陽産業でなぜそれが可能だったかは、エピローグで解説する。

「強烈な反省論」とは、過去の呪縛との訣別である。その訣別が鮮明に行われれば行われるほど、組織という生き物は新しい時代を切り開くエネルギーを生み出すのである。

黒岩が「二つの解釈」を示した。

「このまま事業閉鎖の考え方もあります。しかしここまでひどいやり方をしてきたのなら『本気でちゃんとやればよくなるかもしれない』という考え方もあるでしょう」

意味深なまとめだった。これでプレゼンの前半が終わった。タスクフォースはこのあと、「本気でちゃんとやる」とはどういうやり方なのかを提案する予定だった。

組織変革［10の狙い］

❶ 事業責任が明確な組織に
❷ 損益が見えやすい組織に
❸「創る、作る、売る」が融和して早く回る組織に
❹ 顧客への距離感が縮まる組織に
❺ 少人数で意思決定のできる組織に
❻ 社内コミュニケーションが早い組織に
❼ 戦略を明確にしやすい組織に
❽ 新商品育成が促進される組織に
❾ 社内の競争意識が高まる組織に
❿ 経営者的人材の育成が早まる組織に

分社化のシナリオ

休憩のあと、今日の最大の勝負どころがきた。アスター事業をどのように変えていくのか、「改革シナリオ」を香川社長に提示するのである。

一番手にリーダー川端祐二が立った。

彼はまず「商売の基本サイクル」の説明を行った。

「われわれが狙う組織は、先ほどの『肥大化した機能別組織　一〇の欠陥』のちょうど正反対ということになります」

そう言って川端祐二は「組織変革　一〇の狙い」をパワーポイントで映した。

香川社長は「一〇の欠陥」とは裏腹の表現になっている新しい一〇項目を読んだ。

ベンチャー企業や元気な中小企業は、これらの組織特性を保っているために活性がある。それがビジネス組織の原点である。

ところが日本の多くの大企業はこの半世紀、成功による組織肥大化の代償として、これらの特性の多

くを失ってしまった。

　それに加え、世界史にまれなスピードで進行している日本社会の急速な高齢化が影響して、リスクに挑む若者がたくさんいる欧米に比べて、日本はすっかり、しおれた国に墜ちつつある。

　香川社長には「組織変革　一〇の狙い」がいかにも新鮮なものを見せられている気がした。とりわけ最後の「社内の競争意識が高まる組織に」「経営者的人材の育成が早まる組織に」に目が留まった。

　リーダーの川端祐二は本論に入った。

「アスター事業の組織で『組織変革　一〇の狙い』を実現するには何をすればいいのか、タスクフォースはこの四カ月間、検討を重ねてきました」

　そして、新組織案を映し出した。

　そこには今まで太陽産業の中で語られたことのない、新鮮な考え方が含まれていた。

　新しく生まれ変わるアスター工販は、今年度三〇億円、累積では二二〇億円の赤字の体質を背負い込んでの再出発である。

「これまでこの事業本部の花形ビジネスは大型機A、B商品群だと考えられてきました。多くの社員がアスター事業C〜F商品群の大赤字を、人ごとのように考えている雰囲気がありました。しかもC〜F商品群の『創る、作る、売る』のサイクルは、アスター事業とアスター工販の二社の間で分断され、事業責任は曖昧でした」

　新体制では、C、D、E商品群の事業損益が赤字になれば、そのすべてがアスター工販の決算に表れる。

「新しい体制の下でアスター工販の社員は、C、D、E商品群と一蓮托生（いちれんたくしょう）になります。すべての仕事が一つ屋根の下で完結します」

シナジーなど幻想だった

タスクフォースの「スモール・イズ・ビューティフル」の探求はさらに続いた。

新生アスター工販の中を三つのビジネスユニット（BU）に分け、それぞれが「創る、作る、売る」を自律的に回す組織を作るというのである。

川端祐二はその組織をBU1、BU2、BU3と呼んだ。それぞれC商品群、D商品群、E商品群の事業を推進する組織である。

ビジネスユニットの規模は、BU1が売上高七〇億円で社員数一三四名、BU2が売上高一〇〇億円で社員数一四四名。

BU3は今までプロジェクトチームにすぎず、売上高も一〇億円で低迷していたが、二五名の組織にする。

従来の産機事業本部全体の売上高四一〇億円、七一〇名という規模に比べて、アスター事業は社長や人事総務といった管理部門の人員を含めて三二〇名、さらに三つのビジネスユニットはどれも様変わりの小ぶりの組織である。

ここで香川社長が今日初めて、プレゼンを遮って質問をしてきた。

「川端君、そこまで細分化すると、かえって効率が悪くなったり、人員増にならないのかね」

タスクフォースは四カ月間、まさにその疑問を検証するために作業してきたのだ。

明快な答えがすぐあとに準備されていた。香川社長は川端祐二の顔を見て思った。彼のことは知っていたが、いままで話す機会が多かったわけではない。けれども黒岩莞太がこの男をタスクフォース・リーダーに引っ張り出したことで、もしかすると太陽工業の新しい経営者予備軍の一人が現れたのかもしれないと。

実際、川端はこの改革が終わった後、アスター事業を超えて太陽産業の中で急速な昇進を遂げていくことになる（経営ノート⑦参照）。

「C、D、E商品群は技術的に似たような商品に見えます。ところが、よくよく分析してみると、実際にはまったく異質のビジネスであると定義すべきことが判明しました」

この分析はきわめて重要である。それによって本当にスモールがビューティフルになるのか、それとも小さいだけで中身は非効率な混合なのか、結論がまったく変わってくる。

1. C、D、E商品群はそれぞれ売り先の市場セグメントが違う。アスター工販の営業担当は一人ですべての商品群を扱ってきたが、複数の商品群を買うニーズを持っている顧客はほとんどいない。つまり、戦略的に、営業面でこれら商品群を一緒に扱うことの「相乗効果」は低い。これは画期的な発見だった。

2. 開発センターにおいても、技術者は商品群別に、いまでも完全に分かれている。技術は専門化していて共通部分が少なく、人材の互換性も低い。現に人事交流はあまりない。

3. 生産活動も商品群によって内製、外注に分かれ、同じ外注の場合でも外注先が異なり、生産技術も異なるため、互いに規模の利益を得られる組み合わせではない。

アスター事業［新組織案］

分社とビジネスユニット制により「組織変革・10の狙い」に近づく

1 **産業事業本部の組織をまず大きくＡＢ商品群とＣＤＥ商品群の2つに分離する**

- 産業事業本部はＡＢ商品群に特化
- ＣＤＥ商品群の組織はアスター工販に集約（分社化）

2 **アスター工販の中でＣＤＥ商品群を3つのビジネスユニットに分ける**

- それぞれ一気通貫組織に
- 利益志向戦略で赤字脱却へ

3 **ビジネスユニットはスリム化効果を生む**

- 組織の階層が減る（フラット化）
- 一人何役の「多能工化」を推進

4 **アスター工販は産業事業本部の連結子会社として一体運営**

- 将来は上場の夢も
- 再建失敗の場合には会社を清算ないし売却（最悪のシナリオ）

産機事業本部従来組織

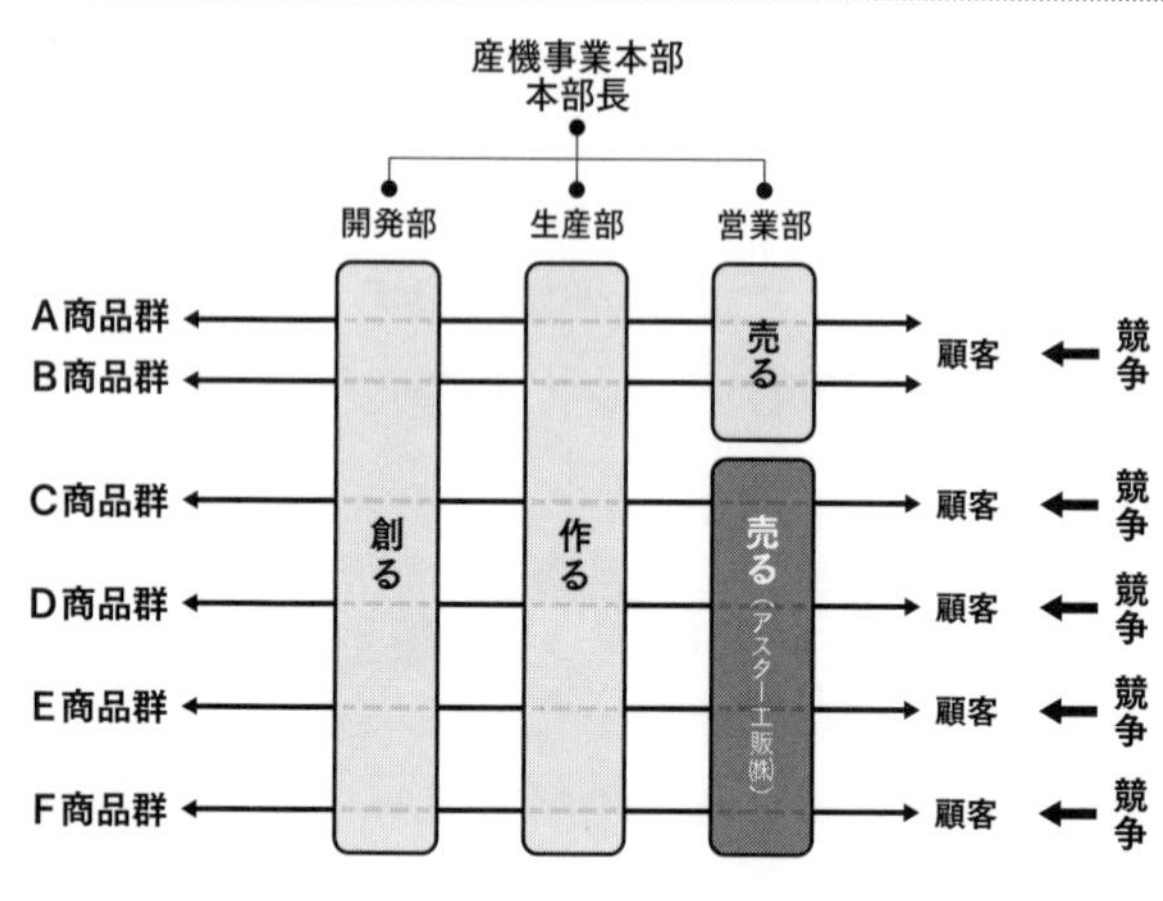

4. 生産管理、購買、品質管理、カスタマーサービスなどの機能も、それぞれの部署の中を見ると、担当者がきれいに分かれている。

「社長、要するに現場レベルの仕事は、昔から商品群ごとに分かれているんです。『創る、作る、売る』の一気通貫組織を組み立てるのであれば、単に各部署から商品担当者を呼び集めればいいだけのことだと分かりました。

古い組織センスで言えば、それはあたかも、商品群別に委員会を作るようなものです。それを常設の組織に変えれば、たちまちにして『組織変革　一〇の狙い』を劇的に実現することができるというわけです」

普通に読み進んでくれば当たり前に思えるこれらの分析が、その場の香川社長にも、飯田副社長にも、大きな衝撃を与えた。

なぜならそれは、アスター事業の「社内常識」を大爆破する論理だったからである。香川社長は思っ

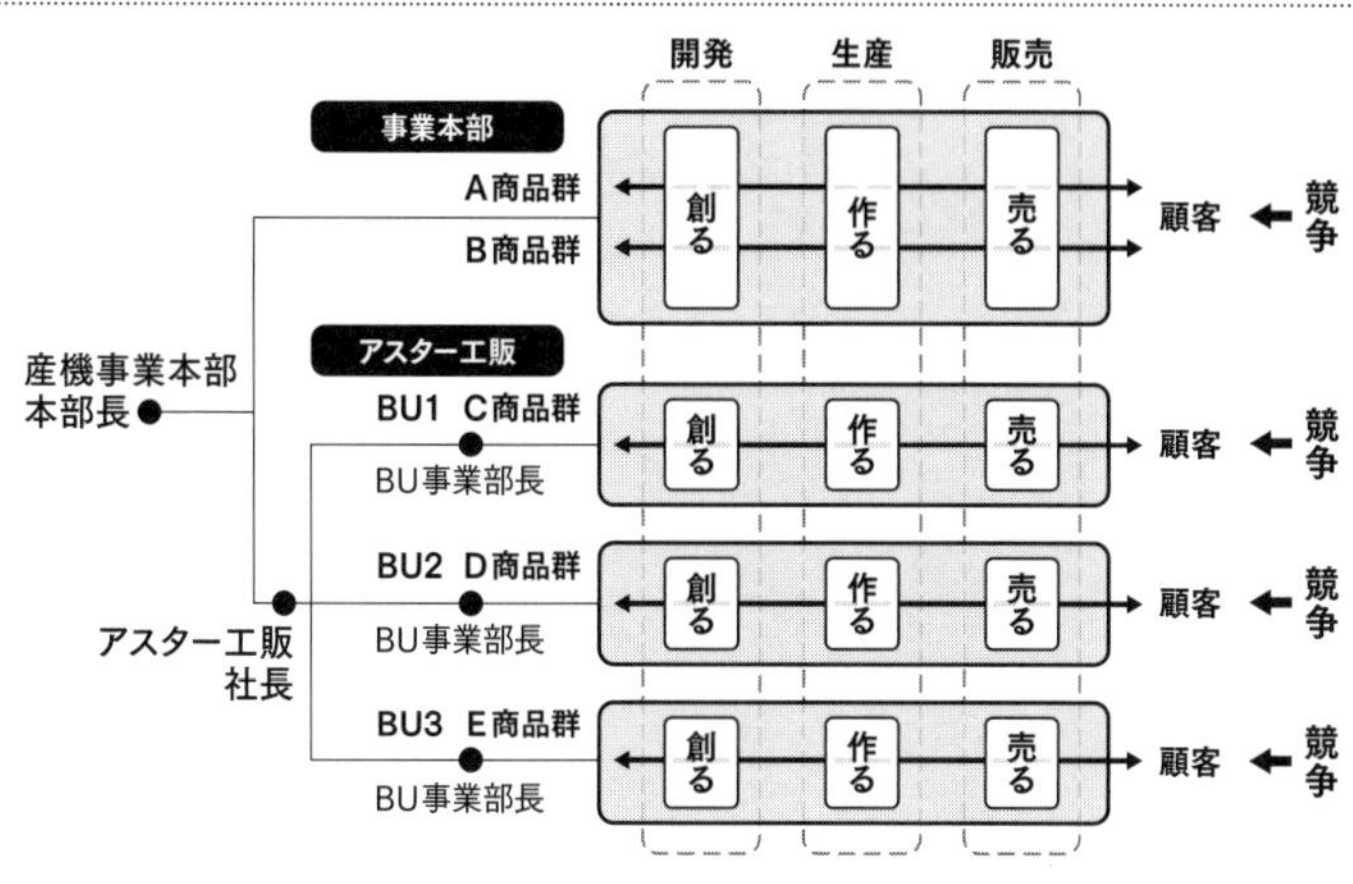

た。

「自分が聞いていた話は逆だった。あれはウソだったのか」

それまでの社内常識とは、「大型のA商品群を基軸にして、六つの商品群は市場的にも、技術的にも、補完関係にある。これらの事業の組み合わせは、太陽産業の強みである」というものだった。

ところが今回、タスクフォースが戦略的視点で整理してみると、まず、顧客セグメントが商品群によってまったく異なっている。

すなわちAB商品群は大企業相手。C〜F商品群は中小企業相手。市場特性が違う。

その中小企業市場について、社内では約三万社の市場だと十把ひとからげに言っていたが、正確に言えばC〜F商品群の顧客はそれぞれ分野が異なり、互いに関係が薄かったのである。

これでは、いくら商品群を増やしても、相乗効果など出てこない。営業効率も上がらない。社長は気づいた。

「同じ六商品群をすべて扱っている競合企業が世に一社もないのは、そのせいだったのだ。われわれは、愚かな思い込みで、相乗効果のない小さな商品群を集めてしまったのだ」

つまり、業界の中でアスター事業だけが総花的デパート経営になっていたのだが、本当のデパートほどの相乗効果はなかったのである。

そして社内を見れば、組織は分散し、経営は散漫になっていた。六つの商品群を抱えていることが戦略的優位を生んでいた証拠などどこにも見当たらなかった。

現実には、商品群一つひとつがそれぞれ貧弱な中小企業のゲームを演じてきて、すべてが負けているのだった。これが、タスクフォースの提示したC～F商品群の不振の基本図式だった。

社長は分かって来た。

「強みと思っていた事業の組み合わせそのものが、実は赤字の元凶だった」

これを聞いて読者は「何と馬鹿な会社だろう」と思うかもしれない。しかし太陽産業の社員は、馬鹿でもなければ、ウソつきでもなかった。世間的には標準以上に優秀とされる社員だった。

それでもこんな戦略的過誤が起きている例は、あなたの周りにいくらでもある。これもまた経営リテラシーとリーダーシップの問題なのだ。

深刻な問題は、その戦略の間違いを長い年月気づかず、そのまま放置してきたことである。赤字で事業閉鎖になりかねないどん詰まりに至るまで、そこにいた幹部が誰も是正のリーダーシップをとらなかった。

それが、過去のことを踏襲することしかやらないサラリーマン体質だと言わずして、いったい何だろう。

アスター事業［ビジネスユニット組織］

各ビジネスユニット（BU）は「創る、作る、売る」を自律的にまわす。

1 明確な戦略の立案

- すべての出発点は「顧客」と「競合」の視点（社内論理ではない）
- 「絞りと集中」の戦略

2 各BU内で「5C（5つの連鎖）」を抜本強化

3 意思決定の迅速化

- 例えば、現在30名が出席している事業部経営会議
  - ↳各BUの経営会議に権限委譲
    それぞれBU幹部6名程度で
  - ↳アスター工販の全社経営会議
    社長、BU事業部長3名、スタッフ3名、合計7名程度
- 事業部横断的な会議や委員会を削減
  - ↳12→3（権限をBUに委譲）

4 「BU事業部長」に思い切った若手登用

- すべての成功のカギは彼らの選任

それは太陽産業特有の現象ではない。社員個人に帰する問題でもない。日本企業の経営組織に広く見られる病理現象であり、それが日本経済の地盤沈下を招いている。

香川社長は川端の説明に納得した。

これなら組織を分けることには合理性がある。今より非効率になったり、人が増えてしまうという弊害も、論理的にはほとんどないだろうと判断できた。

しかしすぐに、社長には次の疑問が浮かんだ。

「君ね、商品群の相乗効果が弱いと言うなら、今さらすべての事業に取り組む意味はないだろう？捨てるものはさっさと捨てて、勝負を絞ったらどうだ？」

まさに経営者ここにありの、核心をつく指摘だった。社長がつまらない質問をするなら、権威主義だけがまかり通る。社長が本質をつき、部下との智的応酬が盛り上がれば、その組織は必ず元気になる。

横に座っていた黒岩莞太が、ここは自分の出番だと、その質問を引き受けた。

「社長、われわれも同じように考えています」

そう言ってシナリオをこう整理した。

1. すでにF商品群の撤退を決めた。「絞りと集中」の第一弾である。
2. さらにC、D商品群それぞれの中で品目を大幅に削減して「絞りと集中」の戦略を徹底させる。
3. まずそこまでを実行に移し、三つのビジネスユニットがどれほど元気になるかを見極めたい。

過去の経営があまりにも甘く、社員の士気も低かったので、意外と大きな活性化が図れるという予感がある。これを見極める時間軸は一年間としたい。

4. 活性化が無理と判明したビジネスユニットは、その時点で撤退を決定する。それで浮いた人員などの経営資源は残りの事業に集中する。

5. 三つのビジネスユニットがすべてダメなら、アスター事業は清算ないし売却する。その見極めを含め改革（イコール黒字化！）を完遂する時間軸は、社長が設定した二年間。そのためには、一年以内に単月黒字の月が出るようにする。

香川社長はそのシナリオに完全に満足した。

壊創変革の要諦26【戦略は仮説】

戦略とはまだ実行していないことを決めるのだから「仮説」である。ということは、考えた戦略が優れているかどうかは、仮説として良いか悪いかで決まる。だったら仮説として良いか悪いかは何で決まるのか。それは仮説の論理を貫いている「ロジック」が明快かどうかに尽きる。

ヒエラルキーを崩す

次いで、兼務メンバーの赤坂三郎が前に立った。社長の前でガチガチに緊張した顔だった。

だがその内容は、香川社長も驚く営業組織の革新を含んでいた。

アスター工販の営業組織を三つに分割し、BU1、BU2が、それぞれ四五名の営業担当を抱え、BU3は新たに専任の営業部隊一〇名を持つ体制だった。

これまで五カ所の支店に分かれ一〇〇名足らずの営業組織だったが、それを三つの全国組織に分け直すというのである。

「この人数なら、BU本社の営業部が全国の営業担当を直接管理することが可能だと気づきました。完全な文鎮型（フラット）組織です。

BU1とBU2にはそれぞれ営業部長と副部長二名を配し、合計三人で営業担当の指導に当たる体制をとれば、この組織は動くと思います……これまで支店で管理していた人数から言っても、それほど無理ではありません」

それにしても、これは大変な変更である。赤坂三郎が必死の説明を続けた。

1. 支店長、営業所長がいなくなる。営業担当一人ひとりが自分の店を張り、独立採算のプロ根性で仕事をすることが求められる。
2. 本社を「遥か遠い中央官庁」と感じていた末端営業担当は、これから全員が月一回本社に集まり、営業部長だけでなくBUトップと顔を合わせて営業会議を行う。事業戦略は生の声で直接解説され、末端活動のフォローもその場で行う。
3. その会議にはアスター工販の社長やBUの開発責任者、生産責任者などが同席し、納期問題、クレーム対策、開発計画などあらゆる情報を、わずか数人で交換し、共有し、そこで決定を下し、そのあと皆が一斉に動く。

アスター事業［営業組織の改革］

現在の営業組織を抜本的に再編する

1 それぞれのビジネスユニットが専属の全国営業組織を持つ
- これでＢＵは完全一気通貫を実現

2 支店・営業所を全廃する
- 各ビジネスユニットは本社から全営業担当を直接管理する（全員が文鎮型のフラット組織）
- 月一回、全営業担当をＢＵ本社に集め営業会議（直接のコミュニケーションや戦略指導）

3 戦略的な営業活動フォローアップシステムを確立する
- 戦略商品の明確化
- セグメンテーション、重点顧客を絞る手法の導入
- 個人別訪問管理
- 顧客別進捗管理システム

4 販売ツールの整備、営業トレーニングを充実

5 成績評価の明確化
- 「やってもやらなくても同じ」の排除
- インセンティブ体系の見直し

4. 従来のアスター工販営業本部や営業企画室は廃止する。BUはミニ会社のようなもので、マーケティング戦略や営業管理などもBU毎に、自律的に行う。

5. 勤務場所としての支店、営業所は残す。配送や電話応対などの最小限機能を残す。間接人員、経費とも大幅な削減になる。

これまでアスター工販社長→営業部長→支店長→営業所長→営業担当というヒエラルキーに慣れ親しんできた営業担当にとって、これはコペルニクス的転回に違いなかった。

この新組織が「五つの連鎖」を劇的に改善することは明らかだった。

もちろん黒岩莞太は分かっていた。全国の営業担当を文鎮型のフラット管理にすることは、営業担当の人数が少ないからできることだ。

もし業績を回復させることに成功し、営業担当の人数を大幅に増やすことになれば、地域単位かグループ単位の何らかの中間管理層を「一層だけ」増やすことが必要になるだろう。

それでも、従来の営業組織とは、比べものにならないほど俊敏な組織設計だ。

香川社長はこの組織論の話に入ってから、初めのうち、「これは、どうかな……」と懐疑的な感じだったが、途中から目つきが変わった。変化のスケールが予想外に大きかったのである。

これまでの「社内常識」では、産機事業本部全体の七一〇名の組織は分けられないと信じられてきた。これ以上組織を小さくすることは無理だと思われていた。

ところが今は商品群の相互関連性は薄く、四つに分けても害がないだけでなく、戦略的にはむしろ戦闘力が上がるという。

事業の絞り

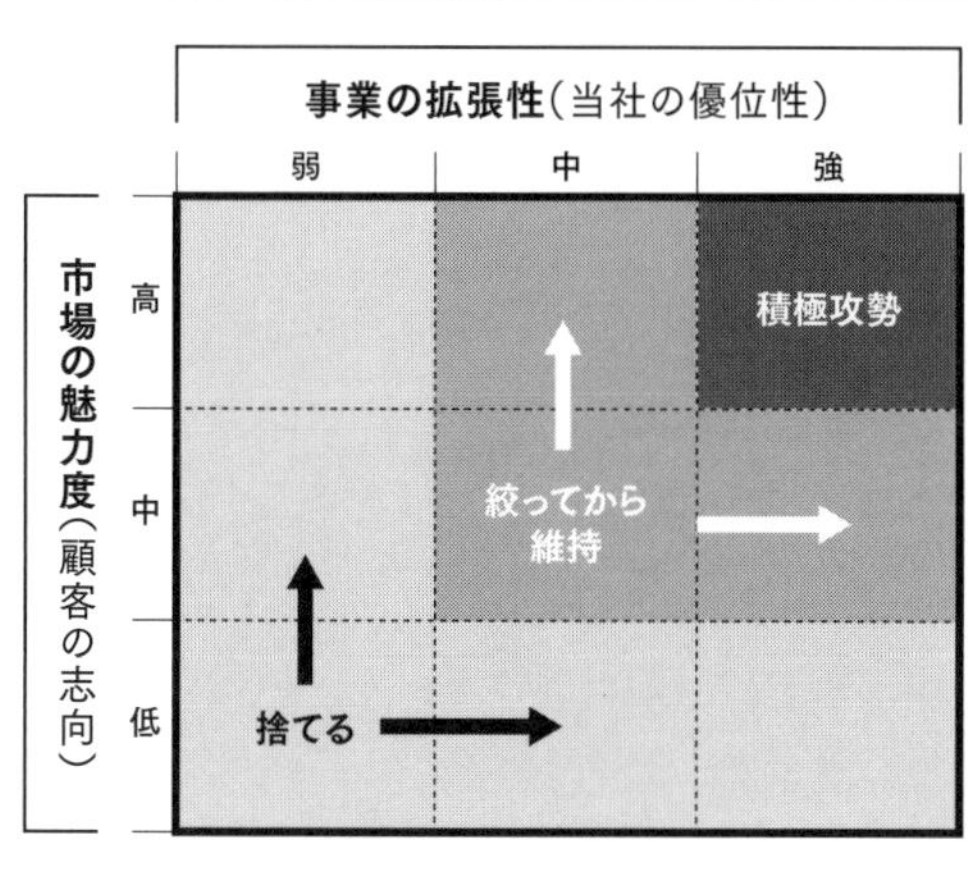

今日のプレゼンの前半に出てきた一気通貫の発想は、理屈だけではなく、こんな変化を起こすことができるのか。

香川は、黒岩たちのコンセプトに俄然（がぜん）、興味を抱いた。

「いまの組織の閉塞感（へいそく）を、打開する原理として面白い」

「いろいろ形を工夫すれば、これは大企業の大組織にも応用性がある」

事業の「絞りと集中」

読者は、合宿で黒岩莞太がこう言ったのをご記憶だろうか。

「お粗末な戦略を高速に実行するのでは、かえって始末が悪い」（第三章）

タスクフォースのここから先の説明は、新組織に乗って、それぞれの商品群の戦略としては、何をするのか、つまり戦略の中身だった。

星鉄也（事業企画室D商品群担当、三九歳）が前に立った。彼の担当はBU1（商品群C）のビジネスプランを説明することだった。

「BU1には七つの主要商品、アイテム数にして約二〇〇商品が含まれています。そのほとんどが赤字です。われわれは事業の『絞りと集中』を図ります」

星鉄也たちは、どのような考え方で絞るかにさんざん苦労した。

何度も黒岩統括からダメが出た。この難渋のために、タスクフォース作業の最後は追いつめられて、本当の修羅場になった。眠れない日が何日も続いた。

ようやく、「市場の魅力度」（今後の成長性や市場規模など）と「当社の優位性」（商品特性、技術力、チャネル、ブランド力などについて競合と比較）を掛け合わせたマトリックスを作った。

この種のマトリックスとしてはとりわけ新奇性はないように見えるが、新奇性を狙うことは重要ではなく、「その会社のそのときの状況」にぴったりくるセグメンテーションに行き当たらなければならない。

カギは顧客が何を求めているかだ。

それについては、タスクフォースは営業担当を集めて討議をしたり、「好意的な顧客」と「そっぽを向いた顧客」への聞き取り調査を集中的に行った。それによって顧客ニーズの把握に努めた。

詳しい説明は省くが、星鉄也たちのマトリックスにはタテ軸、ヨコ軸それぞれにもう一つのマトリックスが隠されていて、実は全部で四つの戦略要素が組み合わされていた。

つまりタテ、ヨコの二次元ではなく、四次元の立体マトリックスを意味していた。

星鉄也はこのマトリックスに基づく「絞りと集中」の戦略を語った。

「マトリックスの右上コーナーに入った商品は『積極攻勢』で打って出ます。その次のレベルは品目を厳選したうえで『維持』、最後のレベルはすべて『販売中止』です」

この手法でBU1の主要商品は二つが積極攻勢、三つが維持、二つが撤退に分けられた。

香川社長は再び「これはいい」と思った。

旧体制で長年決め切れなかったのに、この三九歳のスタッフが戦略を論じ、そこから思い切った「絞りと集中」の結論を導いていた。その結論は、商品アイテム数で言うと約四三%もの大胆な品目削減だった。

壊創変革の要諦27【戦略マップ】

戦略マップとはトップの考えを幹部・社員に徹底する戦略指針。マトリックスにするのが効果的。日本の大企業に多い漫談的、総花的計画書は戦略マップが持つべきコミュニケーション効果が薄い（前著『経営パワーの危機』から引用）。

このあと、開発戦略が同じマトリックスで説明された。要するにマトリックスが、部門と部門をつなぐ役割を果たすように工夫してあった。それが、社内の「戦略連携」だった。

「従来、一つのモデルを開発するのに二年近くかかっていたのですが、それを短縮し、『積極攻勢』の中から一品目を選び、それを緊急プロジェクトとして六カ月で商品化します。既存技術の組み合わせですから、可能だと思います」

香川社長は複雑な気持ちでそれを聞いた。そんなことができるのなら、アスター事業のこれまでの経営はいったい何だったのか。

星鉄也はさらに生産部門でも、同じマトリックスに基づいて、コスト削減プロジェクトの優先品目を決めていた。

「どれも考え方は単純、しかし実際に機能させるのは簡単ではありません。カギはBUトップの存在と、その動きです。この組織になれば、営業部も開発もBUトップの下で同じ戦略に従って動きます」

今までアスター工販の営業担当は、C〜F商品群のすべてを対象に、実質的には「何でもいいから売ってこい」という営業活動をしていた。

営業担当の頭の中は、たくさんの商品でごちゃごちゃだった。一つひとつの商品知識も薄かった。それに対してBU1に所属する営業担当は、これからC商品群のことだけを考えればいい。さらに、「積極攻勢」の二品目については徹底トレーニングを受けて、これからは朝から晩までその二品目のことを考えながら走り回ればいい。「維持」商品は、そのついでに売り込むという位置づけであった。

壊創変革の要諦28【営業担当の考え方を単純化】

営業戦略のカギは、営業担当の頭の中をスッキリさせて彼らの心理的集中を確保することである。彼らが朝、家の玄関を出るときに、今日は何を売りに行くのかが明確になっているかどうかだ。

加えて営業担当の背後には、今までとは打って変わって、自分の戦略商品を支えてくれるビジネスユニット専属の「創る、作る、売る」の組織が付いている。

また、緊急開発プロジェクトで指定され、新商品が短期間で開発される。工場におけるコスト削減活動も優先商品を絞って進められる。

小さな組織の中で、クレーム対策なども早く動くことになるだろう。

こうした動きを見れば、営業担当は元気づけられ、自分が売ってこなければ開発や工場の人たちに顔向けできないと頑張る気持ちになるという狙いだった。

営業活動の「絞りと集中」

「営業担当に重点商品を指定することは、どこの企業でも行っています。われわれはその先を目指したいと考えます」

そう言って星鉄也は、BU1における営業戦略マップとそのフォローアップ方法を説明した。

黒岩統括と何日も膝(ひざ)を突き合わせ、検討を重ねた中からひねり出した戦略ツールだった。

それは営業担当が、自分の担当地域の中のどの顧客のところに行けば、C商品群の戦略商品の「売り込みに成功する確率が高いのか」を示す手法だった。

つまり「営業戦略マップ」は営業担当に「この顧客に重点的にアプローチしろ」と教えるばかりでなく、「この顧客のところには行くな」と教えるものだった。

営業担当に持たせたパソコンにそのソフトを入れると、営業担当は自分の営業活動を組み立てることができる。しかもそれは営業部長にもつながっている。

「BUの営業部長は、営業担当が優先セグメントの顧客を本当に訪問しているのか、余計なところに行っていないか、などをデータとして把握できます。北海道から九州まで一括して見えます。さらに顧客別に注目すれば、重点顧客それぞれについて、拡販活動がどの程度進んでいるのか、その『顧客別の進捗度』も見えてきます」

壊創変革の要諦29【トップのフォロー】

著者の体験では、戦略の切れ味は内容の善し悪しを考え抜いたかどうかもさることながら、上司が組織末端での実行活動をしつこくフォローしているかどうかのほうが結果に大きな影響がある。皆が「自分は見られている」と感じることが重要なのだ。戦略を決定したらそれで自分の役割が済んだつもりのトップは多いが、それは間違いである。

壊創変革の要諦30【モニターするシステム】

営業部隊に戦略指針を与えても、その実行をモニターするシステムがなければ、戦略は往々にして骨抜きになる（営業セグメンテーションとその進捗フォローについては、第一巻『決定版　戦略プロフェッショナル』参照）。

星鉄也は営業出身の古手川修や赤坂三郎たちと、世の中で使われている営業ナビゲーションソフトをいろいろ見たが、どれも不満だった。高額な導入費用の割には戦略とのつなぎが弱かった。

そこで、独自のソフトを自分たちで作ることにした。若いPCオタクの社員一人に命じ、マイクロソフトのアクセスとエクセルを組み合わせれば短期間で作れる。

最後に星鉄也は、ＢＵ１の今後三年間の損益計画を示した。

「二年目の上期には期間損益を黒字にするという計画です」

香川は半年ほど前、黒岩莞太と話したことを思い出した。自分で二年以内の黒字化を命じておきながら、黒岩莞太が「改革初年度の下期には、単月でも黒字の月が出るようにしませんと」と言ったときには、ぎょっとしたものだ。

何としてもこれを実現してもらわなければならない。

驚きの合理化効果

このあと古手川修が登場し、ＢＵ２のビジネスプランについて、続いて猫田洋次と赤坂三郎がＢＵ３の説明をした。いずれも話の構成はＢＵ１に似ているので割愛する。

さらに製造部次長の大竹政夫が生産戦略、調達戦略を説明した。

最後に、事業企画室の原田太助が新生アスター工販全体の損益見通しを解説した。

ここで川端祐二が立ち上がると、タスクフォースが算出した新しい合理化効果の説明を始めた。

それは当時の経営常識からすれば、「発見」と呼びたくなるような驚くべき内容だった。

「実はこのビジネスユニット制を導入すると、必要な人員数が増えるどころか、逆に、相当の合理化効果の出ることが分かりました」

香川社長は驚いた。今までの常識に逆行する話だと思った。

スモール・イズ・ビューティフルのＢＵ組織に分けると、それぞれの仕事の機能が分散されて無駄が生まれ、全体で以前と同じ活動レベルを確保しようとすると、人員数が増えてしまうのではないかと、誰もが心配していた。

例えば、これまで一人でこなしていた仕事を三つのBUそれぞれに分散するとなれば、〇・三人ずつ配置するわけにはいかないから、結局三つのBU合計では、現状の一人よりも多い人員が必要になると思いがちだ。

「われわれもそれを一番恐れていました。けれども事実は、その反対だと分かって来たのです」

川端によれば、「商売の基本サイクル」を短絡化することによって、明らかにリエンジニアリングで言われてきた「組織の中抜き現象」が出てくるというのである。

「合理化効果を狙うカギは、トヨタ生産方式で言う『多能工化』の概念でした。黒岩統括の指導で、われわれはその考え方を今回の組織改革に応用できることに気づきました」

トヨタ生産方式では、工場の工程で一人一台の専用機械に張り付いて働いている社員は、機械が動いている間に、短い時間だが立って見ているだけとか、いわゆる「待ち時間」によるムダが発生することが多い。いわゆる外段取りと言われるような作業をさせるにしても、どうしても待ち時間が出る。

そこで社員に機械一台でなく二台以上を持たせたり、次の工程の機械の技術も覚えてもらったりして、いわゆる多台持ちをしてもらう。すると、機械一台の専任だったやり方に比べて、作業時間の無駄が減り、工場全体としてはかなり生産性が上がる。それが多能工化の原理だ。

川端は、それがアスター事業の組織改革で、どのように効いてくるかを説明した。

1. 工場の生産管理、資材、製造、生産技術などの機能を各BUに分散させると、人を増やす必要があるように見える。ところが、各BUの中で一人何役かの仕事をこなす『多能工化』を図ると、それにより人を増やすどころか、むしろ減らせることが分かった。今までの組織に、目に見えないかなりのムダが隠れていたことが分かってきた。

2. 同じように、総務・経理・人事などの、いわゆる間接部門業務をしている人にも、各BUでは『多能工化』を徹底する。

3. 新会社には三つのBUを置くから、従来よりも三人の事業部長が増える。しかし、BU内の幹部は従来の役員クラスよりも若い社員だ。全体で見ると役員を含む管理機能の給与総額はかなり減る。

4. 従来の機能別組織の発想の下で、アスター工販以外にも、いくつかの小さな生産子会社などが存在していた。これらを「創る、作る、売る」の概念で、各BU組織の傘下に取り込んで、統合や合理化を図る。各社の機能の重複分だけ人が浮く。

5. 新しい営業組織は完全フラットだから、支店長、営業所長らが要らなくなる。支店、営業所の事務など間接人員も、アスター工販本社に事務センターを設置して集約することで、かなり削減できる。

6. 納入した機械に対する補修サービスは、工場の『多能工化』と同じで、一人の技術員が扱う機械の種類を増やし、扱える修理の技術を広げてもらうと、サービス活動の効率が上がる。そもそも、お客様からの求めに応じて修理に行くのではなく、今後は平時の保守点検サービスを増やす戦略を展開する。お客様は故障で生産が止まることを未然に避けられるから、有料でも歓迎してくれる。

横から黒岩莞太が補足した。

「こうした合理化効果が期待できますが、この改革は従来のリストラのように『人減らし』を目的にしているわけではありません。あくまで『攻めの戦略』に回帰し、市場で勝ち戦ができる組織に立て直すのが目的です。攻めに必要な営業担当や新商品開発の技術者は人数を増やします」

タスクフォースは、新組織がどれほどの人員で動くか、何度も試算を繰り返したという。

川端は結論を言った。

「現在のアスター事業の人員数は三八七名です。新体制では、営業担当や開発に二〇名程異動させ、増員を行います。戦略強化です。それでもなお、総人員を減らして三二〇名程度でスタートするのが可能なことが見えてきました」

香川社長はまたエッと思った。何か手品を見せられた気分だった。

社内では、これまでのたび重なる人員削減によって、これ以上の合理化は無理だと信じられていた。人をさらに減らせば、「事業が壊れる」とまで言われていた。

ところがこの新組織コンセプトでは、さらなる効率化が図れ、しかも縮み志向ではなく、あくまで攻めの戦略を実行していくというのである。

この事業は、過去七年間で二二〇億円の赤字を出し、死の谷を彷徨(さまよ)ってきた。あと二年という期限の中で、このシナリオは本当にそこから脱出することを可能にするのだろうか。

ところで黒岩は、この人員削減効果を「改革の効果」として社員たちに発表するつもりはなかった。

アスター工販が社員数をあと一〇%強減らしたからといって、この大赤字から脱却することはできない。しかし人減らしができることを改革効果として語れば、社員の多くは、この改革は人減らしのために行うのだと誤解する者が増えるだろう。

それは最悪の改革シナリオだ。組織をただ小さくすることだけを考えるなら、事業清算に走ればよい。そうではなく、この改革では事業戦略とビジネスプロセスを抜本的に改め、「戦闘力の結集」を図るのである。

彼らの「マインド・行動」に強烈に働きかけていかなければならない。

黒岩莞太は「絞りと集中」の論理を組織面に当てはめ、営業や開発はむしろ増員することを前向きに打ち出すつもりだった。

これは今回の改革のトーンを決める、重要な判断だった。

壊創変革の要諦 31

【人減らしと改革を併せる愚】

戦略的な攻めの改革が「人減らし改革」だと受け取られてしまうと、改革者のやることなすことすべてに対して社員は防御的になる。これらの二つを同時に打ち出すことは愚策である。どうしても人減らしをやらなくてはならないのならそれを先行させる。その否定的雰囲気を一回だけで終わらせ、あとは積極的な前向きの改革に転じる。

香川社長は「分かった」という表情で黙って頷いた。

これで今日のすべてのプレゼンテーションが終わった。

トップの共感

ディスカッションの時間が残されていた。香川社長はメガネをはずし、目の前に座っているタスクフォースのメンバーをぐるりと見渡した。

皆は固唾をのんで、香川の第一声を待った。

社長は穏やかな表情で、ポツリと言った。

「君たち、よくここまで整理してくれた……」

さりげない言葉だった。しかし、明らかに肯定する言葉だった。

その一言を聞いただけで、皆の感情が揺れた。

星鉄也も、青井博も、その場にいたタスクフォースの全員が同じだった。彼らはホッとして、言いようのない安堵感を覚えた。

この四カ月間、ずっと不安だったのだ。

最後に上から「何だ、これは」と否定され、葬り去られるのではないかと恐れてきた。この会社で前向きに仕事をしようとした者は、誰もが過去にそんな経験を持っていたからだ。

今、社長は自分たちの仕事を認めてくれた。

もし香川社長が批判的な態度なら、また別の作業のやり直しだろう。そうなれば、このあとどれほどの混迷が生じるだろうか。同じような修羅場の作業を、もう一度繰り返す気力は残っていなかった。改革チームは何がなんでも、ここでお墨付きをもらわなければならないという背水の陣だったのだ。

川端祐二が横を見ると、黒岩莞太は微笑しており、彼も明らかにホッとした雰囲気だった。だがまだ、香川社長のコメントは終わっていなかった。

突然、思いがけない言葉が社長の口をついて出た。

「……アスター事業がこんなことになったのは……これは経営者の問題だね……ここまで問題を放置させたのは……社長である私の責任だと思う」

会議室が一瞬、沈黙に包まれた。

タスクフォースの面々がさっきから感じていた安堵感は、一瞬にして感動に変わった。

四カ月前、黒岩莞太が皆に言ったことが、そのまま実現したのである。

香川社長はたった今、目の前で、これは人のせいではない、「自分もまずかった」と言ってくれたのである。実は歴代の社長の責任が大きかったことは誰もが知っている。それをすべて背負って、香川社長はここで自分の責任を口にしたのである。

星鉄也や古手川修たちは、ついさっきまで遠い存在にすぎなかった香川社長との距離が一気に縮まったような気がした。

「正直な感想を言えば、F商品群の撤退にとどまらず、もっとドラスチックな事業縮小案が出てくるものと私は予想していた」

ところが今日のシナリオは、ほとんどの事業を温存し、その活性化を図る内容である。この一〇年程に繰り返された改革失敗の再現にならないか。さらに赤字を垂れ流すことにならないか。

しかし、香川五郎はこのシナリオに異論を挟む気はなかった。とりあえず自分に選択肢はないと思った。この作業をやり直させることは、時間と情熱の喪失を生むだけだろう。

アクションを始めさせることが先だ。ダメだったら事業を潰す。それしかない。

「この戦略でどこまで行けるか……君たちの考え通りにやってみればいい」

黒岩莞太と一緒に、一同が神妙に頷いた。

「ただし……私の立場は鮮明だ。とにかく期限は二年間。それを超えて、アスター事業が他の事業の稼ぎを食いつぶして温々と生き延びることはいっさい許さない……一円たりともだ」

川端祐二、星鉄也、古手川修、赤坂三郎……その場にいた全員がこの社長の重々しい声を胸に納めた。

「私も君たちを応援するよ」

経営トップとして責任を果たすという意味だった。

それ以上の質疑はなかった。

ニコニコしながら香川社長と二人の同席者が退出すると、黒岩莞太は川端祐二に握手を求めた。

がっちりと手を握ったあと、タスクフォースの全員に太い声で言った。

「この案でいいよ、出発進行だ！　皆よく頑張ってくれた」

「まず全員、一週間の休みをとってくれ。改革の本番に入ったらまたしばらく休めなくなる……」

このあとは役員会での説明、アスター事業幹部への発表、そして全国の社員への発表。

香川社長の承認によって、タスクフォースは吊り橋に第一歩を踏み入れた。

賽は投げられ、いまからルビコン川を渡るのである。

改革推進者と抵抗者のパターン

改革に対する反応にはパターンがある

ここから黒岩莞太とタスクフォースは、いよいよ本格的な改革活動に入っていく。社内に潜んでいた改革への期待感、その逆の警戒や抵抗の心理は、いよいよ表立った行動として表れはじめる。改革の旗印が掲げられたときに、一般に社員はどのような反応のパターンを示すのだろうか。

この先、このストーリーには改革の先導者、追随者、抵抗者などさまざまな類型の社員が登場してくる。改革者はその人々にどのような姿勢で接すればよいのだろうか。

そこで私（著者）の体験に基づき、組織の構成員が改革に対して示す態度にはどのような類型があるかを整理しておきたい。改革が成功するかどうかは、組織構成員がこれら類型のどこに分布しているかで決まってくるが、人々は改革の進行とともに所属する類型を移動していくので、改革者はその変化を敏感に見ている必要がある。

改革者は社員がどの類型に属しているかを見分け、それぞれに適したコミュニケーション姿勢をとっていかなければならない。

Q 改革扇動型

このあと、本来の類型分布であるタイプA～Eのことを書くが、その前に、いきなりタイプQのことを述べたい。

このタイプは普段は目立たないが、何か熱さを秘めていて、何かあると急に大きな声で旧体制を舌鋒（ぜっぽう）鋭く否定したり、強い改革論の主張で周囲を煽（あお）ったりする人である。社員数千人の会社でも、人数は限られるが、組織の隅っこで必ず生き残っているという変種である。思想的には先駆者だが、しばしば突出しすぎて周囲や組織から煙たがられて、支持を受けない。この類型の人は具体的実行に落とし込む実務能力に欠けていることが多い。強い指導者がうまく使えば生かされるかもしれないが、放し飼いは危険。このタイプが集団のリーダーの立場に立つと、活動が途中でバラバラになりやすい。

私はこのタイプの人を、初め、「A改革先導者（イノベーター）」の中に分類し、その中でも改革派の最右翼に入れていた。しかし、伊丹敬之一橋大学名誉教授から次のような指摘を受けた（共著『「日本の経営」を創る』の対談録から抜粋し要約）。

伊丹　こういうタイプの人をイノベーター、改革先導者の分類に入れていいんですか。私には、何か、エセ改革者のように見えるのですが。

三枝　鋭いですね。合意です。図の上での位置については私も迷いました。エセ改革者だから改革先導者に入れない方がいいのですが、私のように社外から来た者には、すぐに隣と見分けがつかない保護色をしているんで、まあこういうヤツもいるぞと、参考ま

改革推進者と抵抗者の組織13パターン

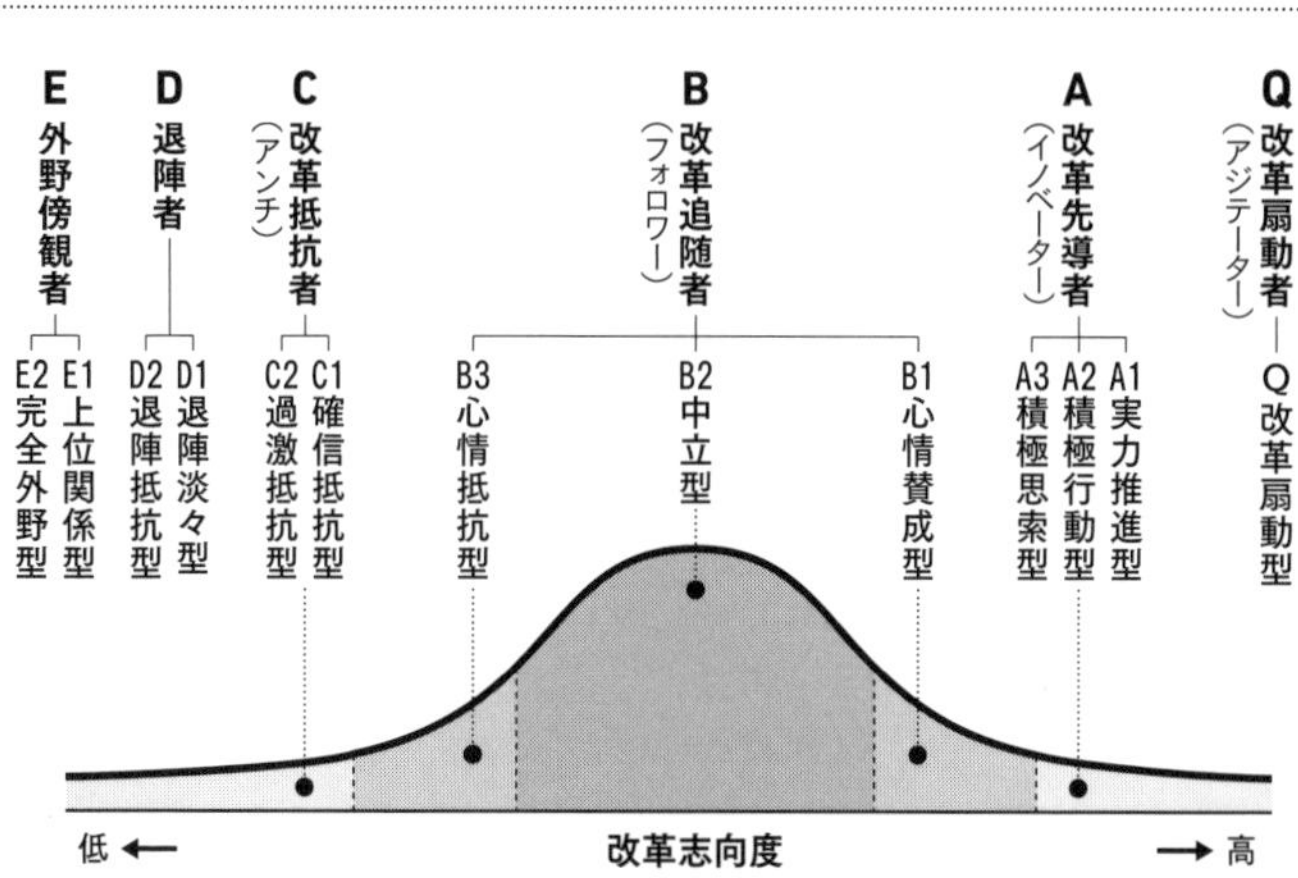

でに並べて書いておいたんです。

　会社が瀬戸際まで追い込まれていざ改革となったときに、改革者がまだわかっていなくて、こういう人を改革チームに引き入れてしまうと、周囲の社員はどっ白（ちら）けで、改革者の信頼性も一緒に疑われてしまう、といった事態への予防策として表示しました。

伊丹　このタイプは、言うことの新規性が社内で一番高いということで、改革型に入れたくなるのかもしれませんが、私の感覚からすると、一番のカギとして次の実力推進型が本当の改革先導者ですよね。こういう過激なタイプはむしろ抵抗勢力になりかねませんよね。

三枝　確かに、改革の新政権が誕生して自分がその中に選ばれていないと、バーンと批判側に飛んでいくことがある。

さすが伊丹教授。学者でありながら、経営の現場感のあるこういうコメントは彼の真骨頂である。彼の見方は正しい。そこで私は原著の分類を改め、本書ではこのタイプを「A改革先導者（イノベーター）」から外して、タイプQ（主張は激しく正しそうに見えるが、改革推進者に入れていいかはクエスチョンのQ）として独立させた。その人物は少し時間をかけてじっくり見分ける必要がある。

黒岩莞太は第六章で社員への改革プレゼンを行った時、一人の中堅社員の攻撃的な態度に遭遇する。黒岩がその場でとった瞬時の判断と強い対応を、読者はどのように見るだろうか。

A 改革先導者（イノベーター）

A1 実力推進型（改革リーダー）

強いリスク志向を持っているがバランス感覚があり、論理的、実務的に詰めながら改革を推進できる人。プレッシャーに強く、いざとなれば既存体質を切り捨てる気骨を持つ。古い体質の会社では、このタイプがQ改革扇動型と見なされて封じ込められたり、放逐されていたりすることがある。

黒岩莞太はアスター事業の再生ではA1類型の希望の星であり、黒岩によって引っ張り上げられた川端祐二も短期間で「A2積極行動型」からこの類型に移ってくる。

社長香川五郎は最高意思決定者であり、この二人を支える強力な改革スポンサーである。この三人のリーダーシップ体制がこの改革を成功に導く最大の要因になっている。

A2 積極行動型

改革リーダーを行動的に支える人。まだ経験や力量は不足しているが、将来の改革リーダー予備軍である。黒岩はこのタイプをタスクフォースに多く集めようとして、星鉄也、古手川修、猫田洋次などを選んだ。

ただ気をつけるべきこととして、この類型の人が早すぎる時期に経験不足のままリーダーになると、時に自分だけが突出して「ひとりよがり」「やりすぎ」になったり、小さな成功で「傲慢」になるなどの症状を見せたりして、時に自滅、放逐の目に遭う。

この類型の人にとってそれは人生の麻疹のようなもので、その失敗を一度越えると、打たれ強い「A1実力推進型」になっていく。

経営者的人材の育成では、このタイプの人々に、できるだけ若いうちにその麻疹を経験させることがカギである。日本企業の経営パワーが枯渇した最大の理由は、麻疹の経験を遅らせる人事体制をとり、また貴重な麻疹経験者に失敗者やはずれ者の烙印を押すことが多かったからである。

この類型からは、途中で指導者と考えが合わなくなったり自分の利益に反したりすることが起きると反発し、その行動的な強さから一気に「C改革抵抗者」の類型に飛んでいってしまう者も、たまに出てくる。育てたい人材として、肌感覚でコミュニケーションを図ることが大切だろう。

A3 積極思索型

改革リーダーと思想・行動を共にするが、自身がリーダーになって先頭を走るには不向きな性格の人。聡明で人当たりがよく、改革の当たりをソフトにしたり、逆に少し変わった人だが思想思索が深く、改革の知的発想を豊富にする人などが含まれる。一般に分析能力や文章能力に優れている。

強気の発言をしていたかと思えば、線の細さで意外にプレッシャーに弱く、修羅場の中で重い責任を負わせると、先に参ってしまうのはこの類型。

鍛えられて、その線の細さが太くなれば、その人は「A2積極行動型」に化ける可能性が出てくる（それを果たせば、次にホンモノの改革者「A1実力推進型（改革リーダー）」に進むルートが見えてくる）。しかし実際の私の過去経験では、線が太いか細いかは生来の性格によるところが大きいように思え、この類型から「A2積極行動型」に移行する人はそれほど多くないように思う。

ただうまく育てれば、強力なスタッフ部門の役員になる人たちだから、改革者はやはり肌感覚でコミュニケーションを図ることが大切だろう。

時々、やたらと明るく、熱心に改革に同調することを言うが、いざ具体的仕事になるとサッパリ無能という憎めないタイプがこの類型に紛れ込んできて、見間違えてしまうことがある。

B 改革追随者（フォロワー）

B1 心情賛成型（改革早期フォロワー）

心情的に改革の考え方は「正しい」と思いつつも、リスクを避けて様子見の姿勢をとる。時々、否定的言葉を口にすることによって自分の立場に保険をかけている。

改革がうまく進みはじめればA2、A3に加わってくる改革先導者予備軍である。社内の重要な人材は、改革の準備段階で、少なくともこの類型にまで巻き込んでおくことが大切。

口先では積極的なことを言っていたくせに、いざとなると改革の責任やリスクを部下や社外から来た人に負わせて、自分はこの範疇（はんちゅう）に潜り込むずるいトップや役員も時々いて、それは私にとっては「いつか見た景色」である。

B2 中立型（改革中期フォロワー）

危機感が弱く、変化願望も弱い「大衆層」の社員が多く含まれる。何が始まっても、まずは「お手並み拝見」の態度をとり、改革の進み具合、自分の利害得失、周囲の反応などを見て、肯定否定いずれかの方向に動いていく。

肯定と否定の言葉を同時に口にすることで保険をかけており、改革が成功すれば「自分も初めからよいと思っていた」と言い、うまくいかなければ「ダメだと思っていた」と言う。どちらに転んでも自分には大して関係がないと思っている罪のない人々だが、改革を成功させるためには、この大衆層を巻き込まなければならない。

B3 心情抵抗型（改革後期フォロワー）

攻撃的態度まではとらないが、改革に明確な距離を置く。軽度の面従腹背。改革リーダーに見えないところで、A2やA3の人たちを冷やかしたりする。

改革の成り行きに納得する気持ちが強くなればB2方向に移動し、やがて新組織に同化していく。改革が失敗方向に動きはじめたときには、この類型が急激に増殖し、C1方向に移動する人も増える。性格的にはごく普通の人が多いから、表面的なやりとりだけではB2と区別しにくいことが多い。

C　改革抵抗者

C1　確信抵抗型（反改革リーダー）

改革を「正しくない」と断じる論理ばかりか、改革者を個人的に「好きになれない」という強い感情を併せ持っている。実は感情のほうが先で、論理は後からつけたという人のほうが圧倒的に多い。思い込みが強いとC2に移るか、退職する。

強度の面従腹背。言いっ放しで構わない野党の強みを利用し、陰でかなり行動的に批判をばらまくので、それが改革者にも聞こえると関係がおかしくなる。米国なら早々に退職ないしクビだが、日本ではそこまでいかずに、居残るのが一般的。改革が成功すると、その過去の態度のために新組織に同化せず（あるいは同化を許されず）、会社の隅でおとなしくしているしかない存在になる。

日本企業には、幼児性が強く甘えている社員が多いため、自分がどんな悪作用をばらまいているのか自覚していない人もいる。改革の成功を見てシマッタと思う（感情を先行させたために、論理判断を間違えたと後になって気づく）人もいるが、組織内には感情的しこりが残っているので、短期で修復することは難しく、後悔しても遅い。そうなれば、もともと行動的なタイプのはずだからさっさと転職して楽しい人生を探せばいいと思うのだが、それほどのガッツもなく、社内の陰であまり恵まれないキャリアを辿る人もいる。

改革者の事前のコミュニケーション不足、稚拙なシナリオ、詰めの甘さ、急ぎすぎ、などが確信抵抗型の出現リスクを高める。お互いの不幸だから双方ともきちんと正面から話し合う努力をして、違いを理解し、早い段階でせめて中立型への移行を図ることができればいいが、現実にはそう簡単にいかないことが多い。

しかし、改革者が遠慮すれば改革者が殺される。この類型の人が否定的言動を続け、前向きな人々をくじけさせ、改革の積み木を崩そうとするなら、断固として「切るべきガンは切る」の蛮勇が必要になる。

C2 過激抵抗型

改革者と表立って対決し、場合によっては労働問題や法的問題にまで持ち込むなど、突出行動をとる。最後は退職ないし係争のケース。社内の支持者は少ないが、この類型が出現すると社内の改革の熱は冷めてしまう。それがこの類型の人の思う壺（つぼ）である。改革者への個人的恨みつらみ、思想的背景などがからんでいない限り、この類型の人は多くない。もし出現したら、改革者は一歩も引かず、食うか食われるかの戦いにならざるを得なくなる。

D 退陣者

D1 退陣淡々型

過去の自分の責任を認識し、潔く淡々と後任への橋渡しを行って、退陣していく。

D2 退陣抵抗型

自分が辞めることを納得せず、改革者への抵抗を周囲に煽りつつ、退陣していく。

E 外野傍観者

E1 上位関係型

たとえば本社人事部、経理部など、改革部門に対して牽制機能を有している上位組織や、社内取引の相手部署の人々。インフォーマル情報の媒体役を果たし、時に本社の「世論形成」に無視できない存在。とりわけ改革が苦しい局面に入ると重要性を増す。本社内で改革抵抗者に同調する意見が勝てば、本社役員を動かして改革リーダーを切り捨てる事態も起き得る。

E2 完全外野型

組織上の関係はないが、過去にその部署にいたことのある社員、社内の同期生や友人、取引先の社員など。最大の存在は家庭の配偶者。通常は陰の存在でしかないが、社宅の中で噂の媒体役になったり、たまに重要関係者として出現する。

社員の多くがこれらの類型のどれに属するか、その「分布」に対して、改革者は何をすればいいか、それによって改革の帰趨が影響を受ける。

しかしその分布は、時とともに大きく変動する。「分布の移動」は、改革の「結果」として自然発生的に起きる面がある。「大衆」は結果を見て態度を決めることが多く、いわゆる「勝てば官軍」の現象を生み出すこともあるが、それだけではない。

成功する改革では、強い改革者が「分布の移動」を恣意的に引き起こす。断固たる覚悟と見識を示すことで、賛同者の「移動」を呼び込むのである。そこに「タテの直接話法」と「ヨコの間接話法のドミノ効果」（経営ノート②）が強く関係してくる。

黒岩莞太とタスクフォースは、次の第六章で、その話法を強く意識しながら、社員の強い前向きの反応を引き起こすステップに進む。

第六章

【壊創変革のステップ・6】

社員を一気に束ねる

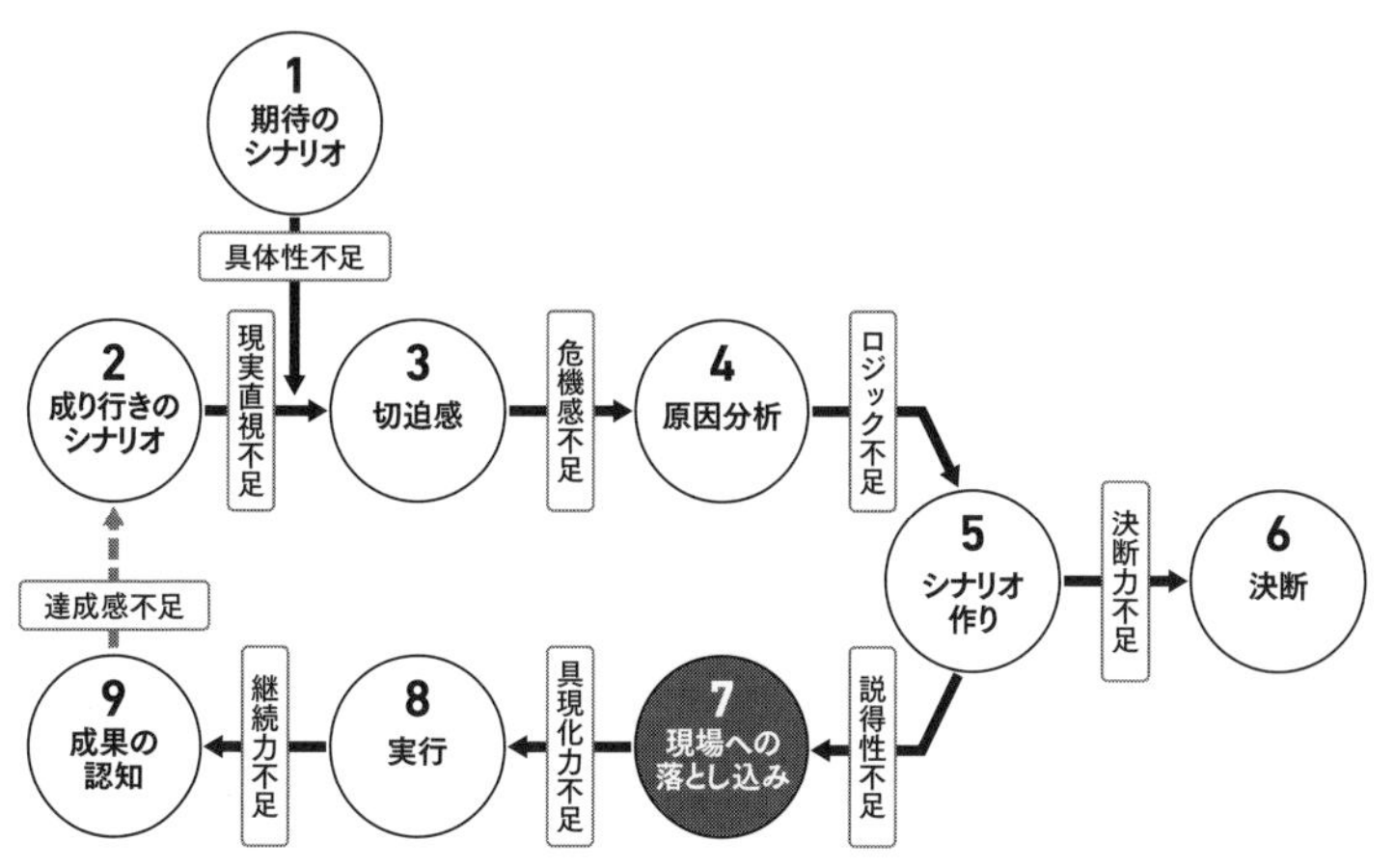

淡々たる退場者

改革シナリオが香川社長によって承認された二日後、黒岩莞太とタスクフォース・リーダー川端祐二はアスター事業の幹部だけを集めて、約三時間かけて、社長に対して行ったのと同じプレゼンを行った。全国の社員に発表する前に彼らに内容を知らせておくためだった。

プレゼンは黒岩統括と川端祐二のみで行った。タスクフォースのメンバーをこの場の矢面に立たせるつもりは初めからなかった。もしそれをさせれば、泥沼にはまる。

冒頭に、これは香川社長の承認を得た「決定」の伝達であると伝えた。改革シナリオの内容が良いとか悪いとか、彼らに「議論」させるつもりはなかった。

この改革シナリオを聞けば、幹部レベルの人事が相当に入れ替わることは容易に予測できる。リストラ目的の人減らしは行わないが、過去の経営責任は明確に問わなければならない。

この種の改革では経営陣を一新し、過去に訣別（けつべつ）を告げて社内のマインドを未来に向けて結集させることは、絶対に逃げてはならないステップだった。

だから黒岩莞太は、この会議の出席者の中から「D2退陣抵抗型」の反応を示す幹部が出てくるだろうと覚悟していた。

けれども、幹部の反応は意外に静かだった。

《アスター工販吉本社長の話》（退陣者「D1退陣淡々型」）

実は、一〇日ほど前に黒岩改革統括に呼ばれ、私だけは先行して改革案の基本的な考え方の説明を受けたよ。

その時、黒岩統括は「改革対象は小型機C～E商品群のアスター事業だけ」「事業本部の開発・生産機能と、営業のアスター工販は組織一体化を図る」と言っていたので、私はアスター工販が事業本部に吸収されると思っていたんだ。

だから私のアスター工販社長のポジションはなくなるのだろうと予想していたよ。

ところが昨日のプレゼンでは、アスター工販に全組織を集めて統合するという話だから、社長ポジションは残るということだね。しかし私が身を引くのは避けられませんよ、これは。

私個人への批判めいたコメントは何も出てこなかった。だが……なかなか鋭い内容で、私が反論する余地はないと思ったね。

ここ二年ほど、いくらあがいてもシェアが下げ止まらず、正直に言えば、私としては手詰まり状態だった。最近一年間で市場シェアを大きく失って「負け戦が加速」なんて言われて……それほど深刻だと思っていなかったのも事実でね。

営業末端で「戦略が骨抜き」という指摘は、今まで私になかった視点だった……言われてみればその通りかもしれない。私らとは違う切り口というか、ものの見方だと感じた。ただ、「創る、作る、売る」が断絶しているという話、あれは誰もが、昔から分かっていたことだよ。

私だって被害者だよ……私はアスター事業C～F商品群の事業責任者みたいに言われながら、実際には開発も生産も私の支配下にないんだから。

でも私が被害者なんて言ったら、皆が怒るだろうね。変えたければ私がそう主張すればよかったんだから。そういう意味では私は加害者の側だと言われてもしょうがないけど、その責任意識はなかったね。

プレゼンの内容に不満？　いや、あれに反論したって……われわれはサラリーマンですから、社命に従うまでのことだよ。けれど正直……落ち込んだ気分だね。

過去にしょっちゅう事業本部長が替わって、そのたびに政策も変わって、社員は上を信頼していない。今度こそぜひ成功してもらいたいと思うよ……本心で。

アスター工販のいまの経営陣には、潔く身を引くように私から話す。管理職が不安になって組織がガタガタするのが一番怖いから……新しい方針に従うよう私から口添えするつもりだよ。

《アスター工販常務取締役の話》（退陣者「D1退陣淡々型」）

あのプレゼンは……あれだけ徹底的に分析して切り刻まれちゃうと、反論しにくいですね。言われてみれば確かにそうかという面が多かったし……。

この七年間に二二〇億円の赤字という数字は、恥ずかしいことに、私も知りませんでした。びっくりしました。

子会社に来て常務になったからといって、大して給料が上がるわけでもなく、責任ばっかり追及されて……ふざけるなと言いたい気持ちもありますよ。でも、それを言ったら社員に申し訳ないので、黙々とやってきましたが。

あのプレゼンで実態がすべて表に出ますから、社員にはショックでしょう。

私の進退ですか……組織がビジネスユニットごとに分解されてしまうので、私のポジションはなくなると吉本社長から聞きました。

あんな新組織がうまくいくのかどうか、分かりませんけど……まあ、辞めるまでの期間は最善を尽くします。

《アスター工販取締役営業部長の話》（退陣者「D1退陣淡々型」）

私はアスター工販の取締役を退任することになるだろうと、吉本社長から言われました。社内ではかねがね、経営責任をとらないトップへの批判が聞こえていました。だから、私としては「これでけじめがつく」とホッとしている面もあります。

ただ、この事業が好き、というより私はこれしか知らない人間なので、アスター工販の中にとどまらせてほしいと思っています……何でもやりますから。

自分には皆の声に応えられるほどの力量も権限もありませんでした。役員になってからこの四年間というもの、私にとっていいことは何もありませんでした。

今回の改革の発表を聞いて、これだけのことができるのは香川社長が乗り出してきたからだと思います。黒岩さんは外から来た人ですが、強いですね……。一兆円企業と言ったって、太陽産業にああいう人はいませんね。

ですから……これでいいのじゃないでしょうか。

苦しい過去の経験

一週間後に黒岩莞太たちは、全国の社員に対する改革案の発表を始めた。

彼らを一カ所に集めるのではなく、黒岩と川端が全国七カ所に出向き、なるべく少人数を相手に、親しく肉声で説明して回ることにしていた。いわば巡業公演だった。

壊創変革32の要諦

【改革プレゼンは目を見ながら】改革シナリオのプレゼンテーションは、一度に多人数を集めて機械的に行うのではなく、なるべく聞き手の表情が分かる人数に分けて、一人ひとりの目を見ながら話しかける。

その発表内容には、香川社長や経営幹部に対して行ったプレゼンと、大きな違いが一つあった。それは今回、社員への発表は前半の「強烈な反省論」だけを話すことにしたことだ。予定では三週間後に再び全国を回り、そのときは後半の「改革シナリオ」を発表することにしていた。

このような手順をとる理由について、黒岩莞太は川端にこう言った。

「皆にはまず『強烈な反省論』だけをじっくり聞いてもらうのがいい。社長から事業閉鎖の可能性を宣言されるほど追い込まれたのはなぜか、自分の脳味噌で、『自分もまずかった』と思ってもらわなければ……」

川端祐二は少し心配だった。

「悪い話だけを流し、今後の新方針を示さなければ、皆が不安になって社内が混乱しませんか」

壊創変革33の要諦

【まず悪い絵だけを示す意味】単なる批判だけでは誤解されかねないので、普通は「強烈な反省論」と「解決案」は抱き合わせで発表するのが常道だ。しかし黒岩はショック療法を狙った例外的ステップをとっている。

黒岩は頷きながら、答えた。

「私の読みでは……三週間くらいの時間差なら……混乱までは行かないと思う。このたるみ切った組織の『危機感不足』を一気に解消するには、これが最後のチャンスだよ。不安になったり、多少の殴り合いがあるくらいでちょうどいい」

殴り合い？　そんな冗談まで言って腹を据えている黒岩を見て、川端祐二はまた一つ、経営者の覚悟を学んだ。

そして、タスクフォース・リーダーの自分が不安な顔をしたら一番まずいと思った。

「その間に、われわれは新体制のトップ人事を固め、上の承認をとる。三週間後、改革シナリオを社員に発表するときには、同時に新経営陣が前に立って、社員に向かって決意を表明するといい」

それが黒岩の、社内を一気にまとめ上げていく筋書きだった。

各地での発表を前にして、黒岩莞太に不安がなかったわけではない。彼の頭からは、六年前の苦々しい経験が離れていなかった。ある会社の改革案の発表で、元組合幹部の管理職が立ち上がり、任命された新社長と黒岩莞太をおちょくる態度で批判し、会場は白けた。

前向きだったその場の雰囲気が、見る間に冷たくなっていった。

出席者のほとんどは、その「C2過激抵抗型」の行動を、「またあいつが始めた」と冷めた目で見ているように見えた。

一方で、困惑して立ち往生している新社長と黒岩莞太がその場をどう切り抜けるのか、外野席から高みの見物をきめこんでいるようにも見えた。誰一人として新社長と黒岩を助ける発言はしなかった。

黒岩には危ない瞬間だった。不意打ちを食らい、汗の噴き出している隣の新社長を見て、社員は心の中で笑っているのかもしれなかった。

あの出来事は、その会社の再建における最大の山場だったのではないか。

その時、黒岩は社長に代わって、熱い口調で改革の理念を語り続けた。皆はその新方針を、それしかないと受け止めたように見えた。黒岩はそれで乗り切った。

幸いこのアスター事業には、そのようなひねくれた社員はほとんどいないと思われた。

だがタスクフォースの面々は、プレゼンテーションが社内で無事に受け入れられるかどうかを非常に心配していた。

万が一にでも改革発表が紛糾し、抵抗派との対決を余儀なくされたなら……黒岩は改革の意味を諄々（じゅんじゅん）と説くのか……あるいは決然と「あと二年の期限。いやならすぐに辞めてもらって結構」とまで言い切るのか……。

社員に向けた最初の改革発表は東京本社で行うことにした。理屈でも態度でも、一番気難しい管理職が集まっている事業本部を最初の対象にして、改革への理解と、彼らの熱い姿勢を盛り上げたい。

彼らが納得しても納得しなくても、本社でのプレゼンの様子は、その日のうちに全国の営業所や工場の社員に、インフォーマルなヨコの間接話法で伝わるだろう。

その伝達は、この一〇年間で例がなかったほど活発に行われるに違いない。

壊創変革の要諦34

【天王山で決まる改革の帰趨】

改革がまだ始まってもいないのに、その前に来る改革発表が戦いの命運を決める天王山になる。一発で、一気に全社員の意識を変えることを目指す。社員の中からかなりの人数の積極的賛成派が出てくれれば、改革の成功確率は一気に高まる。残りのほとんどが、積極的とまではいかなくても「B1心情賛成型（改革早期フォロワー）」に入り、残りが「B2中立型（改革中期フォロワー）」といった分布なら、この天王山での勝負は成功と言えるだろう。もし大半が「B3心情抵抗型（改革後期フォロワー）」から左の反対派ないし抵抗派の分類で固まるなら、いかに改革者が強権で旗を振ろうとも、改革は熱のない活動になる可能性が高い。

過激派の出現か

天王山のプレゼンで敗れたら、改革は失敗に至る可能性が高まる。会場は東京本社ビル二階の大きな会議室だった。出席者は大型機械の部署を除き、アスター事業の小型機C～F商品群に関係している本社要員五〇名ほどだった。

そこで、いきなり事件が起きた。

日頃からアスター事業全体のまとめ役をしてきたアスター工販の吉本社長が、その発表の議長役だった。彼は冒頭で、居並ぶ幹部社員を前に、この発表の趣旨を説明し、改めて黒岩と川端の役割、タスクフォースの目的を紹介し、新しく始まる改革への結集を訴えた。自分が退任することになると知りつつ、「D1退陣淡々型」の潔い姿勢であった。

まずは川端祐二が前に立ち、タスクフォースの「強烈な反省論」の説明を開始した。黒岩莞太も隣に座って、居並ぶ出席者の反応を眺めていた。

一時間ほどたって川端の話が半分以上終わった頃、遅刻して一人の管理職が会議室に入ってきた。以前から、タスクフォースに対して斜に構えた態度を見せていた人物である。

最も重要な「強烈な反省論」を理解するために聞いておくべき前半の説明は、その時点ですべて聞き逃していた。

あらかじめ改革発表の性格と出席必須を通達してあったことを考えれば、遅刻すること自体がすでに異常な行動であり、またそうするなら議長への事前の断りがあって当然だった。

彼は部屋に入ってくると、皆の座っているところからはずれて、壁際の席に一人座ると、股を大きく開いてふんぞり返った姿勢で、プレゼンを聞いた。その格好は、あのサブチームで異論を唱えた若手社員にそっくりだった。

あたかも、太陽産業の副社長か誰か、偉い役員がふらっと立ち寄って「ちょっと聞かせてもらおうか」と偉そうに座っている風情に見えた。

すべてのプレゼンが終わり、質疑の時間が来たとき、この管理職はふんぞり返ってそこに座った姿勢のまま、あごを出し、とんがった口調で発言した。

「『勝ち戦の循環』とか、『戦略不在』とか……何だか知らないけど……そんなのは問題の本質じゃないでしょう」

二時間かけて説明してきたプレゼンを無視して、「何だか知らないけど」の一言で、すべてを脇にどけてしまう態度だった。

黒岩はぞっとした。六年前に経験したあの景色に似ていた。

その場にいた本社幹部の全員が、好奇の目で改革リーダーの反応を見た。議長役の吉本社長は何を言うでもなく、下を見ていた。黒岩、川端、タスクフォースメンバーの居並ぶ改革チームは、衆目の集まる中、いきなり鼎(かなえ)の軽重を問われようとしていた。

壊創変革の要諦35【露骨な反対行動】

改革シナリオの発表の場で、衆人環視の中で露骨な反対行動が表れたなら、改革は「食うか、食われるか」の修羅場に直面したと解するべきである。即時、その場で、その修羅場を収束させなければならない。それに失敗すれば、出席者は疑心を抱えたまま各職場に戻る。その懐疑が社内で拡散したら、新しい改革案に一気に結集させることがさらに難しくなる。まだ改革は何も始まっていないのに、改革シナリオの発表を行うその場が、改革の先行きを決定づける最大の「天王山」である。


改革では、もし社内がこじれれば、必ず、どちらかが死ななくてはならない勝負に転化していく。それが改革と言われるものの宿命である。

この管理職の態度は、改革への反応分類で言えば、間違いなく「C1確信抵抗型」だが、アスター工販の社長や黒岩統括がその場にいることを気にせず、股を広げた横柄な態度で発言しているところを見ると、いきなり「C2過激抵抗型」が出現したのかもしれなかった。

反対行動をとる社員には、説明、説得、叱責(しっせき)、切り捨てを含め、「熱い心」と「明快なストーリー」

で徹頭徹尾指導し、改革者の「覚悟」を示すことが必要である。

三枝匡の生き方論03【改革の意志貫徹】
いったん改革をスタートさせたら、改革者は徹底的に意志を貫徹する。遠慮は禁物だ。そこで遠慮するくらいなら、初めから改革などぶち上げないほうがよい。

黒岩莞太は猛烈に腹が立ちはじめていた。このプレゼンテーションを聞けば、内容に賛成でも反対でも、決して手軽な作業で作られたものでないことは誰にでも分かる。相当の「覚悟」をもって出してきたことが分かるはずだ。香川社長が決めた二年の期限で、追い詰められていることも全員が知っている。

その男はそれを分かったうえで批判しているのか。あるいは経営リテラシーが低劣なためにその判断もできず、村社会の古い了見で大口を叩いているだけなのか。

議長の吉本社長が戸惑った表情で立ち上がり、その男の質問に答えようと何かを言った。けれども、いずれ退任を覚悟している人だ。いかにも自信なげで、あやふやな言葉遣いで、何が言いたいのか、まるで押さえになっていなかった。それが黒岩の怒りに輪をかけた。

タスクフォースの面々がこの四カ月間、「この会社で、叱られたことはなかった」「自分はこれまで甘かった」「もっと鍛えてほしかった」と感じたのはなぜなのか。こんな場面でこそ、トップは厳しく部下を指導すべきなのだ。

それなのに、アスター工販の現社長のこの迎合的な態度は何なのか。こんなことだから、この会社は改革と称するものに何度も失敗して、事業の戦闘力を失ってきたのだ。

しかし、自分が更迭される身であることを知りながら、気持ちよく協力してくれている吉本社長に、それ以上の役割を期待するのは、酷だと黒岩は思った。

隣に座っていたリーダー川端祐二も同じことを考え、どう対応したものかと困惑した表情で立ち上がり、マイクをとりかけた。

その川端の顔を見て、黒岩は再びハッとした。

それは、六年前の事件の時に、自分が見せた困惑の表情と同じに違いなかった。

経営経験が豊かになるということは、「いつか見た景色」が多くなるということである。黒岩莞太は黙っていられなくなった。自分の出番だと思った。

もし、この管理職が確信犯の「C2過激抵抗型」であれば、その場で叱りつける行動にはリスクがある。一気に反対派との対決に突入し、目の前に座っている者の中に潜んでいる彼らを団結させてしまう可能性がある。

だが、黒岩はそんな計算ずくではなかった。この会社では、管理職のこんな行動がなぜ許されるのか。「この組織は腐っている」と腹を立てていた。

六年前は、黒岩は汗をかきながら必死に皆に語りかけた。けれども今日の黒岩統括は同じ態度をとらなかった。アスター事業に来て初めての、すさまじい怒声を張り上げた。

「ちょっと待て！　君！　遅刻してきて話を初めから聞かず、横向いてふんぞり返って、『何だか知らないけど』とはなんだ？」

会議室の外にまで大声が響いた。

「赤字二二〇億円だ！　この『死に体』の事業をなんとか救いたいと、皆で必死にやろうと言ってるんだ！　この話がボロに見えようが何だろうが、せめて話を聞き、せめて内容を理解してからモノを言え！」

すさまじい勢いだった。

「この改革に失敗したら、その後に何が来る？　おい、何が来る？　会社は事業を潰すんだよ！　だから俺たちは今日を出発点にして、なんとか道を探すしかないんだ。それなのに、おまえはそこでふんぞり返って……おまえ一人で、この会社を潰す気か？」

もしかすると本人の目の前にまで歩み寄り、出口を指さしながら、「バカヤロー！　ここから出ていけ」と迫りかねない迫力だった。

管理職は顔色を変えた。驚いて沈黙し、ようやく自分のふんぞり返った姿勢に気づき、きちんと座り直した。こわばった顔で下を向いていた。

会議室全体が重い沈黙で覆われた。

この会社で彼らが見たことのない「事件」だった。

黒岩の激しい反応に、全員が激しく心を動かされた。もしかすると、そと者の黒岩の態度に反発を覚えた者もいたかもしれないが、同時に殺気のようなものを感じたはずだった。

あとで聞いたことだが、その管理職の態度を日頃から不快に思っていた者が少なからずいたようだ。彼らは黒岩が激しく詰め寄るのを見て、心の中でその男に「ざまを見ろ」と叫び、黒岩統括に喝采を送っていたらしい。

反応はさまざまだったろうが、全員が共通して抱いた新たな認識が少なくとも一つあった。

それは黒岩統括が、この改革にすさまじいほどの思い入れを持っているということだった。それが太陽産業社長香川五郎の強い意志を、この場で体現している人のエネルギーだということだ。だから、この改革に反対する者はすべからく、黒岩莞太のこの「激しい熱さ」に対抗する覚悟がいる。黒岩を凌駕(りょうが)するだけの破壊エネルギーを発しなければ、彼に勝つことはできない。

その場の社員全員がそれを本能的に感じ取った。

沈滞組織の改革で起きるこうした事件では、幾つかの取り扱いの選択肢があるだろう。その場の状況や対峙(たいじ)する相手のタイプによって違ってくる。読者が黒岩莞太なら、この管理職に対してどのような態度に出ただろうか。

拗ねと甘え

この話には後日談がある。

例の管理職は翌日、上司と人事責任者に呼ばれた。彼はすっかりしょげて、素直な態度を見せたという。

「自分の発言に他意はありませんでした。軽い気持ちで言っただけです」

読者は、その報告を聞いた黒岩莞太がどのような反応を示したと思うだろうか。そうかと、笑って寛容に許したのか。

とんでもなかった。黒岩はさらに強い怒りを示した。

なぜなら、管理職が軽い気持ちで発言したという行動は、「C2過激抵抗型」の者が、意図的に改革潰しの行動に出るのと同じだったからだ。軽い気持ちどころでない。死につつある自分の事業に、さらに泥を塗りたくる悪質な行為だった。

自分で軽い気持ちだったと称する無責任が、ここまで、張り詰めた緊張の中でギリギリのところを走り抜けてきた改革者たちを「死の谷」に落としかねなかった。管理職なのに、その自覚もなく、弱者集団と同じ被害者意識にとらわれ、「野党化」しているのである。

この事件で、黒岩莞太は多少の空しさを覚えた。

「自分はこの会社に来て、誰のために、こんな苦労をしているのだろう……」

この事業を救うことができたら、誰が一番得をするのだろうか？　黒岩自身ではない。米国のように何十億円という報酬が得られる経営者ならともかく、誰が好きこのんで、失敗リスクの高いこのような役割を引き受けるだろうか。

株主や証券アナリストたちが得をする？　いや、彼らはこんな努力はムダで、アスター事業などはさっさと閉鎖し、社員減らしに走るのが正しい経営だと要求している。

そこで太陽産業がもし本当にこの事業をつぶすことを決定し、社員に退職してもらうことにしたら……あの管理職はどこに行くのか？　今の日本の状況で彼が太陽産業と同じ給与の仕事を得ることなど、はっきり言って不可能に近い。

ということは、もしこの事業が救われたなら、あの管理職こそが改革の受益者ではないのか？　それなのに彼が改革に背を向けた行動をとれるのはなぜなのか。それを、腐りきったサラリーマン根性でなくして何と呼べばいいのか。

そこには自己責任を認識できず、人のせいにして当たり前という、日本人の幼児性がある。

太陽産業の人事部は、その管理職を、二カ月後の人事異動でアスター事業の外に出した。黒岩には事前に相談はなかったが、会社はこれをもって一罰百戒のケースにしたのである。米国企業なら、彼は事件が起きたその日の夕方までに解雇されている。

東京のあと、名古屋、大阪……と、黒岩たちの巡業は続いた。

その後の発表会場では、おかしな事件は起きなかった。東京での事件が、背後で伝わり、連鎖反応が出る可能性はあったが、それは起きなかった。

各地の出席者は、真剣そのものの表情でプレゼンテーションに聞き入った。

すべて他人事だった

《開発センター主幹（四九歳）の話》（改革追随者「B1心情賛成型」）

プレゼンの中で「負け戦の原因は開発の『惨敗』にある」と言われたときに、私は会社を辞めたいと思いました。

過去の努力を全面否定され、自分の存在価値を否定されたに等しいと思ったのです。まだ、真の悪者は社内の別のところにいると思っていました。

ところがプレゼン後半で、「開発センターは『趣味の開発』を行っている」という批判が営業サイドにあり、「同じ組織の中で、このチグハグはなぜ生まれるのか？」と問いつめられました。グサリ、グサリと切られるような分析を聞いて、私も引き込まれました。確かにわれわれの部署にも問題があって、「創る、作る、売る」の中の「五つの連鎖」が崩れている話はその通りだと思いました。

毎年のようにリストラが行われ、仲間が次々と消えていきました。彼らは事業の外に出されたり、優秀な人は独立の道を選択して退社していきました。

残っている私は、自分で新たな道を見つけることができなかったのです。ですから私は、この事業を再建しようとしているトップの判断に盾つくつもりはありません。

これが生きる道だと言われれば、私はその道を進みます。私の周りの人々も同様だと思います。

《工場製造部課長（四二歳）の話》（改革追随者「B1心情賛成型」）

プレゼンの内容は、われわれが今まで感じていたことにかなり一致していました。私には長い年月、それを改善できない会社への不満がありました。

けれども私自身も含めて、自分たちが、この窮状を招いたという意識は薄かったです。

経営陣の反省論もかなり赤裸々に入っていたと思います。ですから、われわれに対する指摘も冷静に聞くことができたのだと思います。

この先どういう解決法が出るのか分かりませんが、「赤い糸」も含めて、これだけきちんと現状把握が行われたのは革命的です。いいことですよ。

《アスター工販仙台支店次長（五二歳）の話》（改革追随者「B2中立型」）

今まで会社を覆っていたのは「赤字に対する組織のマンネリ化」でした。

初め「大きな改革がありそうだ」と伝わってきた頃は、社内に強い待望論がありました。「ようやく何かが始まる」と。

この最初の改革発表で「強烈な反省論」を聞いた後は、中高年層を中心に不安が広がりました。

すぐに五月の連休が来ましたから、皆、自宅で考える時間が増えました。

それがよくなかったですね……考えれば考えるほど、不安になりました。解決策が提示されなかったので、この先どうなるのか見えませんでした。

連休が明けた次の週に、ちょっとした事件が起きました。支店の営業会議のあと、営業員全員で飲み会をしたのですが、そのときに雲行きがおかしくなったのです。あの異様な雰囲気は、私の生涯の思い出として残ると思います。

ある管理職が支店長に向かってこう言いました。

「私は今まで単身赴任で、家庭を犠牲にして、会社の方針に従って仕事をしてきた……その結果がこのざまだ。『赤字は全員の責任』だなんて、ふざけたことを言うな……経営陣がもっと早く責任をとるべきだったんだ。この改革で、もし自分が変な目に遭うなら、私は今まで方針を出してきた上司たちを全員ぶん殴ってから、会社を辞める」

目が据わって、すごい態度でした。支店長は何も言えず苦渋の表情で、ちょっと気の毒でした。

振り返ってみると……われわれは現実の厳しさを、初めて、正確に、知らされたのです。その結果、それを「自分の痛み」として本当に感じはじめたのだと思います。

《秋山資材部長（五六歳）の話》（改革追随者「B3心情抵抗型」）

プレゼンを聞いたけど、「事業不振を招いた社員行動の類型」の話とか……あれは……私の部署の話も入っているみたいで……。「事業不振の最大の原因は『現場経営があまりにも杜撰(ずさん)だった』」という言葉ね……まあ、ちょっとドキリとした……よくあそこまで言ったもんだと……。

この先どうするのか……まあ、黒岩統括とか、川端君なんかがどこまでやれるのか、見させてもらいますよ。とにかく、あまり気分はよくないね。

気骨の人事

管理職への改革発表と並行して、黒岩莞太は重大な決断を迫られていた。

七月一日に発足する新生アスター工販の経営陣をどう構成するかによって、この改革の成否が決まってくる。

香川社長へのプレゼンが行われた数日後、黒岩と川端は人事方針を固めるための相談を行った。

黒岩が一枚のフレームワークをテーブルの上に載せた。真ん中に「?」が書いてあった。

「これが、今回の改革の死命を制するポイントになるね」

その「?」の言葉とは「気骨の人事」だった。

「昨日、このチャートを持って香川社長のところに相談に行ってきたよ」

香川社長はチャートを見て、頷くと黒岩莞太に言った。

「これもあなたが判断して下さい。思い切った手で行きましょう。具体的な案ができたら、また相談に来て下さい。人事のことだから……私のところに直接……」

そう言ってくれたというのである。

香川がわざわざ「直接」と言ってくれたことには、格別の意味があった。社長は明らかに、黒岩の考えていることを察し、その社内の根回しが簡単でないことを知っているのである。

日本企業における改革の多くが、この最後の不徹底で失敗に帰している。「人材がいない」と称

熱き事業集団の構造（最終形態：変革**4**つの原動力）

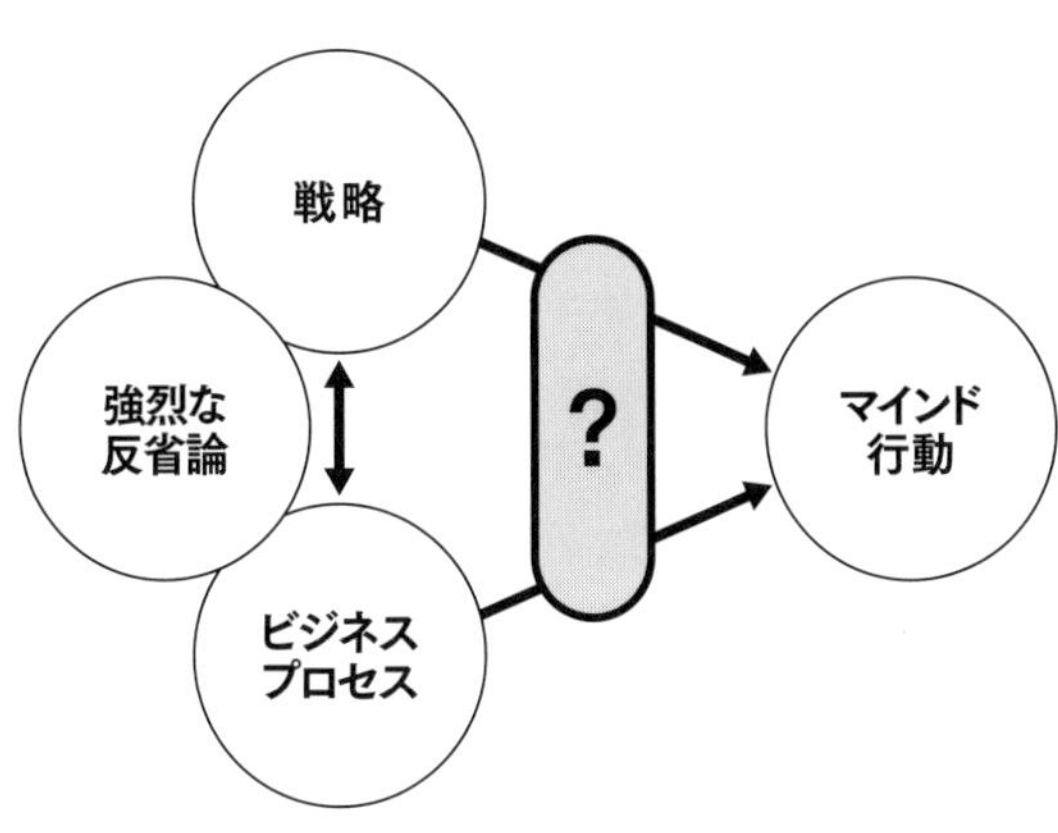

して、下から強い人材を引っ張り上げるのを先送りし、古い人事を続けるのだ。

社長が社内の古い価値観と対峙し、革新を持ち込む「見識」と「覚悟」、そして「自分で現場の問題点を押さえる（ハンズオン）」姿勢を持っているかどうかは、社長が行う人事を見れば一目瞭然（りょうぜん）である。

壊創変革の要諦 36【気骨の人事】

「気骨の人事」を実現できるかどうかは、企業トップがその改革に本気かどうかの踏み絵になる。

改革では「人事は上から」が鉄則である。黒岩統括と川端が最初に決めなければならない人事は、アスター工販の新社長であった。

新生のアスター工販は、営業機能だけでなく、これまで本社に属していた小型機の開発、生産機能をすべて移してBU制を発足させるのだから、その社長はアスター事業全体のトップを意味していた。

事もなげに黒岩莞太が川端に言った。

「川端さん、アスター工販の社長は、あなたが一番適任だと思うんだけど」

この四カ月間のタスクフォース作業で、川端祐二の能力は完全に証明済みだ。彼は今、五〇歳。ちょうどいい年齢だ。

それを聞いて川端祐二は驚かなかった。表情も変わらなかった。その人事があり得ることを予想していたに違いない。

二人が力を合わせ、この「意図した修羅場」に選抜した人材を投げ込み、彼らを鍛えていけば、その中からまた、その次のアスター事業の経営者が生まれてくるだろう。

そうやって、埋もれていた人材を育てるサイクルが回りはじめれば、この事業は間違いなく元気になっていく。

三枝匡の生き方論 04

【気骨の人事】

経営者人材に意図的に修羅場を与え、そこから抜けてきた強い人材をプールする。外部から人材を雇う米国企業と違い、社内で人材を育てて経営の発展性を確保したい日本企業が打つべき手は一つしかない。「気骨の人事」によって、挑戦させる人材を思い切って社内で拾い上げるしかないのである。

黒岩と川端が次に話題にしたのは、三人のBUトップ人事だった。

黒岩は経営者人材の育成を目的として、BUトップには「BU社長」という肩書を与えたかった。

このタイトルが本人の自覚と周囲の認知を促し、太陽産業における最速の経営人材育成に繋がるという確信があった。

しかしその案は、太陽産業人事部によって反対された。全社の人事体系に合わないという言い方と、「社長という肩書の人は太陽産業全社で一人だけでいい」という反論だった。

当時から子会社にはいくらでも社長と呼ばれる者がいたから、「社長は一人だけ」というのは詭弁だった。恐らく候補者が若すぎて、そんな抜擢は認めたくないというのが本音だったろう。黒岩は無理押しをしなかった。この問題を香川社長のところに持ち込むこともしなかった。

新生アスター工販が発足した後に、他の事業部門から見てこの肩書が突出的すぎると批判されることが起きるなら、ただでさえ背伸びをしている本人たちの精神的負担を、さらに増やしてしまう心配があった。黒岩はそのことで改革リスクを増やしたくなかった。

注・著者は原著『V字回復の経営』では、BUトップの職位を「BU社長」と書いた。経営者人材育成ではなるべく早く「社長」の立場に立たせることが重要だと著者は信じていたので、啓蒙書のつもりでそう書いた。だがノンフィクションである本書では、事実に基づき「BU事業部長」とする。著者はこのあと株式会社ミスミグループ本社CEOに就任するが、同社で「企業体」（カンパニー制に相当）を導入した時には、その長を「企業体社長」とし、著者の信念を実行に移した。ミスミではその肩書が、経営者人材の最上位経営陣への登竜門になっている。

改革のために引き上げた人材の全員が成功者になれるとは限らない。力量は未熟でも、トライさせようという場合の「人材に賭けるリスク」の総量には限度がある。手堅い人事との組み合わせの問題だ。間違えれば、枕を並べて失敗者が続出という事態になる。

そういう見方をするなら、改革二年間をリードする黒岩統括＋川端社長の二人体制は、トップ層の人事リスクとしては手堅い。ということは逆に、ＢＵ事業部長には多少の人材リスクがあっても、思い切った登用を行い、鍛え上げることを試すべきだと、期せずして二人は考えた。

黒岩莞太は川端に一枚の紙を見せた。人事担当者が作成したＢＵ事業部長の候補者リストだ。

「このリスト、全然、ダメですね」

改革先導者（イノベーター）が一人も入っていなかった。相変わらず年功序列の発想から抜け出ていなかった。まるでこの事業の「旧体質をそのまま守るためのリスト」に思えた。

「私のアイディアを言ってもいいですか……」

川端祐二はリストをテーブルに投げ出し、代わりの人事案を口にした。

「星鉄也と古手川修の二人をＢＵ事業部長にしたらどうでしょう」

黒岩莞太は、川端のことを「やはりこの男はいける」と思った。タスクフォース発足の初期から黒岩が狙っていたことを川端がいきなり口にしたからである。この改革で許容される「人材リスク」の総量を誰に割り当てるかと言えば、星と古手川の二人以外に適切な人材はいないと思われた。

だがそれは、この会社ではあまりにも非常識な人事だった。従来体系では若すぎるのである。社内の資格で言えば、「ＢＵ事業部長」という肩書でも、三階級くらいの特進人事になる。

ＢＵ事業部長という職位は、太陽産業の他の関係会社においては、その会社の専務や常務が兼務するような立場だ。

そのポジションに三九歳と四一歳の課長職を任命することなど、誰が考えつくだろうか。それは、太陽産業の長い歴史の中で、驚くべき人事になる。

壊創変革の要諦37【若手の登用】

一般に不振事業再生の改革では、突撃しない古参兵よりも、今は能力不足でも潜在性の高い元気者を投入したほうが成功の確率が高い。

川端はあと四人の追加候補者の名前を挙げた。

一人は猫田洋次（四五歳）。もう一人は専従メンバーと同じくらいタスクフォースの仕事に入り浸りになった兼務メンバーの赤坂三郎（三八歳）。アフターサービス部門の課長である。

あとの二人はサブチームに参加して積極的な動きを見せている二人の部長クラスだ。いずれも五〇歳前後。年齢的にはこの二人のほうがよほど順当である。

「赤坂三郎はできる男だ。どんどん前に出るし、緻密でもある。間違いなく、これからの経営者タイプだね」

「でも三八歳では、年齢がさらに下がってしまいますね」

「あとの部長二人はおとなしすぎるよ……話し方も暗い。『A2積極行動型』というよりは、『A3積極思索型』じゃないかな」

「そうでもないですよ、いざとなればかなり芯が強いし……」

一人ひとりを検討していった。

結局二人の議論は、最後に星、古手川、赤坂の三人に戻った。

その会話を通じて黒岩は確信した。

この組織の今までの雰囲気に合わせるなら、五〇歳前後の社員を選ぶのが順当だろう。アスター事業の中にこの改革をやり通せる人材は、あの若い三人をおいて、いない。

戦意の低い下士官を前線に送り込んだら、塹壕に這いつくばっているだけになる。突っ込みが中途半端になり、現場レベルでこの改革は死ぬだろう。

若い三人に不足している部分は、黒岩莞太と社長の川端が補ってやろう。意識の違う者を引き込むよりも、一緒にタスクフォースをやり抜いた者のほうがいい。

「よし、これでいこう」

黒岩莞太が断を下した。

BU1事業部長に星鉄也、BU2に古手川修、BU3に赤坂三郎。それを率いる新社長は川端祐二。黒岩はこれまで通り、香川社長直属の改革統括。彼はすぐに香川社長にアポイントを入れた。

壟断

けれども、この人事を社内で通すのは簡単なことではなかった。

事実それから三週間、本社人事部などを巻き込んで、さまざまな舞台裏の応酬があった。

果たして不快な事件が起きた。

「黒岩統括がこの会社の人事を、壟断している」

本社の誰かがそう言ったという噂が伝わってきたとき、黒岩莞太は背後から撃たれたと思った。

孟子七篇に由来するこの古臭い言葉は、黒岩が直接香川社長を動かすことで、横暴、専横をきわめているという意味であった。

その批判に同調する他の本社スタッフから、同じような皮肉を言われることも起きた。

黒岩は愕然とした。

彼は累積赤字二二〇億円の事業をいかに早く救うかの話をしてきただけだ。従来タイプの管理職を上に据えたら、分水嶺を越える峠まで改革を持ち上げていくことができない。改革が死の谷に転げ落ちる可能性がある。だから思い切った人事を提案しているのだ。

そのリスク感を共有できず、旧来の人事体系を守ることのほうが重要だと考え、黒岩が「壟断」していると批判する人や、その同調者が出てくる。

彼らは、黒岩が彼らの言うままに動き、結果的に改革がうまくいかない事態になれば、今度は黒岩が無能だったとあげつらうのである。

改革が総論で語られているうちは、大多数が賛成する。それが各論に下りるに従い、立場や考え方の違いが表面化し、あちらこちらで新旧価値観の戦いが始まる。

この問題の根源は、人事体系そのものではない。事実、BU事業部長三人の任命が正式に決まったあとは、まるで初めから何の問題もなかったかのように、それが実行された。

問題は経営幹部の経営リテラシーだった。会社を短期間で変身させることを狙いたいなら、いったいどんな「リスク」を覚悟しなければならないのか……それを乗り越えることのできる「改革者」とは、いったいどんな性格と能力を持った人間であるべきか。

これまで「変革リーダー」を育成してこなかった日本企業には、こうしたことを理解している人が少ないのである。

多くの伝統企業の権力の座や管理機構は、会社が最後のどん詰まりに追いつめられない限り、変化非対応型の人々が主流を占めている。日本の政治や官僚の世界と同じなのだ。

そのため「変革は組織の『辺境』でしか起きない」という定理状態が長く続く。

そしてようやく黒岩莞太のような変革者が登場しても、社長の求めであるにもかかわらず、何か仕掛ければ「後ろから弾が飛んでくる」ことになりやすいのである。

黒岩莞太は人事決定の内向きの戦いで汗をかいた。高リスク事業をたくさん手がけている企業に比べれば、それは古い会社のコップの中の争いであった。

黒岩はこの問題に、できるだけ香川社長をまき込まないようにしていたが、最後に決着をつけてくれたのは、やはり香川社長だった。彼はコトの成り行きを部下同士の妥協に委ねてしまうような経営者ではなかった。

「二年でつぶすと決めた事業だ。必要なことは何でも試せばいい。黒岩統括がベストだという形に整えてくれ。われわれは応援団だ。干渉団ではない」

これで太陽産業の歴史を打ち破る人事が決まった。

《星鉄也（三九歳）の話》

あの日は仕事で福岡支店に来ていました。川端さんから急ぎの電話だというので、会議室から呼び出されました。

「本当ですか？　冗談でしょう？」

周りにいた支店の社員に悟られまいと気にしながら、つい電話に向かって叫んでしまいました。とんでもない特進で、私が「BU事業部長」になるというのですから。

予定を一日繰り上げて東京に戻るように言われました。

でも正直なところ、不思議に冷静でした。それが自分の運命というか、抗(あらが)えないものが降ってきたという感じでした。

実はタスクフォースで組織戦略を検討していたとき、夜中の一時頃に白板に組織図を描いて、皆がふざけて、「俺はこのBU1の営業部長」「君はBU2の開発部長」「いや君はBUトップでも行けるんじゃないの?」などと、席の取り合いをしたことがあったんです。

本当にふざけていただけなのですが、冗談でもそういうことを言うほど、上昇志向の強いメンバーが集まっていたのは事実だと思います。

黒岩統括や川端さんから、「君が経営者ならどうする?」といつも厳しく問いつめられましたから、最後には自分が経営者に近づいたような気分になっていたのかもしれません。

あのタスクフォースがなかったら、自分がこんな人事の対象になることはなかったでしょう。また、私がそれを冷静に受け止められる人間になっていることもなかったと思います。

新体制が発表された直後に、ある部長がタスクフォース内部の検討会議に呼ばれて参加したことがあったのですが、彼はその会議の雰囲気を「信じられない」と言って帰っていきました。

その頃にはタスクフォースのメンバーは強い経営意識と危機感を持つようになっていましたから……黒岩統括や川端さんの前でも臆(おく)せず、年長者の人事のことでもズケズケと意見を言っていたのが、その保守的な部長にとって驚きでもあり、またわれわれが生意気に見えたのでしょう。

ハーバードのMBAなども、たかだか二〇代の青臭い学生たちが経営者の視点を二年間も叩き込まれると、いっぱしの社長になったような気分になるそうです。

それで成功する者もいれば、会社を倒産させたり、たまには刑務所に入る者も出てくるわけです。人はプライドを持つとさまざまなエネルギーが出てくるのでしょう。

私にとって、これは出世物語ではありません。嬉しいなんて感情はありません。自分がやらなければ、他に誰がこの事業を救うのか……その思いだけです。あと二年しか残されていないのです。

私の気持ちなど理解しない抵抗派の人や、サッパリ動いてくれない先輩社員がこれからゾロゾロ出てくるのかもしれません。

その人々を相手にこの事業を変えていけるのか……不安です。とはいえ、やってみるしかないでしょう。今やらなければ悔いが残ります。

それにしても、乱暴ですよね。これまで何の教育もしてくれなかったくせに、いきなり「おまえがトップだ」「会社を変えろ」「ダメなら事業は終わりだ」って……過去のツケが全部若手に回ってきて。

あんまりだって感じも……。

まあ、人事に乱暴さが出てきたというのは、それだけ会社の体質が変わりはじめたということですから、いいことだと思いますが……。とにかく成功させないと……われわれ切り込み隊が殺されちゃったら、あとは事業の死と一緒に葬り去られることになるだけですから……。

覚悟の連鎖

全国七カ所を回る二回目の巡業が始まった。

前回と同じ「強烈な反省論」の要約を聞いてもらってから、今日の山場になる「2枚目（解決編）」の発表だった。黒岩莞太と川端祐二が話した。

約二時間、全社員がスクリーンを食い入るように見て、説明に聞き入った。

太陽産業の事業本部からアスター工販に、C～E商品群のすべての組織機能を集めることが発表された。

その社内を三つのビジネスユニットに分け、三人のBU事業部長を置く組織案が説明された。支店長、営業所長がいなくなるショッキングな新営業組織案がカラーチャートで示された。

戦略の「絞りと集中」の意味がマトリックスを使って説明され、同時に組織内の「戦略連鎖」を強化する具体的システムが打ち出された。

生産中止や開発中止の対象品目が示された。

開発期間をドラスチックに短縮する思想が示され、その一例として緊急開発プロジェクトが打ち出された。一つの戦略商品を半年以内に売り出すというものである。

開発から営業まで一気通貫の戦略実行体制が示され、営業の「何を売ってもいい」は明確に否定された。

最後にこの改革案の合理化効果として、人が余ることが説明された。

どこかでその話が出てくるだろうと予期していた年輩者は身構えた。黒岩は言った。

「この改革はリストラではない。人減らしではない。ここにいる皆が気持ちを合わせ、攻めに転じるのです」

すべての説明が終わったとき、初日の東京本社会場では、出席者の態度はさして変わらなかった。もっとも危機感が低く、もっとも古臭い雰囲気の職場である東京本社の社員の反応は、むしろ冷めていたと言えるだろう。

「こんな雰囲気で、社内に改革シナリオは浸透するのだろうか」

黒岩や川端の心に不安が増した。

ところが巡業二日目の大阪の会場で異変が起きた。

すべてのプレゼンテーションが終わり、黒岩が最後を「よろしく」と締めたとき、出席者から拍手が沸き起こった。部屋の隅で誰かが拍手を始め、それが自然発生的に伝播し、たちまち部屋全体が力強い拍手の音で満たされた。

一瞬、黒岩莞太は何が起きたのかと思った。すぐに黒岩、川端たちも手を叩いて拍手に加わり、そして笑顔でお礼の会釈を送った。

巡業で回った七カ所のうち、四カ所で拍手が起きた。どこの会場でも、もっとも熱く反応してくれたのは若手社員だった。

「待っていたものが、ようやく来た」

彼らはそう感じて、会社の打ち出した新方針に支持を表明してくれたのである。

その場には、面白くないと感じている「B3心情抵抗型」の社員が間違いなく交じっていただろうが、雰囲気に押されて全員が拍手をしていた。

一緒に拍手をしたという事実は何よりも重要だった。冷めた雰囲気で解散するのとは天と地ほどの違いが出る。

拍手が収まると、新経営陣に内定している人の挨拶が行われた。

アスター工販の新社長川端祐二、BU事業部長の星鉄也、古手川修、赤坂三郎。四人は前に進み出て、出席者に向かって横並びに立った。

星鉄也は緊張していた。一回目の巡業のとき、東京で黒岩莞太に怒鳴り飛ばされた管理職の一件が頭から離れることはなかった。一歩先に何が待っているのか分からないと思っていた。

だが、この二回目の巡業で大きな波乱は起きなかった。むしろ星は社員の気持ちが一つにまとまりつつあることを感じはじめていた。

新社長に就任予定の川端祐二が力強く挨拶した。

「アスター事業を立て直すのは、会社更生法を適用された破産会社を強権で立て直すよりも大変だろうと言われています……つまり、われわれの事業は『倒れてしまったほうが後始末が簡単だ』と言われるほどの状況です」

川端は正直に真情を語った。

「私はこの役割が自分に与えられたことを男冥利と感じます。必死にやります。皆さんの一致協力なくして改革は成らず、その皆さん自身にも変わっていただかなければなりません」

また強い拍手が沸いた。

星は真摯に訴えた。

「今回はかけ声だけの改革ではありません。新しい戦略とビジネスプロセスが明示されています。明日から何をすればいいのか、はっきりしています。一緒に走ってください」

代わって古手川修が立ち上がり厳しく、かつ熱く語った。

「毎月振り込まれる給料の中に、われわれが自分で稼いだキャッシュがどれくらい入っているかご存じですか？……四分の一だけです。給料の四分の三は、太陽産業の他の事業部の人々が稼いだおカネで補塡してもらっているのです……ひとさまの稼ぎにすがって生活しているのと同じではありませんか。そこからなんとか抜け出なければいけません。過ぎた日の責任は、いま一切、問われていません。ここを出発点にして、前向きに進みましょう」

赤坂三郎は新経営陣の中で三八歳と最年少ながら、もっとも元気だった。

「私自身驚いています。皆さんの中にはこの人事に気分を害されている方もおられるかもしれません。私は、これも人生の定めだと受け止めています。やるからには思い切りやります。言うべきことは言います。一緒に戦ってください」

一人の挨拶が終わるたびに拍手が沸いた。

社員の多くが、前向きの余韻を感じながら散会した。その雰囲気が大切だった。

世の中では、この段階ですでに挫折の兆候を示す改革が多い。社員の「マインド・行動」にインパクトを与えることに失敗し、社員が盛り上がらず、エネルギーが結集されないのである。

その理由は、プレゼンのテクニックではない。表層的な言葉の選び方ではない。演出は大切だが、社員は鋭敏に本質を嗅ぎ分ける。それが部屋の雰囲気に正直に出るのである。

「いい形で立ち上がりそうだ」

黒岩莞太はそう思った。

《星鉄也の上司だった鹿児島良雄（四七歳）二年後の回顧談》（改革追随者「B1心情賛成型」）

自分の部下が一夜明けたら上司になっていました。アメリカ企業みたいな事件がこの私に起きたのです……大ショックでした。

この一〇年間、私は星鉄也君がトップスピードで昇格するのを見守ってきました。彼は仕事内容で優秀なだけでなく、目標が高く、粘り強かったですね。言い訳をしない男でした。どんなときでもお客さんの視点で前向きに対応する姿勢がありました。

ですから、タスクフォースに人を出せと言われたとき、私は迷わず彼を推薦しました。実を言うと……私はいずれどこかで星君に追い越されるだろうと予感していたと思います。

あの人事は本人にとっても嬉しい昇進ではなかったはずです。われわれは彼にとてつもない重荷を背負わせたのですよ。それは、その後の彼の苦労を見れば、すべての人が認めることだと思います。

ところが当時、人によっては腹を立てたようです。この会社はもう年輩者はいらないということかと。身の程を知らない批判でしたね。代わりに「おまえやれ」と言われたら、年輩社員のほぼ全員がすぐに破綻（はたん）していた、困難な任務だったと思います。

あのとき私は、会社に活力を取り戻すには彼のような人材にやってもらうしかないと気持ちを切り替えました。彼を選び出す慧眼（けいがん）が、この会社に残っていたことが大きな救いだとさえ私は感じました。

ただ、私は星君と同じＢＵ１に配属されることになりましたので、急に部下が上司になってしまう自分は、彼とどうつきあっていけばよいのか、そのことがもっとも不安でした。

当然、彼も同じだったと思います。もし彼がわけの分からないことや理不尽なことをしたら、私が彼の一番の部下として、あるいは元上司としてアドバイスをしたり、諫めることができるのかどうかも考えました。

実際に始まってみたら、杞憂でした。そんな問題は何も起きていません。二年たった今も、まだ彼が遠慮をしているところを感じることもありますが、何か問題があっても、その都度解決できると思います。

《秋山資材部長（五六歳）の話》（「B3心情抵抗型」だったが、転出が決まって「D2退陣抵抗型」に移ったようだ）

私は今回の人事発表で、アスター事業の外に異動になりましたよ。

ええ、意外だったね。この改革はアスター工販だけを対象にするという話だったから、外に出るのは、吉本社長たちだけだと思っていた。

組織のヨコとか、タテとか言ってるけど、そんなことで本当にこの会社がよくなるのか……おまけにこんな短期勝負のやり方をして。

前月くらいから業績がひどく落ちはじめているでしょう……こう言っちゃ何だけど……自業自得になりつつあるんじゃないの？　だって、皆がやる気をなくすようなやり方をしてるじゃない……当然だよ。皆言っているよ。「現場を知らない人に何ができるの」ってさ。

星鉄也とか赤坂三郎みたいな若手に任せて、本当に切り抜けられるのか……川端だって分からないよ……「絹のハンカチ」で汗を拭いてきたような連中じゃないのかね……。

まあ、これで私は関係がなくなるから、じっくり彼らのお手並みを眺めていますよ。

黒岩氏も大変でしょう……失敗したら全部彼の責任だからね……内心では、アスター事業に来たことを後悔しているのではないかと思うけど……。

旧組織の早すぎる崩壊

沈滞の底からいきなり「カオスの縁」に引きずり出された組織が、どのように変化していくかを事前に計算しておくことはできない。

各地でのプレゼンを終え、新体制の発足に向けて事態は順調に推移しているかに見えたが、ことはそれほど単純ではなかった。

実は、年輩者を中心として管理職の士気が低下し、それに合わせてアスター工販社内の組織統治が急速に低下しはじめていたのである。そのため業績のさらなる急落が始まった。恐ろしい「死の谷」の底にすでに落ちているのに、本当の破滅が足下にチラチラと見えはじめた気分だった。

タスクフォースがプレゼンの中で指摘したように、アスター工販のシェア喪失はこの一年ほどで加速していた。その傾向は皮肉なことに、改革の発表が行われた四月以降、さらに悪化の兆しを見せはじめた。

四月の一回目巡業で全国の社員への「強烈な反省論」の説明が行われ、それから二回目の「改革シナリオ」の発表まで、三週間のブランクが意図的に設定された。

四月末に数字を締めてみると、受注は対前年比で二一%の減少。前に比べればこれでもマシになっていたが、泥沼から早く抜け出したい黒岩にとっては不安な数字だった。

そんな中で五月中旬、改革プレゼンの二回目巡業が行われ、アスター工販の経営陣が総入れ替えになり、支店長や営業所長の職位も廃止になることが発表された。その日の改革発表には社員から拍手が起こった。

しかし五月の受注は対前年比三二%の減少とさらに落ち込んだ。しばらくして届けられたデータを見ると、市場シェアの低下が加速して、この一〇年来で最低水準に落ち込んだ。

黒岩は何度も吉本社長に急激な業績悪化の理由をただしたが、吉本の解釈ははっきりしなかった。黒岩や川端は、何かが狂いはじめていると感じはじめていた。

何か予想外のこと、つまり改革のシナリオに含まれていないことが、どこかで起きているのではないか。やがてその真相が見えてきた。

改革プレゼンに対する管理職の本音の反応が伝わってきたのだ。

組織のほとんどをガラガラポンとする大組織変更は、年輩者が多い管理職に大きな身の不安を与えていた。それは黒岩たちの予想を超える動揺だった。

仙台支店のエピソードのように、怨嗟の反応はむしろ組織の下から上がってきた。支店長たちは、部下の目線が気になりはじめていた。

部下に向かって「業績が急落している。もっと売れ」と叱咤すれば、何を言われるか分からないという心理が頭をもたげていた。

「私の支店はもう統制できません。いなくなることが分かっている支店長が言うことなど誰も聞きません」

そう言っている支店長がいると聞き及んだ。上司として、もともと尊敬されていなかったのではないかと思った。

黒岩の判断に甘さがあったのも確かだった。単なる人事交代なら、業績を落とさずに後任者に仕事を引き渡そうと努めるのが普通だから、組織の緊張感は維持される。

ところが今回は、支店長にとっても部下にとっても、自分の部署が消えてしまうのである。本社の役員も替わってしまう。業績が落ちたところで、叱る人も叱られる人もバラバラになって、分からなくなるのである。

そうした状況を皆がいち早く嗅ぎつけ、消えていく部署への帰属意識は急速に薄まり、そこにあった組織の「マインド連鎖」が切れてしまった。

もともと、赤字に鈍感な営業組織だった。営業担当一人ひとりがちょっと活動のペースを落とすだけで、会社全体にどれほどの危機が及んでいくかの認識は薄かった。皆が浮き足立ち、集まれば人事の情報が行き交い、組織の行く末に話が集中したのである。

さらに事態の悪化に輪をかけたのが、トップ経営陣の崩壊だった。吉本社長以下の経営陣は四月の改革プレゼンを聞いて以来、すっかりやる気を失い、活動をやめたも同然の状態に陥っていた。役員の中には、転出先が決まるとすぐにアスター工販を離れたり、休暇をとって早々に消えて行く者がいた。

「新経営陣が早く組織に溶け込めるように、旧経営陣は早めに消えるほうがいいだろう」

彼らなりに気をつかっているように聞こえるが、体のいい逃げ口上だった。なぜなら、旧組織は間もなく解体され、次の組織と人事はまだ発令されていないのだから、そこに新経営陣が「早く溶け込む」などありえなかった。

旧軍の指揮官は前線にとどまり、士気と規律の維持に努め、新体制への引き渡しに備えることが本来の姿であったろう。

しかしアスター工販では指揮官が先に消えていった。それを社員は黙って見送っていた。

黒岩莞太はこの事態に切歯扼腕した。だが彼は逃げていく先輩社員を深追いすることはしなかった。

緊張の糸が切れ、前線から離れていく者たちを縛りつけたところで、意味はない。

しかも「D1退陣淡々型」のスタンスをとっている彼らだが、もし社内に長く留め置かれれば、なかには「D2退陣抵抗型」の破壊的行動をとる者も出てくるかもしれない。

黒岩は反省した。改革案の発表から組織変更の実施まで、もっと短期間で走るべきだった。それが人事の鉄則ではなかったか。けれども今回は普通の組織変更とは違う。これ以上急いではならない理由があった。

無理をすれば、各BUが事業戦略の策定で拙速な作業をしたり、十分なステップを踏まずに社員の共感を得ることに失敗するなど、もっと大きな混乱が発生する可能性があった。

そう考えると、黒岩はこのまま乗り切る以外に道はないと、自らを納得させた。もともと負け戦を演じていた事業組織が、さらに機能不全の状態に陥る現象は、変革でしばしば発生する多くの混乱の一つだった。

これに対して……もし改革の思想、具体的実行シナリオ、およびそのリーダーが強力なら……やがて改革のプラスのモメンタムが動きはじめる。どちらのモメンタムを動かすのも、他ならない、社員である。ところが、しばらくは何の成果も見えない。

変革者にとってこれがもっとも危険な時期である。この混沌とした時期が長引けば長引くほど、

変革の「死の谷」

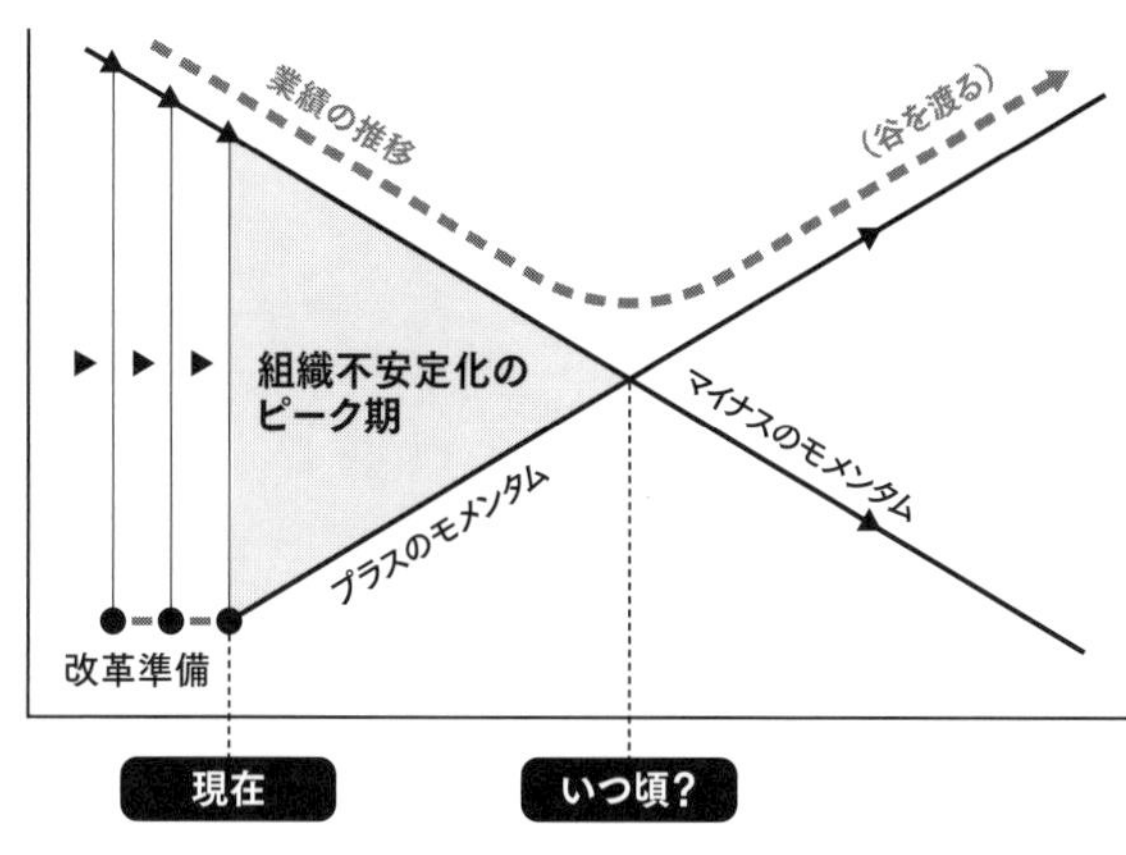

改革リーダーの身に危険が迫る。その危険を生み出すのもまた、社員に他ならない。

仮説と呼ばれるものは、人々を不安にし、猜疑心（さいぎ）を生む。大多数の社員は経営の先読みなどできない。それほどの経験も視野も与えられていないからである。

だからリーダーが先読みを行い、決断し、皆に分かる言葉でそれを語り、不安と混沌の中を走り抜けなければならない。

皆がまだ分かっていないときに決断しなければならないリーダーは孤独になる宿命を負っている。改革がうまく進めば、やがてプラスのモメンタムがマイナスのモメンタムを凌駕しはじめ、プラスの症状が見えるようになれば、改革追随者（フォロワー）は改革推進者の側に動きはじめる。

そして明らかな成果が表面に出てくれば、その時が「向こう岸に渡った」と言える時期である。

三枝匡の生き方論 05

【腹をくくって耐える】

「危ない橋」の中央では予期せぬ出来事がいろいろ起きる。改革者がもっとも孤独を感じるこの不安定期を乗り切るには、「打つべき手はすべて打った」「自分は正しいことをしている」と腹をくくって自分を支えるしかない。

プラスとマイナスの二つのモメンタムの交点はいつ来るのだろうか。失敗する改革では、その交点が永遠に来ない。一年も二年もスッタモンダを繰り返し、挙げ句の果てに改革が雲散霧消する企業もある。その陰には必ず、弱い経営者と、大した意識もなく抵抗の矢を放つ保守的な社員がいる。

黒岩とタスクフォースは最後の作業を急いだ。営業担当一人ひとりの適性を判断し、BU1〜3の営業組織に振り分けていく作業だった。それには現地の顧客情報に詳しい支店管理職の協力が必要だった。彼らを巻き込むためには、改革シナリオが先に発表されていなければならない。そのため、この作業だけが残ったのである。

タスクフォースは大車輪で作業を続け、約二週間後の六月一日、ようやく全社員の新しい配属先を発表した。

各ビジネスユニットの経営陣もすべて固まった。多くの管理職は、少なくとも自分の落ち着き先が決まり、それなりの心のけじめをつけはじめていた。

若いBU事業部長の下に、古手の管理職が部下として入るケースが続出したことで、潜在的に多くの不満が社内にあるに違いなかった。

しかし、この発表時点で表面化したトラブルは何もなかった。ミニ会社のようなビジネスユニットの経営陣に加わることを喜び、見るからに張り切っている者のほうが目立っていた。明らかにタスクフォースは、このままなら事業が消滅するという「強烈な反省論」の提示で成功していたのである。

その日までが社員の不安のピークだった。新体制発足まで、あと四週間に迫っていた。営業担当は、自分の所属するビジネスユニットと営業担当地区を示されたので、仕事の引き継ぎや顧客への挨拶に走り回りはじめた。

川端祐二は「今月の業績のことも忘れるな」と各地を激励した。だが内心では、六月の受注がさらに落ち込むことを覚悟していた。

この人事発表をもって、タスクフォースの作業はすべて終わったのである。

史上最大の落ち込み

香川にプレゼンしたのが四月初旬。それから七月一日新会社発足までの二カ月半は、黒岩にとって本当に心理的に長かった。

改革案が承認され、ルビコン川を渡って社内に発表した。つまり、毅然として「改革の押しボタン」を押した。既に死の谷の吊り橋を渡り始めたのである。引き返すことは許されない。

新体制に向けていよいよ新経営陣が前に出てきた。社長内定者の川端祐二が、BU事業部長になる予定の星鉄也、古手川修、赤坂三郎を集めた。そこで課した最初の仕事は、各ビジネスユニットのビジネスプランを最終的に仕上げることだった。

三人はそれぞれ、自分の部下になる予定の者を集め、その作業にとりかかった。

戦略というもの自体に馴染みの薄かったBU役員たちに、タスクフォースが作り上げた原案がフレームワークとして提供された。実際の事業責任を負うビジネスユニットの経営陣が、改めて「自分たちの計画」としてビジネスプランを書き上げ、年度予算の数値目標を決めることが重要だった。

いま、社員の心理は非常に不安定になっていた。それを収束させることのできる新会社や新経営の体制は、まだ始まっていない。そして、みるみる業績が落ちていく。

旧体制最後の月になる六月の受注は対前年比四一％減という激しい落ち込みを見せた。史上最低の受注金額であった。

市場シェアは一三％に下がり、当然これも史上最低レベルになった。新体制発足後もこの状態が続けば、改革どころか、事業閉鎖が早まる可能性さえあった。

受注減少を反映して、四月から六月までの第１四半期だけで新たに七億円の損失。

この時期、アスター工販は強力な「マイナスのモメンタム」に支配されていた。

それは、改革リーダーだけが味わう死の谷の修羅場心理だった。タスクフォースの連中も不安だったに違いない。社員の前であれだけのプレゼンをしたのはいいけれど、その通り実現する保証はまだ何もなかった。

黒岩莞太が着任してから、九カ月がたっていた。マイナスのモメンタムを前任者のせいにする時期はすでに終わっている。すべては黒岩が仕掛けていることだった。

黒岩は香川社長に、「改革初年度の下期には、単月でも黒字の月が出るようにしませんと」と約束したものの、第１四半期は大赤字の状況になってしまった。この先、あの約束を果たせるようになるかどうかは闇の中だ。

だが黒岩莞太の確信に揺らぎはなかった。「自分のやっていることは正しい」と思っていた。けれどもその証拠を見せろと言われれば、まだ何もなかった。

実態として「プラスのモメンタム」は誰にも見えていなかった。

大きな救いは、香川社長が黙って見守ってくれていることだった。もし香川社長の神経が早くも切れはじめていたら……もし彼がここで黒岩の改革シナリオを疑いはじめていたら……もし本社内に出ている疑問の声に同調していたなら……黒岩統括への態度が急に変わることもあり得るのだ。

しかしその香川五郎は、安きこと泰山（たいざん）の如く、じっとして動かなかった。

成功9つのステップ

私（著者）は、自分が関与してきた改革ケースを分析してその進め方の共通パターンに気づき、それを「成功9つのステップ」と名づけた。会社の改革がうまく進むときには、業種や状況の違いがあっても、必ずこのステップがきちんと踏まれている。停滞や失敗が起きる時は、そのステップのどこかで改革の勢いを殺す障害が発生している。

黒岩莞太らの改革チームは「成功9つのステップ」を正確に踏んできている。そのお陰で、「死の谷」に転げ落ちることなくここまで前進を続けてきた。

第1ステップ「期待のシナリオ」と「具体性不足の壁」

強いリーダーや組織は、自分たちの改革がうまくいっているかどうかを判断する「基準」を持っている。それは予算とか計画のような形で文書化や数値化が行われていることもあれば、改革リーダーが心の中に抱いている「思い入れ」や「願望」の場合もある。

そのような基準のことを、私は「期待のシナリオ」と呼ぶ。その内容は改革の行動ステップ、スケジュール、あるいは最終的に目指す「できあがりの姿」などが、できるだけ明確に示されて

成功9つのステップ［不足9つの壁］

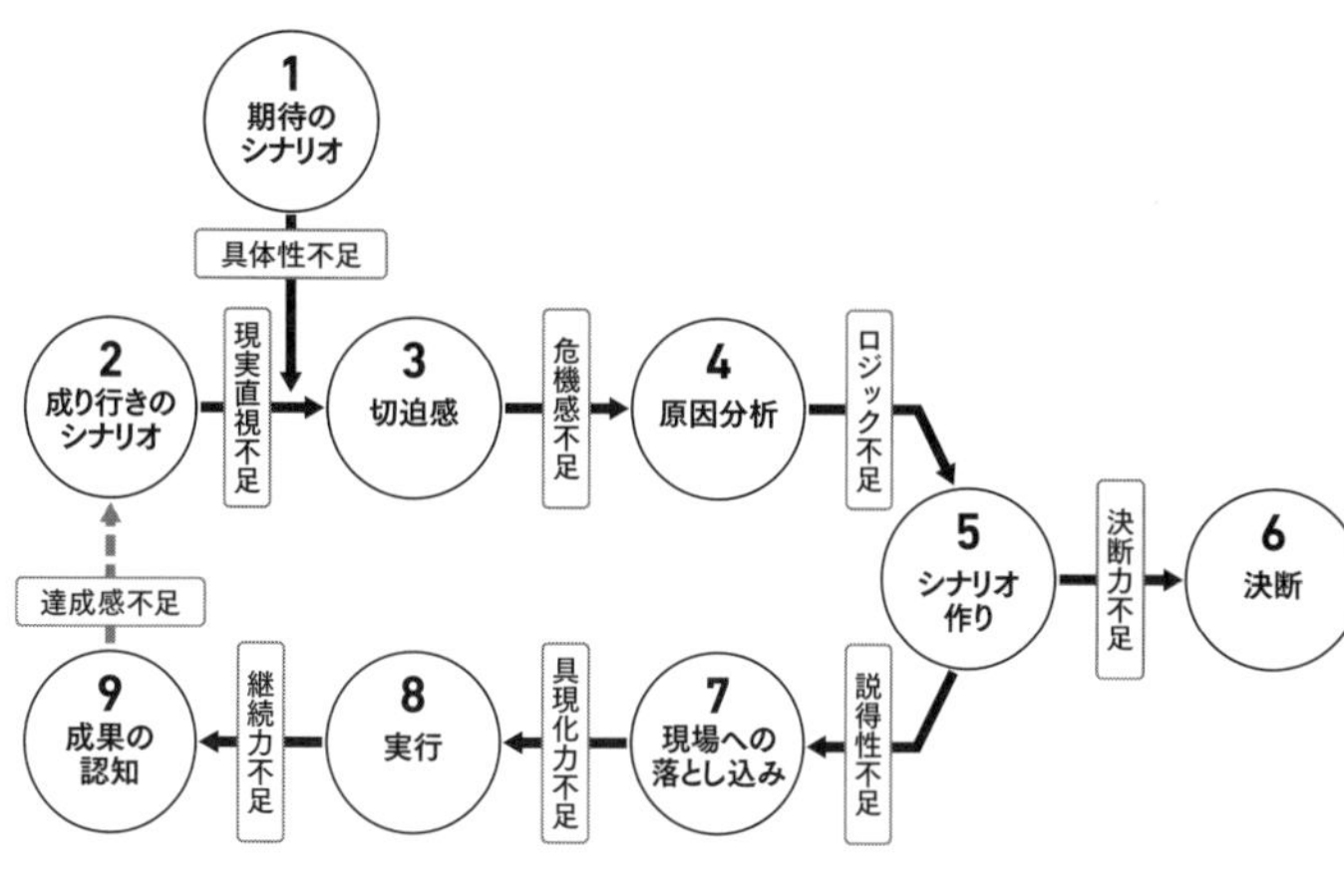

いなければならない。

それを基準にして、いま改革がどう進んでいるかを見たとき、「このままではまずい」と気づけば、改革者は何らかの是正行動を起こす。もし「期待のシナリオ」が曖昧で、現実の改革実行がうまくいっているかどうかの判断ができないものであれば、「これはまずい」と気づくことはできない。そうなれば行動の是正は行われず、そのまま進んで改革の停滞や行き詰まりに至りかねない。だから改革の成功を危うくする最初の障壁を、私は期待のシナリオの「具体性不足の壁」と呼ぶ。

期待のシナリオを書くのは容易ではないが、闇雲に改革を始めて停滞や失敗を起こすよりは、冒頭でしっかり考え抜いて立案し、それを幹部・社員がきちんと共有することが重要である。

第2ステップ
「成り行きのシナリオ」と「現実直視不足の壁」

優秀な改革リーダーは、いつも「このままいけばどうなるか」の絵を正確に把握することに努めている。船の船長が双眼鏡やレーダーを頻繁に見るのと同じである。手ずから（ハンズオン）の行動で自ら「問題のボトム」を確かめ、この先、事態がどう推移するかを読もうとする。それによって得られる見通しのことを「成り行きのシナリオ」と呼ぶ。それが第2ステップの「期待のシナリオ」と照らし合わせながら、改革がうまく進んでいるかどうかをチェックする。

この先の「成り行きのシナリオ」を正確に描くことは、「いま、どこにいる」という現状把握を正確に行うことから始まる。それがうまくできない会社は「現実直視不足の壁」に行き当たっている。そうなれば、このまま進んでどうなるかの成り行きのシナリオを正確に描くことができない。考えられる原因としては、

①リーダーが「現実直視」を行う能力に不足がある（たとえば、経営リテラシーが低い）
②情報不足（悪い話が上に伝わらないとか、情報解釈が浅くて深刻さに気づかない、など）
③幹部の時間軸認識が甘い（とりあえず放っておいても構わないと思っている）
④目標への執着心が薄い（怠惰か無責任か、いずれにしても必死に取り組む気がない）
⑤そもそも何を目指しているのか「あるべき姿」が初めから曖昧

などがある。

これらの原因は、第1ステップ「期待のシナリオ」での「具体性不足の壁」が強く作用してい

る。前のステップをいい加減にしたまま改革を進めると、次のステップで行き詰まりの原因を増幅させてしまうのである。

過去のアスター事業幹部の「成り行きの認識」は非常に甘かった。予算がはずれても平気、大赤字でも危機感は薄かった。彼らの「成り行きのシナリオ」は、基本的にいつも「このままで大丈夫」「切り抜けられる」という楽観論だった。香川社長に正確な情報は届いていなかった。香川社長が黒岩莞太を登場させたことで初めて明快な「期待のシナリオ」が立案され、「現実直視」「成り行きのシナリオ（このままでは事業を救えない）」の認識プロセスが始まった。

第3ステップ「切迫感」と「危機感不足の壁」

第1ステップ「期待のシナリオ」と第2ステップ「成り行きのシナリオ」の説明で述べたが、第3ステップでは、両者の照合を行うことで現状がうまくいっているかどうかの判断を下す。「このまま進めていけば成功に至る」と思えば、是正アクションは必要ないから、いまの改革行動を進めていけばいい。しかし「このままではまずい」と思えば、あなたは「切迫感」を抱く。それが、第4ステップ以降の作業をきちんと進めるための原動力になる。

現実には二つのシナリオを比べても、現状が良いのか悪いのか判断できないことが起きる。その最大の原因は、もともと二つのシナリオの片方ないし両方ともがいい加減に作られていることだ。そうなれば切迫感は生まれず、第4ステップ以降の行動は先延ばしになる。それが、組織の「危機感不足の壁」である。現実は「まずい」のだから、いずれ改革は的はずれの状態に陥って停滞を引き起こす可能性が高い。

業績不振で停滞している会社で社内の危機感が低いというのは、このステップで「切迫感」が生まれないからだ。その状態が長く続けば、その会社はこのステップで死の谷に近づいていく。

第4ステップ「原因分析」と「分析力不足の壁」

現状に危機感を抱いた人は必ず、「どんな手を打てばいいのか?」と自問し、自然に「そもそも、なぜこんなことになったのか?」という疑問に行く。つまり、原因分析が必要になる。

それまで社内で語られてきた原因が、不振の本当の病原とは限らない。真の原因を明らかにできなければ、どこから改革に手をつけるかの判断がズレる。そうなれば、あまり本質的でない問題に改革のエネルギーを消費することになる。だから、問題の核心を正確に見つけなければならない。そこに「分析力不足の壁」がある。この壁を越えられるかどうかは二つの要素に依存する。

①十分な分析スキルがあるのか

②原因分析に対する「こだわり(執拗さ)」が十分にあるのか

慢性的な不振企業は第3ステップで止まっているのだから、日頃からものごとを論理的に議論し、数字を重視する気風が弱く、分析スキルを身につけた社員が少ないのが一般的である。

問題は分析能力だけではない。そもそも本質を突く情報やデータは簡単に手に入らないのだから、あきらめずに探し続ける「こだわり(執拗さ)」が重要だ。データがないと言って、あっさり諦めてはいけないのである。

分析が進み、これが問題の核心だと思えるものが見えてきたら、次にそれを人々に分かりやすく説明するために、問題をできるだけ単純化して、「原因ロジック」と呼ぶものを描く必要がある。指摘された人々からグウの音がでない形で現実を示すのである。

改革の入り方や進め方を正しく設定できるかどうかは、この作業で決まる。原因ロジックが複雑なまま改革に進むと、組織は無駄な動きが増え、勢いを失いかねない。

アスター工販の改革では「商売の基本サイクル」のフレームワークが大黒柱になっていた。基軸理論を明確にすると、一貫したストーリー性が出てくる。それは第5ステップのシナリオ作りに行ってから考えるものではない。読者の皆さんは、タスクフォースの合宿のわずか三日間で、彼らの認識と意欲に大きな変化が起きたことをご記憶だろう。最初から核になる改革フレームワークが共有されていれば、第1～4ステップがワンセットで一気に進むのである。

黒岩たちは合宿のあと、本社に戻って原因分析をさらに具体化させる作業に入った。苦労に苦労を重ねてグウの音を言わせない事実関係を集めて、不振事業の真の「原因ロジック」を組み立てていった。その結果、出上がってきたのが「強烈な反省論」だった。

そこでは、社員全員が「自分もまずかった」と強烈な自省の念に駆られるものが提示された。会社の痛みが個人レベルにまで分解され、両者を繋ぐ「赤い糸」が見えてきた。自分の痛みをもって危機感を覚えた人々は、解決に向けた行動に協力的になる。経営ノート④で解説した1－2－3枚目ロジックのうちの「1枚目（強烈な反省論）」は、ここでは第1～4ステップに当たる。

第5ステップ「シナリオ作り」と「説得性不足の壁」

「強烈な反省論」ないし「原因ロジック」が見えたら、それに基づいて「改革シナリオ」を組み立てることになる。重要な認識として、前者を反転させたものが後者になる。

成功する戦略は常に話が単純にできている。長い時間をかけなければ説明しきれない戦略（つまり複雑な戦略）は、劣った戦略である可能性が高い。劣っているというのは、そのまま実行しても大した成果が得られないという意味である。

劣ったシナリオは社員の「マインド・行動」にインパクトを与えることができない。それが、「説得性不足の壁」である。その壁を乗り越えるには、シンプルで強力なシナリオが提示されなければならない。しかし皮肉なことに、それが鋭く書かれていれば、逆に社員の心に猜疑心や不安を呼び起こす面もあるのが現実だ。そこで大切なことは、

①シナリオが論理的権威性に裏づけられていること
②分かりやすいストーリー性を持っていること
③改革リーダーが「熱い語り」をもって不退転の姿勢を示すこと

読者は、黒岩莞太やタスクフォースの面々が社長や幹部に対して行った改革プレゼンに、これら三つの要素が含まれていたことに気づいただろう。

第6ステップ「決断」と「決断力不足の壁」

第5ステップのシナリオ作りと並行して、第6ステップとして一連の「決断」が次々に下されていく。それで改革の切り口、リスク、実行順序、時間軸など全体ストーリーが固まっていく。

ここには「決断力不足の壁」が隠れている。十分な情報が得られていない（すなわち第4、5ステップの作業が甘い）と感じるとき、人は決断に迷う。あるいは、その決断で自分の立場が危うくなる恐れがあるときにも、決断力は鈍る。また、時間軸感覚が甘いと「まだ決めなくてもよいだろう」と先延ばしの態度になりやすい。

改革案は最後に社長や取締役会に提出され、会社としての「決断」が下される。けれども、それは形式的な手順にすぎない。改革の成否を決定づける実質的な決断のほとんどは、改革チームのプランニング段階で下される。

つまり、シナリオ作りと決断は同時並行的に進むのである。トップが改革リーダーの真の決定者としての役割を果たすつもりなら、きれいに整理された案が上がってくるのを待っていてはまずい。プランニング段階で自ら作業に入り込むことが不可欠なのである。私は、それを決定権限者による「生煮え状態での検討参加」と呼んでいる。黒岩莞太がタスクフォースの作業部屋に日夜出没し、併走しながら判断を示していくやり方を行っていったことをご記憶だろう。経営ノート④で解説した1−2−3枚目ロジックのうち「2枚目（改革シナリオ）」とは、ここでは第5〜6ステップに当たる。

第7ステップ「現場への落とし込み」と「具現化力不足の壁」

第5ステップから「説得性不足の壁」を乗り越えることができた改革は、次に社内各部署それぞれのアクションプランに落とし込まれなければならない。

ラインを巻き込んで、具体的行動計画が部署ごとに作成され、改革効果を測定する何らかの基準（KPI）が示される。それが明らかになれば、話は自然に「目標とその期限」の設定に向かう。

改革シナリオに対して総論で賛成だった人々が、この段階までくると各論で反対に回ったり、実行案の細部を曖昧にして骨抜きにしたりするなど、政治性を帯びた行為が出てくる。ここに、改革の「具現化力不足の壁」がある。それを越えるには次の能力が必要である。

①現場への緻密な落とし込み能力
②燃えるリーダーシップ
③社内の政治的軋轢（あつれき）を処理する能力

アスター工販の改革では、組織をすべて組み替えるという大胆な改革が行われた。新組織の経営陣は、実行者として自分でビジネスプランを固める作業を行った。改革リーダーたちが、この段階で遠慮や迷いを見せれば、改革は初速を失いかねないから、一度走り始めたら、何が何でも「具現化力不足の壁」を突破しなければならない。

第8ステップ「実行」と「継続力不足の壁」

第8ステップは「実行」である。何と、ここまで七つものステップをクリアしてこないと、改革は実行段階に入れないのだ。ここから先は、愚直に行動、行動、行動の繰り返しだ。集中すべきと決めた範囲に限定して革新的手法を試行し、うまく行ったら対象を広げて水平展開するというやり方を繰り返す。見かけは大きな改革でも、実行面では短い時間軸の局地戦を精力的に繰り返していくのである。

日本企業の改革がなまくらになりやすい理由は、「突出部分」で「一気呵成の勝負」というアプローチから逃げたがるからだ。ここには「継続力不足の壁」がある。それを越えるには、

①もともとのシナリオや改革の意味を社員に繰り返し思い出させる
②Early Success（早期の成功、壊創変革の要諦42）が皆に見えやすいように実行計画を組む
③熱くて継続力のあるリーダーを上に立てる
④いつまでもネガティブな行動をとり続ける社員がいたら、断固として排除する

実行段階では、やってみたけどうまくいかないことがいろいろ出てくるのは当然だ。もし基本的アプローチに間違いのあることが分かったら、第7ステップのアクションプランまで戻らなければならない。

第9ステップ「成果の認知」と「達成感不足の壁」

経営ノート④で解説した1－2－3枚目ロジックのうちの「3枚目（アクションプラン）」は、ここでは第7～9ステップに当たる。改革に成功したら、改革チームの努力は正当に認められなければならない。たとえ失敗でも、その経験者は貴重な人材だ。

ここには「達成感不足の壁」が待っている。米国のような、金まみれのインセンティブを用意することは主張しない。しかし日本企業では、リスクをとった者への報酬が不当に低いことが多すぎる。会社全体を救うために生きるか死ぬかの勝負をさせたのに、改革メンバーと宴会を開く程度で終わらせたり、改革メンバーが人事処遇面でも報われなかったといった話を聞く。日本企業でいわゆる企業家的サムライが減ってしまい、経営者的人材の枯渇が進んだ現実は、そうしたことと深い関係があると思う。

最後に、実はこの9つのステップは事業改革だけでなく、個人のビジネスの行動や普通の人の生活行動にも当てはまる。つまり、この「成功9つのステップ」は普遍的な人間行動の押さえどころを示している。これらのステップをきちんと繰り返すたびに、人は経験と技量を高めていくのである。

第七章

【壊創変革のステップ・7】

愚直に熱く実行する

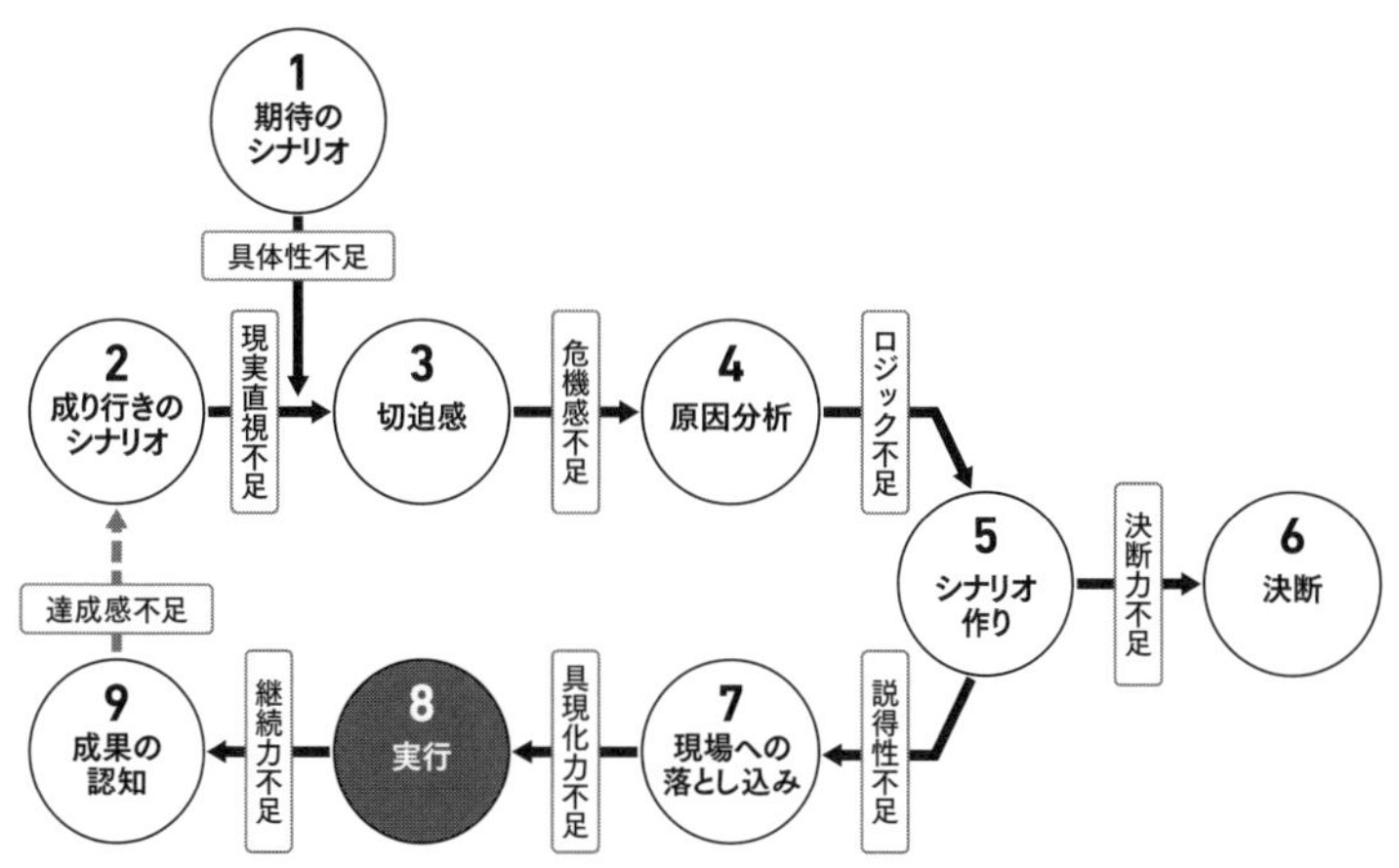

覚悟のスタート

七月一日、アスター工販は新体制発足の日を迎えた。

黒岩莞太改革統括、新社長川端祐二、そして三人のBU事業部長は、不安いっぱいの中で船出していく。その日、新生アスター工販の全社員三二〇名が全国から北陸の工場に集められ、近くの会議場を借りて新体制発足の総決起大会が開かれた。

「そんなことに経費を使って、意味があるのか」

数は少ないが、社内に残っている改革抵抗派の陰口だ。ここ三カ月間の業績の更なる落ち込みを新経営陣の責任のようにあげつらう者がいることは分かっていた。だが、黒岩と川端はそんな批判に関心がなかった。

業績がひどく落ち込んでも、まだ個人としての痛みを感じないこの組織風土。それをいま捨て去ることを、はっきり全社員に示さなければならない。

地方の営業事務の社員や工場の生産要員など、これまで会議に呼ばれたこともない社員まで集めて、改革のコンセプトを一人ひとりの心の奥底にしみわたらせるのである。

《BU1所属の開発技術者（二七歳）の話》

社員決起大会はものすごく盛り上がりました。

全国の社員が初めて一カ所に集まったので、お互いに電話だけで知らない顔も多く、この会社はこんなに多様な人々の集まりだったのかと驚きました。

黒岩統括が壇上に登場し、「何がなんでも『向こう岸』に渡り切ろう」と言われました。

川端社長や三人のＢＵ事業部長が次々に登場し、ビジネスプランと今後の進め方をプレゼンしてくれました。話の筋が通っていて、会場の雰囲気が高揚していくのを感じました。

しかし私が本当に驚いたのは、そのあとＢＵ毎の分科会に移ったときのことです。私はＢＵ１の所属なので、その会議場に行きました。

何に驚いたのかって、そこにいた社員の数が少なかったのです。たったの一〇〇名ほどでした。それまで営業、生産、開発などの社員を全員集めるとなれば、産機事業本部は七〇〇名が対象でした。昔は一四五〇名でした。当時は組織の中が複雑で、誰が何をしているのかよく分かりませんでした。

ところが今回、会議に行ってみたら、そこでＣ商品群の組織全容が忽然と姿を現したんです。実に簡単な姿でした。六、七人の役員で自在に動く規模でした。

「これなら、誰に何を聞けばいいか、全部見える」

そう思いました。霧が晴れて盆地の景色が全部見えたような、劇的な変化でした。

《ＢＵ2所属の営業担当（二九歳）の話》

ＢＵ２事業部長に就任した古手川修さんが……太陽産業としては異例な若さの事業部長ですが、全員の前に立ってこう言いました。

「この部屋にいる一四四名が変われば、ＢＵ２事業は変わる。一四四名が変わらなければ、事業は変わらない。誰のせいにもできない。ここから先、そういう単純な図式です。

若輩なのに生意気なことを言いますが……われわれはこの人生で何を楽しみに生きているので

しょうか。毎日の時間の大半を過ごしてきた会社がこんな惨めたらしい状況で、このまま終わってしまっていいのでしょうか。幼い頃の夢は何だったのでしょうか」

周りを見たら、五〇代の人たちも下を向いて聞いていました。古手川さんは強いな、素晴らしいなと思いました。

私はこの一日で強い刺激を受けました。負けないで頑張ってほしいと思いました。これまで人ごとのように感じていた会社の問題が、実は自分の「生き様」の問題だったのです。

そして、意外なことが起きました。この決起大会に、香川社長が東京からわざわざお越しくださったのです。私は社内報や新聞に載った写真でしか社長の顔を見たことがありませんでした。関係会社のこのような集まりに親会社社長が出てくることは、異例だと聞きました。

香川社長の挨拶も厳しかったです。美辞麗句が一切、ありませんでした。

「中小企業の泥臭さ、スピード一〇倍の精神でいきなさい。私は諸君に二年間の期限を課した。それでダメならこの事業は終わりです」

親会社の最高経営責任者が、子会社の全社員に、事業閉鎖の時間軸を再度、言い切ったのです。腹の中にどーんと響きました。アスター工販経営陣と香川社長の話は完全に一致していました。この事業改革がトップと一体になって動いていることを、はっきり感じました。

《BU3所属の企画担当（二八歳）の話》

厳しい一日でしたが、夜のパーティーは最高潮に盛り上がりました。

私たちの気持ちは前向きでした。昼間の会議で、これから一人ひとりが何をすればいいのか具体的方針が鮮明に見えてきたからだと思います。

それどころか、私なんかつい、何となく希望に満ちた感じになり……皆でワーワーやっていたら、この時点で改革が成功したかのような錯覚を覚えました。前途洋々たる気分になりました。

今回の組織変更でアスター工販に異動せず、元の職場で大型機の仕事についた人たちがたくさんいたのですが……二、三日のうちにその人たちにも、この決起大会の様子が伝わりました。

それを聞いて、「俺も入れてほしかった」と言う人がいました……現金なものです。この前まで逃げ腰で、これで逃げおおせられると喜んでいたくせに。それを見て、私のやる気はさらに倍増しました。この改革を何が何でも成功させたいと思いました。

組織のスピード化

こうした感想で分かるように、社員はＢＵの「小ぶりの組織」に驚いたが、それに伴う変化が社内のあらゆるレベルで起きた。

旧体制下での経営会議は、三〇人近い幹部が集まって、まる一日かけていた。一つの商品群の幹部が自分の順番が来ると、ちょっと何か喋（しゃべ）るだけで、その前も、終わった後も、一日黙って座っているだけ。全議題を関心をもって聞いているような顔をしながら、実は退屈だった。

しかも事業本部の中でＣ商品群などマイナー扱いの事業は、問題があってもいつも後回しだった。一日が終わってみると、何が決まったのかはっきりしないことが多かった。

それに対して、新体制でＣ商品群を担当するＢＵ１では、星鉄也が経営会議を開くと、出席者はＢＵ１営業部長やＢＵ１開発部長など直接の関与者七名だけ。それに、黒岩統括と川端社長が陪席者として横に座って聞いている。

初めから終わりまでC商品群の議題だけを深く議論し、その場で結論を出すことができた。黒岩統括も川端社長も、星鉄也から求められない限り、発言を控えていた。会議が終わり他の幹部が退席してから、二人は個人的に星鉄也へのアドバイスや指示を出すようにしていた。

BU1幹部七名のうち三人は星鉄也よりも年長者だった。その一人は星鉄也の元上司だった鹿児島良雄である。しかし、星鉄也の会議運営に遠慮は見られなかった。年長者の幹部も、この日までに気持ちの整理をつけていた。

初めての経営会議が終わったとき、鹿児島が皆の前で言った。

「こんなふうに、目の前でどんどん結論を出せるのは最高ですね。これまでの会議は何だったのか……」

彼の言葉は最近まで部下だった星鉄也への応援でもあった。

営業組織の変化はもっとも劇的だった。

《BU2所属の大阪の営業担当（三四歳）の話》

月に一回、私のBUの営業会議がアスター工販本社で開かれるようになりました。四五名の営業担当と本社の人たちが毎月直接話をすることなど、以前には思いもよりませんでした。

目の前にBU2事業部長の古手川修さんが座っています。その隣に陪席者として川端社長が座っています。時々、黒岩統括も出てこられます。以前の体制では、私が子会社アスター工販の社長の顔を見たのは二年に一回くらいでした。親会社の事業本部長なんて、顔さえ忘れそうになっていました。

議長の古手川事業部長から指名されて、川端社長が事業全体の観点から「太陽産業」と「アスター工販」の経営状況を説明してくれます。いままで絶対に聞けなかった話でした。次いで古手川修さんがBUの経営報告や改革プロジェクトの進捗（しんちょく）状況を説明してくれます。

このトップ二人の話は、たった一回聞いただけでも、私が旧組織の大阪支店に一〇年間いても聞けないくらいの情報量です。今月の営業会議には黒岩統括も来てくださり、あるべき営業戦略の考え方というか、フレームワークというものの解説をしてくれました。

もちろんBU2製造部長やBU2開発部長も出ています。開発なんて、以前は遥（はる）か遠い存在でしたが……信じられないほど風通しがよくなりました。

古手川事業部長は、「情報連鎖」や「時間連鎖」を縮めることで、われわれの「マインド連鎖」も縮まると盛んに言っています。会議の冒頭二、三時間だけで、すでにそれが起きつつあると感じます。

若い古手川さんのことを、皆が一日目から事業部長と呼びました。年長の社員も割り切ってそう呼んでいました。初めは本人も気恥ずかしい感じで、川端社長もニヤニヤして見ていました。しかし、すぐに定着してしまいました。

午後の会議では、営業方針や個人別営業成績の発表が行われます。営業活動の進捗フォローは、以前とは比べものにならないほど厳しくなりました。雲泥の差です。時には営業部長の怒声が飛んでくるようになりました。

今までの「やってもやらなくても同じ」のカルチャーを完全に壊すためだと思います。とにかく昔のだらけた雰囲気は、最初の日の会議を始めて一〇分も経たないうちに吹き飛んでいました。

特に営業行動管理ができていない人、たとえば一日平均の客先訪問が二件しかないとか……いくら当社の商談が複雑な内容だといっても、その気になればもっと動けますよ……つまり怠け者は、徹底的に指導されています。当然だと思います。

戦略商品が明確になり、以前の「何を売ってもいい」は完璧に否定されました。

支店長や営業所長がいなくなったので、本社の営業方針を全員が直接聞いて、それが直ちに営業先端の活動内容になります。その意味で、営業活動の切れ味が格段に鋭くなったと新営業部長が言っていました。

インセンティブの金額も高くなりました。やる気のある営業担当にとっては面白く、そうでない者には辛いものがあるでしょうね。営業担当一人ひとりが各地でミニ会社を開いたような感じで、個人の技量がそのまま成績に出てくるようです。

とにかく、起きている変化が非連続的というか、革命的というか……ドサッと一気に変わりました……何もかも……。

組織を変えるときは、こういうやり方をしなければならないのだと、分かりました。でも、この変化についていけない人、昔の雰囲気が懐かしい人も、まだいます……そう簡単に頭も体も動かないんですよ。

自動車とか保険のセールスなどの世界に比べれば、われわれはノンビリしていることを皆が知っていました……どんな劣悪な営業成績でも、とりあえずは毎月、大企業の給料が振り込まれ、全社一律の賞与が払われてきましたから。

《BU1所属、もと仙台支店次長（五二歳）の話》

旧体制では、営業担当の仕事が複雑すぎました。商品数が多すぎて、訪問先の顧客が買いたいものもバラバラだし。

私はBU1所属ですから、C商品群のことだけ考えればいいようになったんです。訪問するお客様も絞られ、戦略商品は二品目だけ。BU内でのクレーム処理の連繫もスッキリ……。とにかく朝から晩まで、考えることが単純になりました。

面白い話があるんです……。

旧体制では、アスター工販本社、支店、営業所から各地の営業担当に向けて、営業指示、商品情報、クレーム情報、人事通達、総務連絡などが、書類やメールで頻繁に送られてきました。

それに加え、本社事業本部のプロダクトマネジャー、開発センター、工場などからも、同じような連絡や通達が来ました。

あるときそれを調べたら……驚いちゃいけませんよ……一人の営業担当が一カ月に受け取っている文書が、簡単なメールなどを除いても、平均三〇〇件もあったんです。書類にすると五〇〇頁を超えていました。

本社や工場の個々の発信者は、自分の部署は重要な連絡しか流していないと思っているのです。しかし全部署から連絡を受けとる営業担当のところでは、とんでもないことが起きていたのです。律儀に書類を読んでいたら、営業活動の時間なんかありませんよ。読み切れないので結局は無視。本社戦略が「現場で骨抜き」という黒岩統括の指摘はまさにその通りでした。

壊創変革38の要諦

【社内矛盾は顧客接点で凝集】

組織や戦略の矛盾が解決されずに社内で順送りにされると、最後に営業担当の顧客接点にしわ寄せが行く。顧客接点に集まった自社の弱みや矛盾を見れば、社内組織の問題点が凝集して見えてくることが多い。

新体制では連絡や通達の数が激減しました。一日に数通ですから、全部読めますよ。とにかく、営業担当の意識が単純化されたことは大きいと思います。

顧客への接近

以前の体制では、「創る、作る、売る」の回しを妨げている問題があれば、それを解消させる役割は、組織上、全機能を集約している親会社の事業本部長一人しか果たせなかった。新体制ではその役割が、親会社事業本部長からBU事業部長にまで下りてきていた。つまり、事業責任が組織階層レイヤーで二つ下まで下りたのである。

だからアスター工販の社長の仕事は、むしろ各BU事業部長を「支援」したり、BUごとの動きがバラバラにならないように、戦略的な「ヨコ串（ぐし）」を入れることが主たる役割になった。

組織では、このタテとヨコ串のバランスが重要である。

川端社長はCEOとして全体戦略に責任を負うとともに、機能分野としてはマーケティングと営業を重点的に見ることにしていた。

アスター工販を、親会社太陽産業の中でもとりわけマーケティング志向の強い子会社に変身させたいと思っていた。

川端社長はしばしば、三人のBU事業部長にこう言った。

「BUの自律性が大事だけど、自分一人で戦っていると思うなよ」

彼はアスター工販の全社観点から「マネジメントチーム」という言葉を頻繁に使った。

川端社長は、新体制発足と同時に猛烈な勢いで顧客回りを始めた。

エンドユーザーの不満が市場で渦巻いていることは、タスクフォースの段階で把握していたからだ。とりわけ品質に対する不満が強かった。

代理店はアスター工販への不信感を根強く持っていた。品質をよくするだけでなく、儲かる仕組みを提供しない限り、代理店がこちらを向かないことは明らかだった。

《横浜市のエンドユーザーA社の社長（六二歳）の話》

半年以上前に黒岩統括が来られたときには、相当きついことを言わせてもらいました。

三年前に大きな投資をして、そのときに買ったアスター製品がすぐに故障して、それ以来、何度直してもまた壊れる。

もうこりごりで、アスター製品は買わないことに決めたと言いました。でも現に社内で使っているアスター製品がまだたくさんあるので、しようがなくつきあっていました。

昨日、新社長の川端さんが訪ねてきました。今度の改革の内容をじっくり話してくれて……これから絶対によくするから、もうしばらく時間をくれと。

私も経営者ですからね。ちょっと感激しましたよ……改革の話やその熱心さに。

新しい提案が出てきました。当社の技術陣とアスター工販の技術陣の間で、メンテナンス向上や将来の技術開発に向けて「技術交流」をやらせてほしいということでした。

もちろん異存はありませんよ。私が商品を買わなくても、とりあえずそのあたりから改善したいということだったので。

ウチも故障がなくなればありがたいし、メーカーの技術陣がこんな中小企業にまで来てディスカッションをしてくれれば、こちらの社員の技術水準も上がるし。

それと先週、BU事業部長とかいう人が来て……星鉄也という名前の……今までのアスター工販のイメージと違って、あまりに若いのでびっくりしたんだけど、この人が元気でね。

気のせいか、このところアスター工販の営業担当の態度が少し変わったような気がする。前より反応が早くなったというか……本気になったというか……。

とにかく、あの会社の中で何かが起きていることは感じるよ。

《代理店大山商事、代表取締役大山郁夫社長の話》

黒岩統括と川端社長が七月初めに揃って訪ねて来られました。

半年強でどんな改革準備を進めたかを……どうしてそんなことまで、と思うくらいオープンに話してくれました。

驚いたよ……支店を廃止するとか、全国の営業を商品別に三つに分けちゃうなんて発想は、私にはなかったね……思い切ったことをしたもんだ。

古手川BU2事業部長にも会ったけど、これがまためちゃくちゃ張り切っていて、ギラギラしていて……。一緒に来た営業部長は私も前から知っていた人だけど、久しぶりに会ったら、顔つきも目つきも前より締まっていました。

こちらが何か文句を言うと、古手川さんが……彼はまだ四一歳でしょう？……向こうも負けずにワーワー反論してきて、その内容がきちんとしているんだ。いいと思ったね。彼より年上のＢＵ営業部長にも、びしっと指示を出していた。

私は黒岩統括に、つい聞いちゃいました。

「失礼ですけど、川端社長や古手川さんは、今までどこに隠れていたんですかね？」

「社内を一生懸命探したら……いたんですよ」

太陽産業くらいの一流企業になれば、埋もれている人材が多いのでしょうかね……いえ、これは皮肉。黒岩さんが来るまで、彼らを生き埋めにしていたんだから。

私はアスター代理店会の会長をしているので、川端社長から代理店会の活性化について提案がありました。フラフラしていた代理店政策を明確にしたので、ついては代理店会の臨時総会をやりたいという話でした。それもわずか一カ月後に開きたいと。

仕事のスピードが全然違ってきたので、こっちもあわてましたよ。

その代理店会臨時総会は熱海で開かれました。会社は赤字ですからお金がなかったはずですが、トップから「しょぼくれたところでやるな」と言われて、一流ホテルで開くことになったそうです。そういうところで経営者のテイストが一流かどうかが出るんですよね。

しかも、当日は香川社長がパーティーに出席されたんです。過去三〇年間を思い出しても、この代理店会に太陽産業の社長が来られたことはありませんでした。

おまけにそのご挨拶がすごかったんです。

「今日は代理店の皆さんに謝りに来ました。太陽産業社長としてアスター事業に手抜きをしていました。改心して、この事業を立て直すので、皆様に助けていただきたいのです」

東証一部上場の大メーカーの社長が、あんなに腰を低くして反省論を言われたので、代理店の社長さんたちは皆、背筋が伸びましたよ。

アスター工販の幹部や営業担当も出席していましたが、彼らの話すこともずいぶん変化していました。経営方針のプレゼンというのがあって、過去に見たことのない積極姿勢でした。なにか、違う会社と取引を始めたみたいな感じでしたよ……。

こうなると、こちらもうかうかしていられないという感じになってきました。応分の働きをしないと、今度はこちらがケツを叩かれる番になってしまうからね。

代理店会から戻ったら、すぐにウチの担当常務と営業部長に話をしました。アスター商品をもう少し動かせと……。代理店各社も同じだと思いますよ。

驚きの変化

読者は、七月一日の新体制発足のあと、アスター工販の業績が急に上向きの傾向を示しはじめたと聞けば、「話がうますぎる」「ウソだろう」と感じるに違いない。

しかし、グラフの通り、実際に起きたことである。

よく練られた改革シナリオで追い込んでいくと、世の中にはこのグラフのような激しい変化が現実に起こるケースがあるのだ。

受注の対前年伸び率

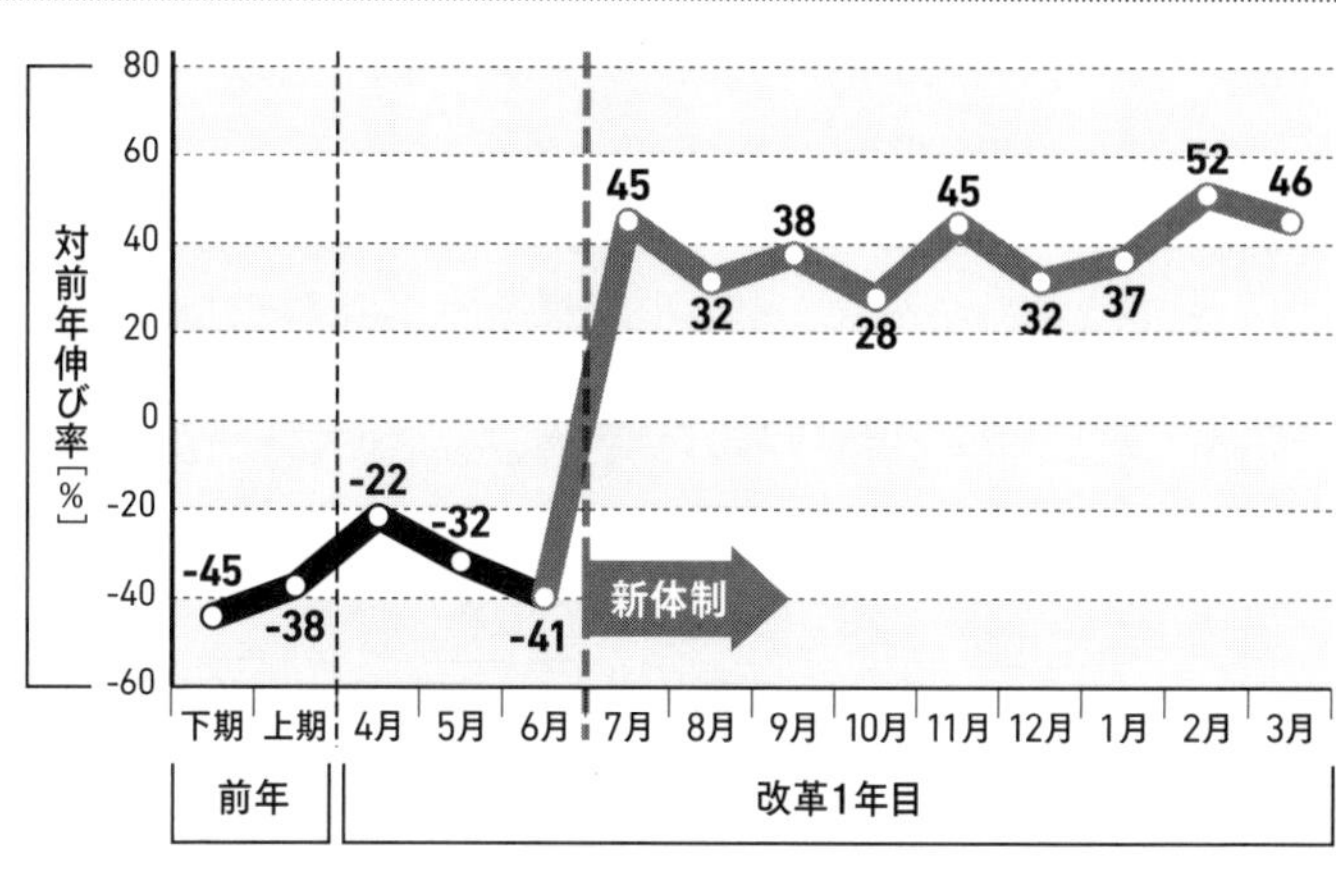

旧体制最後の四～六月の第1四半期損益が赤字七億円（年率換算で赤字約三〇億円）という危機的レベルに陥ったことはすでに述べた。

その時期、アスター工販は強力な「マイナスのモメンタム」に支配されていた。

ところが新体制に移行した七月を終わってみると、受注が前月の対前年比マイナス四一％から、大きく反転していることが分かった。それも対前年比プラス四五％への驚きの反転だ。

だが、その好転を見て、黒岩は、「これは一過性の出来事だろう」と言った。

つまり、営業担当は改革で事業がなくなると聞いてからの三カ月くらい士気が下がり、ただでさえ低い活動量をさらに落としていた。流通には未処理の受注が溜まり始めていた。

そしてこの一カ月ほどは営業担当の所属やテリトリーが変わり、その引き継ぎの活動で、さらに営業活動が手抜きになっていた。中高年齢層の営業社員は身の不安を感じて浮き足立っていた。

ところが彼らの居場所が固まり、七月一日以降、新鮮な気持ちで必死の営業活動を始めたので、中途で止まっていた商談の多くが一気に上がってきたのではないか。それが、黒岩や川端らのはじめの解釈だった。

事実は異なる様相を見せはじめた。次の八月が始まると受注の対前年比はやはり高く、三二％増になった。黒岩も川端も狐につままれた感じになった。

改革の効果が出るには依然として早すぎる。次の九月の受注が対前年比三八％もの伸びを示したとき、彼らは「これはホンモノかもしれない」と思いはじめた。

やがて、業界団体がとりまとめた市場データが三カ月遅れで入ってきた。経営陣は感激して大喝采し、拍手をした。

彼らが発見したことは、景気低迷の中で市場は伸びていないという事実だった……ということは……アスター工販の売上増は、シェア増加によってもたらされている。

一〇年近く負け戦を続けてきたこの組織が、初めて反撃に転じはじめたのである。

もちろん低価格で押し込むような売り方ではなかった。各BUは川端社長の指示で商談一件一件の利益管理を強化していたので、粗利益率はむしろ向上する傾向にあった。

だからこれは、まともに受注が増え、まともに利益が増えはじめたということなのである。

こんな短兵急な反転現象は、黒岩莞太の予想を超えることだった。

黒岩たちは確かに「愚直」に改革を推し進めてきたが、これほど早く成果が生まれることがあり得るのだろうか。もしそうなら、その要因は何なのか。

組織がシンプルになり、経営の意思がモロに皆に伝わりはじめたことは大きいだろう。また、社員たちは「あと二年限り」と言われ、それを真摯に受け止めた。危機感を抱いて自分の意思で動きはじめた者の多いことが何よりも大きい。

市場セグメンテーションや新開発戦略などを論理的に詰め、ロジカルに実行に移していく経営が、皆に新鮮に映っている効果も確かにあるだろう。

だがどう考えても、それらの施策の具体的効果が出るには、早すぎる。

そうなれば結論は一つしかない。ここまでの効果はほとんど心理的なもの、つまり皆がやる気になったためとしか考えられなかった。

その証拠に、受注急増は三つのBUすべてにおいて一律に見られた。

全体市場が伸びてもいないのに、競争状況の異なる三つの商品群で突如として共通のモメンタムが生まれるとすれば、それは内的要因によるものとしか考えられなかった。

社員の意識が束になるだけで、これほどのエネルギーが出てきたのである。

「出来すぎだな」

黒岩莞太はそう思った。

もし心理的効果だけでこのような成果が生まれるなら、「この七年間の事業不振、しかも累積赤字二二〇億円とは何だったのか」と考えざるを得なかった。

要は組織が、ただたるんでいたというだけのことだったと見られるのである。

壊創変革39【改革一年目の心理的インパクト】の要諦

改革シナリオが明快なら、聞くだけで社員の気持ちの高揚と行動変化が生まれ、早期に改革効果が出はじめる。改革一年目に劇的な成果が生まれる場合、その成果の半分以上は、社員の「やる気」の高まりによると思われることが多い。ただ、皆の頑張りに頼っていると、一年もすれば皆が疲れてくるのに従い、改革効果が落ちてくる。

壊創変革40の要諦　**【改革二年目の構造的インパクト】**
社員の「やる気」の高まりによる効果が出ている間に、経営改革の「仕組みによる強さ」の構築を急がなくてはならない。「構造的効果」が出てくるかどうかは二年目が勝負だ。当初の心理的効果から、仕組みの強さへの移行が遅れると、改革の勢いは失速し始める。

黒岩統括は経営陣の引き締めにかかった。このジャンプが単に心理的なものなら、効果はいつまで続くか分からない。疲れやマンネリ化で勢いを失う恐れがあるし、何か否定的なことが起きれば一気につぶれてしまう怖さがあった。
「創る、作る、売る」の仕組みを早く定着させ、戦略を末端まで徹底し、改革シナリオが「多少サボっていても継続的効果を発揮する」ところまで持っていかなければならない。

壊創変革41の要諦　**【シナリオの説得性】**
優れた改革シナリオは頭から「頑張り」ばかりを求めるものではない。仕組みによる強さのストーリーが明快なとき、気骨のあるリーダーの下で皆は「頑張る」ことを始めるのである。

星鉄也や古手川修たちは、改革テーマの実行を加速した。

それにしても、ありがたい追い風だった。なぜなら、この数字の上昇を聞いて、社員が勇気百倍になったからである。

受注は増えても、機械を組み立てて出荷するには時間がかかるから、月々の売り上げに基づく月次決算はまだひどい赤字だった。けれども、工場の稼働率が上がりはじめ、自分たちが水面に向かって浮上しはじめたという証拠ほど、彼らを元気づけるものはなかった。

壊創変革の要諦42【Early Success】
改革では、小さい成果であっても早期の成功（Early Success）を示すことが重要である。それによって「自分たちがしていることは間違っていない」という自信が得られる。またそれは、改革抵抗者の猜疑(さいぎ)心を解きほぐす最大の武器になる。

星鉄也も古手川修も、タスクフォースの改革シナリオがこの早期の精神的効用を呼び起こす起爆剤になっていることを感じた。

新しい「販売ストーリー」を生み出す

新体制がスタートした翌月、つまり八月の初めに、ＢＵ２で新商品の発売準備が始まった。ＢＵ

2事業部長の古手川は、当面、商談や代理店対策で外を飛び回ることを優先させた。

そこで、川端社長が古手川のサポートに入った。新体制で取り組む初めての新商品だ。「創る、作る、売る」（経営ノート①）と「熱き事業集団の構造」（経営ノート④）の二つのフレームワークを具体的に合体させた実行ステップを考案し、それに沿って開発↓生産↓営業↓顧客へのサイクルを矛盾なく最速で進めるという、新体制初の革新的なマネジメント手法がとられた。

これを実験場にして、以前とはまったく異なる「新商品導入プラン」「営業拡販ツール」「戦略トレーニング」の手法を確立するという意図だった。

壊創変革の要諦43【現場で使える道具】
新しいことを手がけるたびに、改革コンセプトに準拠する具体的な現場ツールを埋め込む。この作業を手抜きすると社員行動は以前と変わらず、改革効果は出てこない。

BU2の幹部で新商品立ち上げ準備に当たったのは、マーケティング担当の大瀬靖司（四四歳）だった。実を言えば彼は当時、新体制のことをあまり面白く思っていなかった。タスクフォースと称して選ばれた者だけが何かやっているように見えて、疎外感を抱いていた。

自分より若いBU事業部長が生まれたのも不愉快で、内心ふて腐れていた。

最初のミーティングで、川端社長は大瀬にこう聞いた。

「この新商品の顧客に与える経済メリットを説明してくれるかい」

「新商品は部品性能が三割よくなって……」

「私が聞いているのは性能ではない。お客様の得る経済的利益だよ」

昨年、この商品の開発を担当していた猫田洋次が黒岩から同じ間違いを指摘されていた。ユーザーの経済メリットは、さまざまな要素が複雑に作用している。正確に論じるためには、ユーザーの仕事内容を裏側までよく知らなければならない。これまでアスター工販の社員はエンドユーザーへの食い込みが浅く、本能的にこの問題から逃げていた。

「当社の商品はイメージや流行に左右される商品ではない。経済メリットを説明せずに商品を売り込むことができるの？　あなたは『技術性能』さえよければ自動的にお客は買ってくれるはずだ、だからその先の説明は営業担当が自分で考えろ、そう言っているように聞こえる」

大瀬は言葉につまった。

しかしその時点で彼はまだ、そんな分析を新たに行う必要はないと思っていた。

今までの資料をちょっと改良すればいいだろうくらいに考えていたから、その仕事を部下任せにして、自分は他のことに注力していた。改革に気乗りはしなかったが、彼が長年情熱を傾けてきた新商品だけは、なんとか成功させたいと思っていた。

何度か催促が来て、しようがなく大瀬は半日でバタバタと原案を作り、川端社長に説明するミーティングに臨んだ。

ところが川端社長は資料を一、二分見たところで顔を上げ、大瀬を睨んだ。

「君はこの仕事を、どうして手抜きするんだ？」

簡単に手抜きと見抜かれたのは驚きだった。今までの社長とは違っていた。

「全国の営業担当の成績が、君の作る『拡販ツール』の善し悪しにかかっている。マーケティング担当の君にとって、これより優先度の高い仕事があるのか？」

そこで大瀬は、つい下手な言い訳をした。改革を面白く思っていない態度が顔に出ていた。それが川端の怒りに火をつけた。

「何を言っているんだ。営業担当も、開発も、工場も、皆が赤字から抜け出ようと頑張っているのに、君一人、いい加減な仕事をするな！」

川端社長はそう言うと、会議室から出て行ってしまった。大瀬は参った。

気を取り直して大瀬は検討すべき項目を洗い直した。思っていたよりも複雑な作業だった。その分析を詰めていくと、思いもしないことが起きた。

新たな「顧客の視点」に基づいて、新商品の生み出す顧客の「経済メリット」を計算していくと、数日で驚くほど大きな効果金額が見えてきたのである。

これなら新商品の価格をかなり高く設定しても、顧客は投資を短期で回収できるのだから喜んで買ってくれるはずだ。

アスター工販に有望な高利益商品が誕生することになる。これこそ、皆が探していた「戦略商品」ではないのか。

「俺の分析は正しいのか？」

大瀬は何度も自問した。タスクフォースに参加した者たちが悩んだのと同じパターンだった。

大瀬が優れていたのは、その発見に基づいて彼がいくつかの顧客のところに行き、自分の計算を顧客現場で検証してみたことだ。

今まで気づかなかった顧客の新しい考え方が見えてきた。それらを計算に組み込むと、ようやく大瀬は自分の分析に確信を抱くことができた。

賢明なる読者は、大瀬のこの行動のおかしさにすでにお気づきのことだろう。

自社の論理ばかりで市場に商品を送り出してきた企業（旧来の「プロダクト・アウト」の発想にとらわれている企業）では、社員は顧客のことを従来の論理だけで見ている。

いくら概念的に「顧客志向になれ」「マーケットインで考えろ」などと言われても、新たな論理で顧客の実態を問われると、「そういう見方はしていなかった」「顧客に聞いてみないと分からない」となる。

この作業を通じて大瀬は初めて、「自分は実は、顧客のことがよく分かっていなかった」と気づいた。コンセプトと分析ツールを与えられたのに、社員の思考はなかなか切り替わらないのである。彼は数カ月前に猫田洋次が黒岩莞太に叱られて通過したのと同じトンネルを抜けた。

これまで「B3心情抵抗型」に属していた彼は、この経験を通じて「A2積極行動型」に変わっていくのである。

具体的仕掛けの埋め込み

《BU2所属のマーケティング担当大瀬靖司（四四歳）の話》

私は黒岩統括や川端社長の指導を受けて、新商品の「売り込みロジック」を作り上げました。

新体制のフレームワークに従って、開発から生産、営業まで、一気通貫で新しい戦略商品の発売を進めていく手法から生まれた第一号商品を推進するためです。

また、営業担当が顧客に説明するときに使うように、それを「拡販ツール」に仕立て上げました。

アスター工販ではこれまで、社員教育や営業研修をほとんどしていなかったのですが、私がBU2所属の全国の営業担当を集めて、彼らの前で商品説明の模範演技をすることにしました。

新しい営業トレーニングの手法です。黒岩統括が、以前に別の会社の事業再生のために生み出したやり方です。

川端社長の言によれば、日本的経営の強みが社員教育にあるというのは米国人の生み出した幻想、つまりウソだそうです。多くの日本企業は社員教育に大したカネを使っておらず、手を抜いた集合研修でお茶を濁しており、今ではむしろ米国企業のほうがよほど教育熱心だというのです。

われわれは、BU2の営業担当全員と開発技術者の両方を研修に集めました。

新商品を開発した開発技術者が「先生役」になって、営業担当が商品知識を覚えたり売り込み練習をするなど、マンツーマンの集中トレーニングを行いました。最後に彼らがきちんと商品説明を覚えたのか、筆記試験をしました。

「この試験で落ちたら、再訓練、それは賞与に響く」と脅されていたので、皆は一日目から必死でした。

上は営業部長や開発部長、下は若い営業担当や開発者までが、二日間缶詰になって一緒に過ごしました。ついこの前までの社内では、想像もつかない光景でした。画期的でしたよ。

商品の特長や売り込みのポイントが理解されただけでなく、BUの「創る、作る、売る」の組織の一体感が一気に出たと思います。まさにマインド連鎖です。

しかも川端社長が面白いことを言っていました。

「これは、営業担当のためのトレーニングというだけじゃないね。実は技術陣のためでもある」

技術者は従来、「技術さえよければ売れるはず、あとは営業の問題」という態度だったのです。ところがこのトレーニングを通じて、顧客の考えていることと、現場営業担当の売り込み感覚に触れることができたのです。

トレーニングが終わると次に、営業戦略の新しい仕掛けとして、「買ってくれそうな顧客」「そうでもないから訪問頻度を減らすべき顧客」などが分かる顧客セグメンテーションを、一人ひとりが作る作業を行いました。

黒岩統括、川端社長とワーワーやりながら、新商品について「顧客魅力度」を判定するツールができあがったときには、われながら興奮しました。

その商品を潜在顧客がどの程度買うニーズを持っているか、営業担当がわずか一、二回訪問しただけで採点ができるツールです。

これまで「このユーザーは買ってくれる可能性が高いか」と聞かれても、営業担当ごとに判断が主観的でアテにならなかったのに、今回からは簡単に判断ができるようになったのです。

点数が低ければ、営業担当はその顧客への訪問を避けようとするのは当然です。「戦略」にこのようなツールが伴うと、少人数の営業部隊でも営業効率が画期的に上がります。

しかも、点数が高く出た顧客は、どんな要素で点数が高いのかを見ると、営業的な攻めどころも分かる仕組みです。

このツールは、今回の営業改革の中で大ヒットでした。

それに加えて、社内開発した営業訪問管理ソフトが使えるようになりました。

全国の営業担当が「買ってくれそうな顧客」をちゃんと訪問しているかどうか、行動管理が見えてくるようになったのです。

さらに全国のターゲット顧客一件一件の商談の進み具合が、ネット通信で週単位、月単位で集約される営業進捗管理システムも始まりました。

かつて当社の営業組織はブラックボックス状態でした。支店やその先で誰が何をしているのか、本社ではまったく分からない組織でした。

新商品を売るのは「面倒なだけだから、後回し」の態度でした。「やってもやらなくても同じ」という営業管理でしたから、新製品の発売から半年たっても、どの程度拡販活動が行われているのかさえ見えず、ただ「売れない、売れない」と言っていました。新体制では、全国の営業活動の様子が、毎週、本社から見えるようになりました。

おまけに営業部長と営業担当一人ひとりが直結ですから、拡販活動が戦略通りにものすごくシャープに立ち上がるようになりました。革命的変化ですよ。

こうした一連の改革作業をきっかけにして、私は今回の改革への態度を改めました。すっかり反省しました。

改革シナリオにも耳を傾けるようになりました。年下のBU事業部長にも慣れました。

私はタスクフォースの活動が、新体制が発足した後のBUそれぞれの内部で、実質的に続いているのだと理解しました。

常に問題意識を持って解析する。方針が見えたら素早く実行し、その問題点を早くフィードバックして活動を修正する。活動の推進者は自分たち自身である。そういう認識をBUの社員全員が共有することが重要だと教えられました。

最近は黒岩統括や川端社長に会うと、ニコニコしながら言葉をかけられるようになりました。どうやら見直していただけたようです。

これで私も、やっとタスクフォースの一員になったと思っています。

単月黒字化の大騒ぎ

熱き思いの改革は、社内のあちこちで展開された。

ＢＵ１に設定されていた改善改革テーマ一八項目には、開発関連や生産関連など、どれも一筋縄でいかない難しいテーマが含まれていた。

新戦略に合わせて、ＢＵ２とおなじようにＢＵ１でも緊急の新商品開発プロジェクトが始まった。今まで一つの商品を開発するのに二、三年かかっていた。その発想をがらりと変え、仕事の進め方をコンカレント（同時並行的）にする取り組みを始めたのだ。

またこの緊急プロジェクトは、従来商品の部品をなるべく流用し、わずか六カ月間で開発を完了するという計画だった。

それを強力に推進したのはＢＵ１事業部長の星鉄也だ。技術的に見て、決して簡単な商品ではなかった。戦略の中核に据える予定の重要商品だった。

それをわずか半年で完成させるというのは、それまでの「社内常識」からすれば誰にとっても奇想天外だった。仕事の進め方を根本的に変えない限り、できるはずのないことだった。

壊創変革44の要諦

【突出部分を決めて集中】改革テーマは広く浅く推進するのではなく、突出部分を設定しボトムの問題にまで切り込んで一気に改革する。その間、組織の安定部分として置いておく部分は放っておき、リスクを減らしておく。

新体制発足から五カ月後の一二月に、本当に、その商品は予定通り完成した。コスト目標もピシャリと実現した。ＢＵ１の全員が喜びの祝杯を上げた。

先のＢＵ２の新商品立ち上げのときに試行された営業戦略トレーニングの手法が、今度はそっくりＢＵ１に水平展開された。

ＢＵ１の技術陣と営業担当全員が集まったトレーニング会場で、星鉄也は皆に語った。

「営業の人たちが求めている商品を開発陣はいち早く開発した。やればできるもんだ！　俺たちはすごいよ」

明らかに「創る、作る、売る」の「五つの連鎖」が早く回りはじめていた。勝ち戦に挑む体制がだんだん整ってきたと星鉄也は思った。

受注金額の増加が続いていた。対前年受注額は、新体制発足とともに完全にプラスに転じたまま推移し、それどころか、一一月の受注額は記録的な対前年比四五％増。「プラスのモメンタム」が勢いを増しつつあった。一二月に受注額増勢は三二％に落ちたが、劇的なことが起きた。

受注ベースで計算した損益が、一二月の単月で「黒字」になったのである。読者は再び「これは作り話だろう」と思うかもしれない。しかし現実に起きたエピソードである。

その月は利益率の高い商品の受注が多かったことも幸いした。売上ベースでの月次決算はまだ赤字だったから、負け戦を演じていることに変わりはなかった。しかも来月になれば、受注ベースも再び赤字に戻ることは確実と思えた。だから、ほんの瞬間風速の話だった。

だが、経営陣には信じられない成果だった。

年率で赤字三〇億円の基調だった第1四半期から、わずか半年ほどで、受注ベースとはいえ、黒字の月が出るという劇的変化が起きたのである。

あのジメジメしていた死の谷の底から、皆が思いもしなかったスピードで崖を這い登りはじめているのである。

「出来すぎだな」

黒岩莞太は前と同じせりふを吐いて、警戒感は同じだった。けれども彼のその言葉と、彼の実際の行動はまったく逆だった。もし読者が黒岩統括の立場にいたら、この一過性とも思える目先の成果に、どのような態度で臨むだろうか。「本物ではない。騒ぐほどのことではない」とクールな態度で黙っているだけではないだろうか。

ところが黒岩莞太は、まったく違う行動に出た。出来すぎだと知りつつ、この降って湧いた出来事を「大きな音」を立てて社内に伝えることをはじめた。各BU事業部長のデスクの横に、親会社香川社長から贈られた大きな花束が飾られた。

香川社長、黒岩統括、川端社長の連名で「早期の成果おめでとう。決算ベースでの黒字化を目指し、引き続き頑張れ」のメッセージが寄せられた。

すべて黒岩莞太がアレンジしたことだった。

「自分たちは、いい仕事をしているんだ」

長い年月、褒められることをすっかり忘れ、小さな成功さえ味わったことのない組織だった。その彼らにとって、これは大きな「事件」になった。

月次の営業会議のあとに行われたBUの飲み会は、大騒ぎとなった。

変革とは「事件」を軸にして前進するものである。黒岩が太鼓を叩かなければ、これは事件として認知されず、ありふれた一片の茶飯事として片づけられていただろう。

壊創変革の要諦45【Early Successを騒ぎにする】

早期の成功（Early Success）が出たら、皆で目いっぱい祝う。たとえそれが一夜の喜びかもしれないと思っても、明日は明日の風が吹くと割り切って、今日の成功を喜び合う。飲み屋のツケなど、あとで何とかするのである。

内部の競争

その騒ぎの中で、表情の冴えない社員の一群がいた。BU3の幹部や社員たちだった。三人のBU事業部長の中でもっとも若い赤坂三郎の表情には、焦りに似たものがにじみ出ていた。

実は香川社長から贈られた花束は、「会社全体」の受注黒字を祝ったものであって、BUごとの黒字を祝ったものではない。

というのは、受注黒字を示したのはBU1とBU2だけで、BU3はまだ赤字だったのである。

しかし、同じ花束がBU3にも届いた。

「俺たちだけが、一二月に受注黒字を達成できなかった」

赤坂三郎ばかりでなく、BU3の経営陣は猛烈な悔しさを味わっていた。届いた花束は赤坂三郎のデスクの横に置かれたが、ちっとも嬉しくなかった。

おまけにある夜、赤坂三郎が本社で残業していると、携帯に電話がかかってきた。川端社長のやけに明るい声だった。一杯引っかけていることはすぐに分かった。

「おーい、赤坂君か。今、会社の前のレストランでBU2の営業担当たちが飲んで騒いでいる。君らも来て、一緒に飲まないか。今月だけのお祝いかもしれないが」

会社全体の業績を皆で祝おうという、屈託のない社長の誘いだった。

だが若いBU3事業部長は口をとがらして拗ねた。

「社長、イヤですよ……僕らは赤字ですから……『手をついて静かに反省!』なんです」

「ははは。気にするな。一杯くらい、いいだろう」

「イヤですよ……今夜は仕事です」

まるで子供がダダをこねているようなものだった。けれどもその電話を切ったあと、川端社長は強い感動を覚えた。酔いが醒める思いだった。

アスター工販の社内で過去に、業績が悪いからと言って、これほどの悔しさや対抗心を燃やした者がいただろうか。昔の機能別組織では、すべての部署がすべての商品を扱い、各商品の損益責任は社員全員に薄く広くばらまかれ、そもそもその数字も分からなかった。

商品ごとに「創る、作る、売る」に損益責任を負っている人はいなかったのだから、自分の喜びも痛みもなかった。

もしいたとすれば、事業全体の合計業績に対して、事業本部長ただ一人が敏感だった。

ところが今、BU3の赤坂三郎は悔しがっている。彼は痛いのだ。彼の部下たちも悔しくて、痛いのだ。それが彼らを次の飛躍に向けて駆り立てている。

誰もが重要だと分かっているはずの内部の競争原理が、アスター事業の昔の組織では完全に死んでいた。それが今、蘇ったことを、そのとき川端祐二は改めて認識したのである。

これもまた、スモール・イズ・ビューティフルを実現した組織の効用だった。

壊創変革46の要諦【感情の起伏が激しい組織】

沈滞企業の社員は外部競争に鈍感なばかりか、内部競争の勝ち負けによる喜びや悔しさや痛みを感じる機会も少ない。元気な組織とは感情の起伏の激しい組織である。褒められたり、悔しかったり、痛かったりを豊富に体験させる組織、それが元気の素である。

こうして多くの変革努力が重ねられていった。事前に立案された周到な「改革シナリオ」とそれを裏付ける「改革フレームワーク」が、多くの成功を呼び込んでいった。

受注ベースの損益は、大騒ぎで喜んだ次の一月には、予想していた通り再び赤字に転落したが、二月、三月は連続して黒字になった。

遅れていたBU3も二月には受注黒字を記録した。赤坂三郎と彼の部下たちは嬉しそうな顔をして、遅ればせながらパーティーを開いた。黒岩統括も川端社長も参加して騒いだ。

市場シェアの回復（1年目月次）

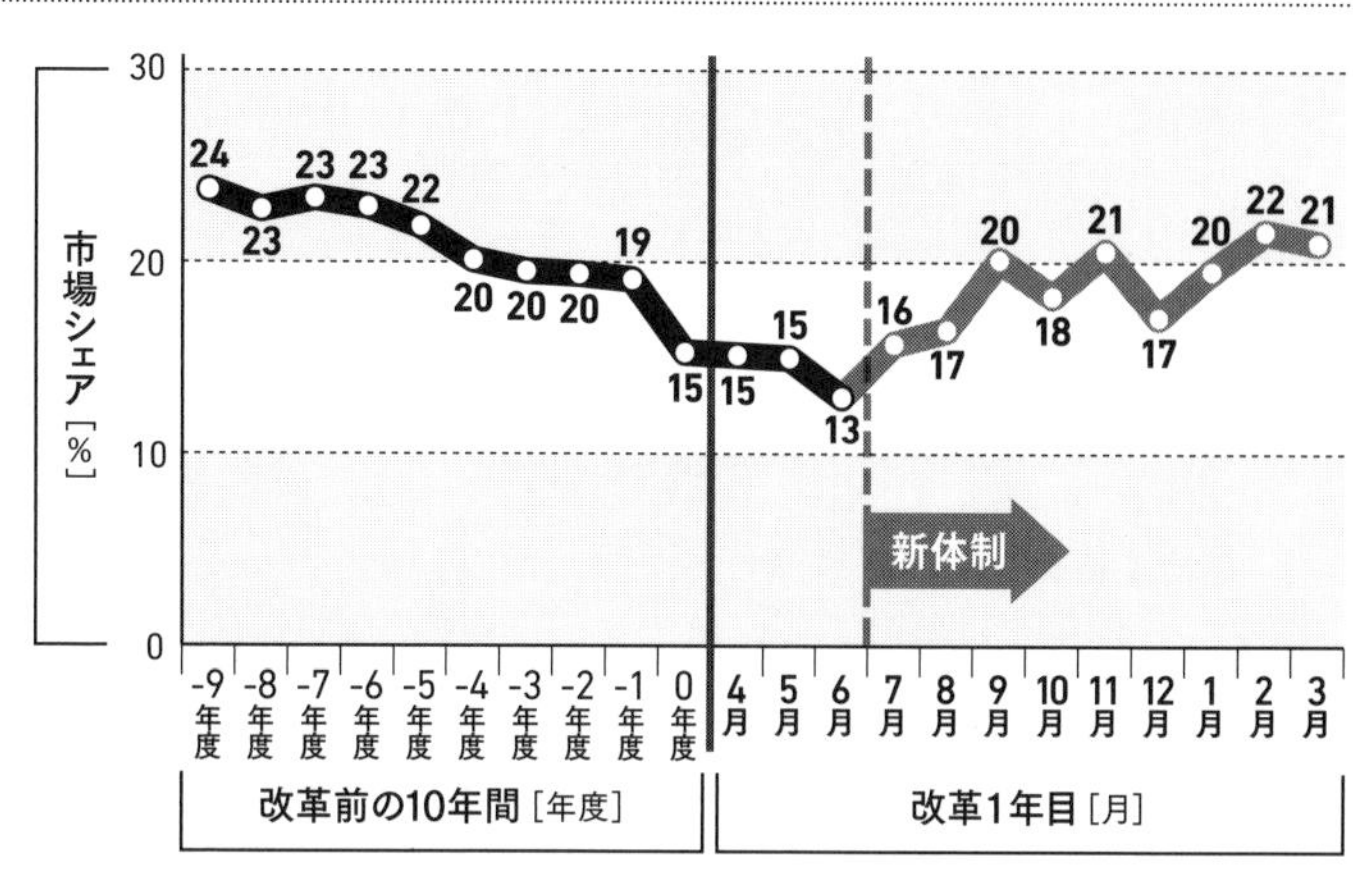

その時、赤坂三郎は笑いながらこう挨拶した。

「一二月の屈辱を二度と味わうことのないようにしましょう」

すぐに、会社の中で受注の黒字は話題にならなくなった。次の目標は本当の黒字、つまり売上ベースの通常月次決算での黒字だ。

初年度の第1四半期は、すでに述べたように赤字七億円（年率三〇億円）だったが、新体制に移行してからの赤字は第2四半期が三億円、第3四半期が一億円、第4四半期が八千万円へと急激に縮小していた。

これらを合計して改革一年目の年度赤字は一一億八千万円になった。前年度の赤字三〇億円に比べればましだが、まだ大きな赤字だった。しかし年度後半の急激な改善で、今や黒字化は完全に射程内に入った。

市場シェアも上がった。わずか一〇カ月ほどの戦いで、市場シェアは一気に四、五年前のレベルに戻った。そこまで来ても黒字に戻らないのだから、いかに深い谷間に転落していたことか。

太陽産業の香川社長は、黒岩莞太、川端祐二の二人を青山浅田での夕食に招いた。改革開始以来のここまでの努力をねぎらった。

「黒岩さんが一年前に『改革初年度の下期には、単月でも黒字の月が出るように』と言ったとき、私はちょっと驚いてね。でも本当にそれに近い結果を出してくれた。一二月の受注黒字が一つの節目だったね」

あれで勢いがついた。そしてBU事業部長たちもようやく指導者らしくなってきた。

こうして改革一年目が終わった。

《古手川修の話》

なんとかいい形で動きはじめています。少しホッとしています。

それにしても私のBU2事業部長任命は乱暴でした。タスクフォースからの流れがあったとはいえ、私は経営にはまったくのど素人でしたから。

経営的立場となれば、開発だけ、生産だけ、営業だけ、といった機能別経験では済みません。それをこの一年間、イヤというほど知りました。

初めの頃、私の最大の課題は年長者への口の利き方でした。年長者すなわち偉い人という図式が私のDNAに刷り込まれていましたから。

私はこれでも繊細でして……初めは言うべきことが言えず、黙ってしまったり、かろうじてメールを送ったり……。結局は集団に対する責任感の問題でした。この事業を救えるかどうかが、すべて自分の行動にかかっていると思うと、黙っているわけにはいきません。

しばらくすると年長者にも、じっと目を見て話せるようになりました。こちらにそれなりの思いがあれば、年長者もきちんと話を聞いてくれます。こちらに逃げの気持ちがあれば、彼らも馬鹿にしてくる。それが分かりました。

タスクフォースのとき、黒岩統括に「君は挫折を知らない」と言われた記憶は鮮明です。挫折など、しようと思ってできるものではないし、挫折を知らないまま人生を終えることができるなら、それで幸せだと思います。

しかし集団の上に立って皆を引っ張っていかなければならない立場なら、必ずどこかで壁に行き当たったり、挫折することが出てくるはずです。まさに今、その正念場に来ています。

夜中に疲れ切って寝ても、時々、朝早く目が覚めてしまいます。でも、あることに気づいて、それから肩の力が抜けました。それは、もしこの改革が失敗に終わったとして、自分は何を失うのか。何も恐れる必要はないのです。

これほど経営のセオリーを学び、これほど経営者的立場で仕事にのめり込み、これほど人の上に立つことを学んで……人生のこの段階で自分が得ているものはあまりにも大きいと思います。

ですから、私は高リスクの経営改革を推進していますが、個人的リスクは高くない、とにかくやりたいことをやればいいと思うようになりました。

以前は黒岩統括や川端社長が遥か殿上人のように見えていたのですが……生意気なことを言いますが……この一年で距離が縮まったような……。

私は一年前より、ずっと強くなったと思います。

家族には心から感謝しています。女房は一番に私の体調を考えてくれます。子供との時間がとれない分、休みに一緒にいられる時間がより貴重になります。それを考えれば親会社にいる単身赴任者には申し訳ないですね。子供も小さく、今の時期を考えれば何とかしてあげたいのですが。

家族のバックアップには、皆本当に感謝です。仕事で頭が煮詰まってしまい、一人になって考えたいこともあります。そんなときは、休みの日に息抜きでパッと伊豆に行きます。

たまにしか行けませんが、現在はアオリイカ釣りに凝っています。下田(しもだ)の先の磯で、ここから先の人生を考え、アオリイカとも話しながら釣り糸を手繰ります。私には至福の時ですよ。

《名古屋で営業成績を大きく伸ばした営業担当、坂上浩志(三四歳)の話》

昔から社員が上司から厳しい指導を受けることはありませんでした。それが当たり前でした。新体制で個人の成果が厳しく問われるようになって、緊迫した空気が流れはじめました。

孤独感を抱きました。会社が立ち直るためには、本当にこんな変化が必要なのか、なぜそこまで言われなければならないのか、自分の人生はこれでよいのか、などと不安に襲われました。

自分は今まで一生懸命やってきた。会社の上層部が悪いのに、何で今さらこんなにしんどい思いをしなければならないのかとも思いました。

そう感じて、人々はこの会社に残るか、転職するかの選択をしたと思います。私は残りました。やるからには前向きに取り組むことに決めました。プロ意識を持とうと。

やった人がそれなりに報われるという世界を体験してみると、合理性があることも見えてきました。私は見事に販売報奨金を意識した人間に変わったと思います。実際に家のローン、子供の養育費など生活面で楽になったのも事実です。

昔は何を売ってもいいという営業でしたが、今はどのようにすれば目玉商品をもっと売ることができるのか、自分で考えるようになりました。

なるべく戦略商品に力を注いで報奨金をもらえるようにすれば、それが会社の戦略にも合致していて、会社も自分もハッピーなわけです。

ここまでくるのは並大抵の苦労ではありませんでした。新組織になってから営業テリトリーが広くなり、仕事の内容もきつくなり、朝早く出て夜遅くまで働き、自発的に休日出勤をすることもあります。累積赤字二二〇億円の体質から抜け出るには、それくらいしないと追いつきっこありません。

家族と一緒にいられる時間が減り、妻にはどれだけ会社の状況を説明しても、なかなか理解してもらえません。最近、妻は「自立」という言葉をよく口にするようになりました……離婚の危機？……いえ、そこまでは。でも、家族も精神的に強くなったように思います。

ここまで頑張れたのは、会社を黒字にすることが私の生き残る道だと考えたからです。この期間は自分にとってムダではなかったと思います。

人間ここまで我慢して、頑張れるのだという自信を持つことができました。これは今後、家族と生きていくうえで、またビジネス人生のうえで、大きな自信になると思います。

黒字達成！

経営陣も社員も自信を持ちはじめていた。何よりも、会社の中が明るくなった。とりわけ、東

アスター工販経常損益推移（四半期別）

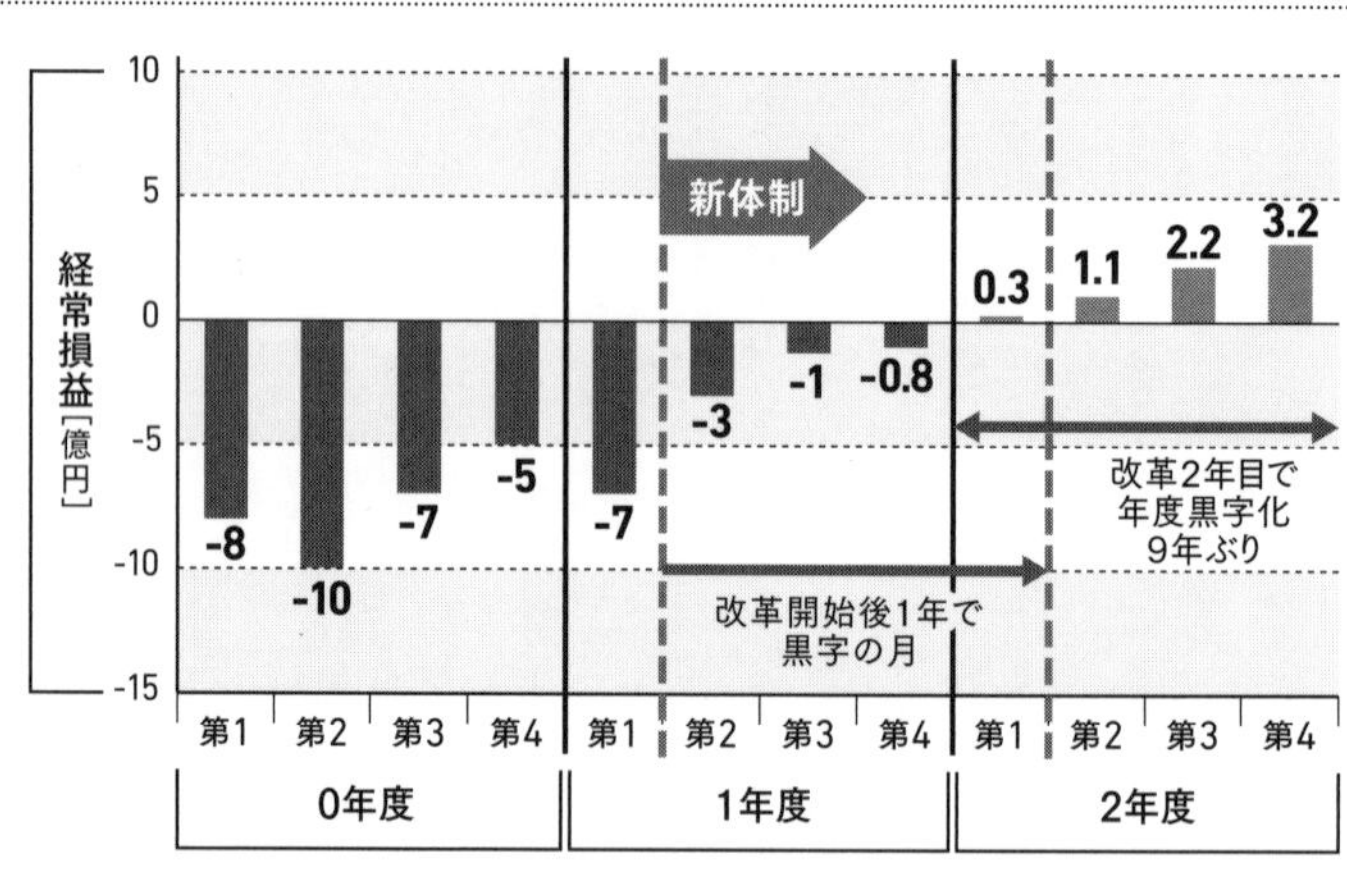

京本社の湿った雰囲気はどこかに飛んでいってしまった。

月次決算ベースでの黒字は早くも五月に来た。

六月は再び赤字だったが、改革開始からちょうど一周年の七月から、とうとうアスター工販は毎月黒字を出すようになった。大きな額ではなかったが、安定した黒字基調だ。

新会社アスター工販の発足した七月からちょうど一年が経っていた。読者は黒岩が事業再生を引き受ける直前に香川社長に「一年目の最後には月次で黒字にならないと二年目の黒字化は苦しくなる」と言ったことをご記憶だろう。まさにそれが実現した。

黒岩自身でさえ、一体どれくらいの早さで、どこまでいけるか見透しも自信もなかったのに、八年間赤字だった負け犬事業が、わずか一年で、九年ぶりの黒字基調に到達しつつあるのだ。

皆の関心は次に向かった。それは半期での期間黒字だった。無理な目標ではなかった。

そしてついに上期は、一億円の期間黒字を計上す

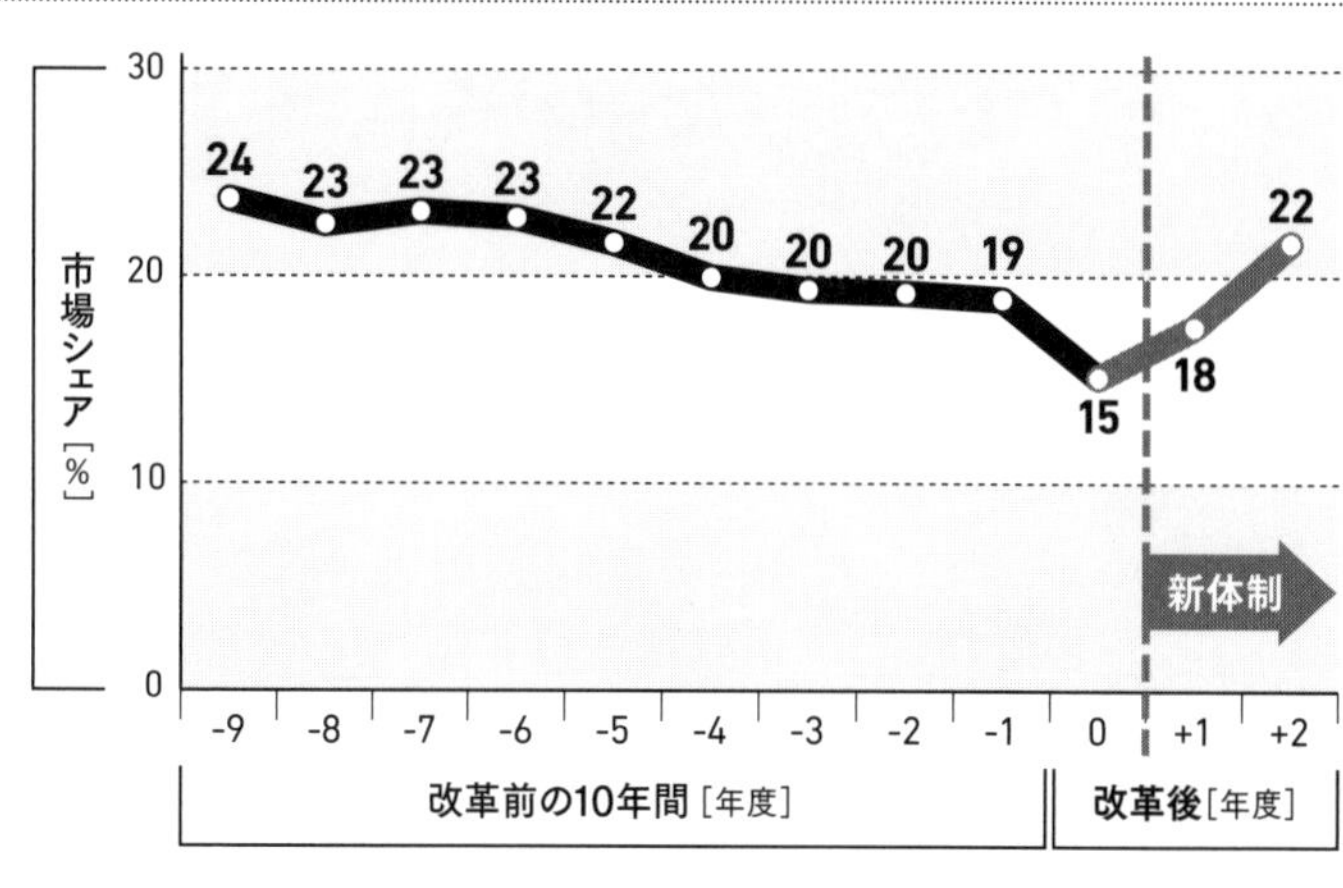

るに至った。その知らせに社員は「すごい、やった」と思った。

しかし気の毒にも、昨年一二月のときと同じで、表情の冴えない一団が社内にいた。

会社全体は半期黒字を達成したものの、BU別に見ると、再びBU3が若干の赤字を出した。また乗り遅れたのである。

赤坂三郎は再び地団駄を踏んだ。また「静かに反省！」と叫んでいた。

けれども、もともとE商品群は、売り上げも少ないのに社員数を増やし、新事業のつもりで改めて育てるという戦略シナリオだったから、短期的に黒字に転換するのは容易なことではなかった。

改革スタート時点の業績に比べれば、BU3が最大の成長性と利益改善率を示していた。

この頃、競・合企業で大きな組織変更と役員の人事交代が行われたという噂が聞こえてきた。詳細な理由は分からなかったが、眠れる獅子(しし)だったアスター工販が突然目を覚まし、競合企業にとって驚きの脅威になりつつあったことがその背景にあったのかもしれない。

壊創変革47の要諦【対外的には静かに】

この時期、改革企業は深く静かに潜行して改革に努め、競合企業の反応をなるべく先延ばしにする。そのためには、改革や新戦略のことを得意になってマスコミに喋らない。業界の会合などで余計なことを言わない。

二年目の下期は黒字幅が五億円を超えた。しかもBU1〜3のすべてが半期黒字を達成し、年度を通した利益は六億円を超えた。黒岩がアスターに来たときの年度は七年間連続赤字、そして改革一年目が赤字八年目、ところが改革二年目は黒字になって、それが実に九年ぶりの黒字決算であった。

利益率からすればまだ低い利益だが、とにかく黒岩莞太は香川社長と約束した二年以内の黒字化を成し遂げたのである。

社内の者が投げ出し、社長が諦め(あきら)めかけた改革を、外からきた黒岩莞太が成し遂げた。戦略プロフェッショナルとしては引き受けるべきだと思ったものの、実現できなければ、ターンアラウンド・スペシャリストとしての実績に傷がつく。そう思って臨んだ改革に成功したのである。

幹部も社員も、再び大騒ぎでこれを祝った。

そろそろ本書の紙幅もつきようとしている。彼らの戦いはまだまだ続く。

黒岩莞太、川端祐二、星鉄也らの経営陣ばかりでなく、この改革に関係したアスター工販のすべての社員にとって、決して楽な二年間ではなかった。

初めは改革に不満であっても、マーケティングの大瀬靖司や名古屋の営業担当坂上浩志（さかがみひろし）のように、新しい仕事の手法にチャレンジしているうちに、自分の役割を再設定して、自分の実力を上げるきっかけにした者も多い。

だが与えられたチャンスに背を向け、毎日不満を垂れ流しつつ、自分でその生活を打開できないまま惰性の人生を過ごしている社員も、まだいる。

次の一手

《黒岩莞太の話》

誰もが二年以内に黒字にすることは夢物語だと思っていました……貧乏くじを引いた私は気の毒だと。確かにあのころ、会社の中を歩いてみるとひどい状態でした。

あまりにお粗末だったので、私はかえって復活の芽があると思いました。

米国的感覚の投資家や証券アナリストたちは、こんな事業に経営陣が時間とエネルギーを使うこと自体が間違いで、さっさとつぶせという態度です。

私はそんな安直な論理に簡単に乗る気にはなれませんでした。

株主を重要なステークホルダーだとおっしゃるのも結構でしょう。だが株主の多くは経営に責任を負わないし、株取引で入れ替わっていく人々は、事業にコミットをしていないのです。

一方、日本企業の社員は二〇年、三〇年と長い人生を会社で過ごし、朝から晩まで働いてきました。会社の価値を増やす行動をとってきたのは彼らです。

ですから、私にとっては社員のほうがよほど重要なステークホルダーです。ところが大問題は、そのステークホルダーたる社員が、能力を目いっぱい発揮して働くことをせず、リスクもとらず、つまり何の賭け（ステーク）もなく安住して、結局は他部門から補塡してもらったおカネで給料をもらって、何年も生き延びている。

そして、そのことに大した危機感を覚えなくなっているという驚くべき事実です。自己責任を果たさないそんな状態が、長続きできるはずがない。すべてを上や横の責任にして、自分はやるべきことはやっていると言うのですが、実態はその安定した役割でさえ、他部署の利益に頼って保たれているのです。

もしその姿勢が変わり、皆が熱く燃え、本気になってこの事業に取り組んだら、この会社に何が起きるのか。

驚いたことに、そして嬉しいことに、改革を始めてみたらシナリオ通り、一年で四半期黒字、一年半で半期黒字に持ち込めたのですから上出来です。彼らは素晴らしい自律性と、成果を出したのです。

改革を実行した段階では、計算上は一〇％強の余剰人員が出るシナリオでしたが、リストラは避けました。その考え方が奏功して、今ではそろそろ人が足りない感じになってきました。

いったいあの「失われた七年間」と、その間に垂れ流した赤字二二〇億円は何だったのか。

沈滞企業で甘えていた社員は、経営姿勢が変わってもすぐに対応できません。それが「改革フォロワー」のフォロワーたる理由です。周りが変わったのを見て、ようやく自分も変わろうとするんです。その心理が動き出すまでが大変なんです。

組織を変えたい人と、自分は変わりたくないという人々が引き起こす人間的軋轢（あつれき）が多くの辛さを生みました。すべて「マインド・行動」にかかわる問題でした。

社員の一部には、親会社は黒字だから大丈夫、したがって「二年で撤退というのは単なる脅し」「どのみち事業は継続するだろう」とたかをくくって、初めから動かない態度の人がいました。

戦略を明確にして細かい行動指示を出すと、「これは軍隊組織か」と不平を言う者もいました。数字を厳しく問えば「脅された」と感じる人がおり、営業トレーニングを行えば「俺たちは言われたことを喋るテープレコーダーか」と陰口を叩く者がいました。

一人ひとりの役割が明確になり、会社の経営への責任が明確になってくると、今度は「しんどい」「雰囲気が冷たくなった」「孤独に感じる」「そこまでやらせるのか」となるのです。

経営者が悪いというのは当然です。しかし長く不振の続いた企業では、上と同じ体質が下にもしみ込んでいます。下だって、相当に無責任になっているんです。

傍目から見ればミドルだってすっかりたるんでいて、「朱に交わって真っ赤っか」なんですよ。そういう人が、アスター工販はもうイヤだと言って、他のちゃんとした会社に転職すれば、そこでは、予想もしていなかったもっと厳しい目に遭うのです。前の会社はよかったと思うのです。ところが世間の風を知らない社員は、「この会社に残ることは『いばらの道』の選択だ」なんてことを言うわけです。

この改革が始まってから、社外に去った人が二年間で六人いました。個人的理由も含めて三二〇名中の六名ですから、私は最低限のレベルだったと思います。

私は今回辞めたいという社員をいっさい慰留しませんでした。あれだけ明確にシナリオを提示したのですから、それでも辞めたい者がいれば、辞めていい。去る者は追わず。私は残った者だけで、この事業を立て直す覚悟でした。

米国なら二割や三割の社員、つまり一〇〇名近い社員が入れ替わってもおかしくないケースです。それが六名というのですから、米国の経営者からは恐らく、「そんな甘いやり方では、やる気のない社員がそのまま残っているに違いない」と断言されてしまいます。

日本でも、経営者によっては、「こんな状況ならもっと人を辞めさせていい。もっと激しいやり方をすべきだ」と考える経営者がいるでしょう。

辞めた社員が少ないから、この改革は楽だったのだろうと言うのは、浅はかです。相当ドラスチックな改革でした。だが、皆が改革シナリオに共感し、頑張る気持ちになってくれたから、辞める人が少なかったのです。米国企業では、そんな「社員参加型」「社員同調型」でありながら「抜本改革」なんて、あり得ないのです。これは、日本企業だからこそできる「日本的経営改革」だったと私は思うのです。

だからといって、これを日本企業が簡単に実行できるかと言えば、そうはいかない。世の中では、このような改革では役員レベルの者さえ抵抗し、いろいろ事件や波乱が起きるのです。今回も、太陽産業の他の事業から肝いりできた役員が、アスター工販の社員を前に、「本当はこんな事業に来たくなかった」と話す事件が起きました。アスター事業の幹部が「なんだ、この人」と総スカンを食らわせ、結局彼は一年もしないうちに外に出されました。

子会社の役員が親会社に行って、自分の会社の社長批判をばらまくというのはよくある話です。今回の改革でも、私に隠れて香川社長にアプローチした人がいました。世の中には守旧派がかけ込んでくると、それだけでフラフラしてしまうトップもいます。香川社長はまったく取り合いませんでした。

ひどい話になると、他の会社では取締役が、労働組合の幹部に、「俺たちは言えないから、組合が頑張れ」と陰でけしかけたという話も聞きました。本来なら社長をクビにすることもできるはずの権威ある取締役という職位を、ここまで堕落させたのは日本だけです。最近は社外役員が増えているので、その質もしっかり見ないといけません。

改革の尖兵であるはずのタスクフォースからも、脱落者が出ることがあります。

- タスクフォースに社内政治を持ち込んで、役員や周囲の思惑を見ながら態度を変える人。
- 頭でっかちで理屈ばかり唱え、生身の人間を動かすことができず、評論家で終わる人。
- プレッシャーに弱く、自分を見失って落ちこぼれ、「改革抵抗者」に転じてしまう人。
- タスクフォースのナンバーツーに任命されながらも、自分がナンバーワンに選ばれなかったことに拗ねて改革行動を投げ出す幼児的中年。

弾は後ろから飛んでくるとは限りません。仲間だと思っていた人が、すぐ横から至近距離で弾を撃ってきたときのショックはたまらないですよ。

改革者が苦境に立ち、周囲の者に助けを求めているときに限って、社内で陰湿な行動や喧嘩が始まるのです。

今回のアスター事業の改革で私は、働かずに偉そうにしているだけの人は、人事体系にかかわりなく、辞めさせることまではせずに、全員横にどいてもらいました。

それは断固として実行しました。その人たちにとっては不満でしょうが、彼らがあのままいたら、間違いなくこの事業は死んでいました。

私は社内で何度も、「とりあえずは、だまされたつもりで、愚直にやってほしい」と説きました。前向きのミドルは、「いえ、だまされているとは思いません」と言って、本当に真っ直ぐに努力してくれました。

組織の中でがんじがらめになっていた人々が解放され、自由に飛び回れるようになったときのエネルギーのすごさには感激しましたよ。

今では社員の表情が明るくなり、プライドを取り戻したように見えます。二年前に比べて、皆が少し若がえったように感じます。

エンドユーザーや代理店から、「アスター工販は変わった」とお褒めの言葉をいただくことが非常に多くなりました。

そうした意味で、この話がサクセス・ストーリーだと言われるのは嬉しいことです。

しかし本当にサクセス・ストーリーかと言えば、まだ早いと思います。多少の黒字を計上するようになっただけで、成長会社になったわけではありません。「普通の会社」に戻っただけです。

人間の組織はすべて、発展することをやめた途端に腐りはじめます。ですから絶対に会社は少しずつでも成長し続けなければなりません。

その意味では、次の一手がものすごく重要な時期に来ました。今の事業ドメインのままでは、いつか来た道をなぞるだけで、今さら大したことにはならないと思います。市場が成熟し切ってしまった分野だと思います。

だから、アスター事業を成長分野にシフトしていくことが必要です。それもかなり大胆に。太陽産業の資金力が潤沢なうちに、M&Aや新規事業の展開を図る必要があります。

そのような攻めの戦略をとるには、二年間の再建努力は大きな意味があります。なぜなら、あの腐った組織のままでは、事業を生かすにも、売るにも買うにも、誰も食いつきません。

黒字にしたことでサクセス・ストーリーと言ってくださるのは嬉しいですが、それよりもあなた、われわれのこの二年間の最大の成果は何だったか、分かります？　太陽産業の本社でもなかなか気づいていただけない成果……それは「人材育成」ですよ。

星鉄也、古手川修、赤坂三郎。この修羅場の中で鍛錬されて、四〇歳前後の新しいリーダー群が生まれました。以前の体制では一〇年かかっても育てられなかったでしょう。

その下のBU経営陣の中からも、目につく人材が出てきています。

初めは改革に背を向けていたけれど、途中から目覚めた人もいます。もちろん五〇代の社員でもこの二年で一皮も二皮もむけて、よし、これから勝負という感じになっている人もいます。

そういう素晴らしい連中を見ると心が痛みます……あの一〇年近い停滞のために、この優秀な人々の育成をどれほど遅らせてしまったか……。

二二〇億円の損よりも、それが歴代経営者の最大の罪ではないでしょうか。

この先、この元気な人たちを軸にして、次の事業展開を考えなければなりません。

今や問題は、次の一手をどう打つかですよ。攻めですよ、攻め！

魂の伝授

《川端祐二社長の話》

この一〇年程何度も改革を試み、そのたびに失敗してきましたが、今回は何とか「向こう岸」に渡ることができました。反対側の岩肌にへばりついただけですが。

この二年間、いろいろなことがありましたが、最終的にうまくいった理由を整理してみると、そのほとんどが改革前の準備段階に遡（さかのぼ）ります。

もちろん改革を始めてから、私やBU事業部長たちが顧客や代理店を飛びまわってコミュニケーションを深めたこと、品質向上の活動を徹底したこと、コストダウンの努力を重ねたことなど、日々の実践レベルでの活動も大きかったと思います。

過去の改革では、改革を始めた時点から「ああでもない、こうでもない」の騒ぎが始まったのですが、今回は事前にそれをすべて済ませてしまい、失敗の落とし穴を見通し、あらかじめ埋め立てたり、横に避ける工夫がなされていたと思います。

黒岩統括がこの会社に来て自分一人で歩き回るのに二カ月、改革シナリオを作るのに四カ月、それから各地のプレゼンや人事を組んで新体制を組むまでさらに三カ月をかけました。

準備している間も赤字の発生が続いていましたから、われわれは焦っていました。

しかし結局は「急がば回れ」でした。あの準備のお陰で、改革が始まると同時に上向きの「プラスのモメンタム」が一気に動きはじめたのだと思います。

三つのBUがすべて黒字になりましたが、まだ不安があります。特に、BU3は少しでも競争が厳しくなると、また赤字になるかもしれません。

そうなれば、ＢＵ３の事業閉鎖を決めるかもしれません。

そうした見極めを行うことは、二年前に香川社長にお約束したことです。恐らくそのデシジョン・ポイントがあと一年くらいで到来すると思います。

大変な二年間でしたが、社長としてこの仕事ができたことは男冥利につきると思います。

家庭のことですか？　タスクフォースの四カ月間と、新体制発足後の一年間は土曜も日曜も出勤、平日も朝早く出て、終電間際に帰宅という状態が続きました。

一〇年近くのツケを返そうというのですから、しようがないですよ。

それに……前にも言いましたが……「ガンバリズム」はもう古いとかダサイというのは間違いです。

そんな考え方をするのは日本人が老けてきたからです。米国のベンチャー企業では、日本人以上に猛烈に働いていますから。

人生の転機を迎えた人が苦労するのと同じように、組織カルチャーを変えるにはこれくらいのエネルギーがいるのですよ。

でも家内は「何をしているのだろう」と思っていたようです。

私の両親も、老齢ですがまだ元気で、私がうっかり「二年間の期限つきで経営改革」なんてことを言っちゃったので、かなり心配していたらしいです。

ところが『日経ビジネス』に業績回復の記事や私ら経営陣の写真が出たので、家族が「お父さん、すごいね」と言ってくれて……ようやく家庭の失地を回復しました。両親にも親孝行になりました。

アスター工販の将来戦略のことですが、この先をどう持っていくか、まだ見えていません。近々、改革シナリオの第二弾をまとめる作業に入りたいと思っています。

いいえ、次のシナリオは内部改革よりも、外に打って出る戦略になります。

これからの私の仕事の優先度ナンバーワンは、次の改革者予備軍を育てることでしょうね。

その人たちが次々に出てくれば……この会社は時代の変化に合わせてどんどん進化していく組織になると思います。

私もどんどん足を前に出します。一カ所にじっとしていると、今度は私が守旧派になってしまいますからね。

《星鉄也の話》

沈滞した日本企業の改革ではしばしば、サボり、悪口、妬み、足の引っ張り合い、時にはブラックレターや無言電話などの陰湿な行為を含めて、不愉快なことがたくさん出てくるそうです。

今回のアスター事業の改革では、そのようなことはほとんどなかったと思います。

理由は、経営陣が非常に明確なストーリーと固いスクラムで動いたので、皆のエネルギーが束になるのが早かったからだと思います。

そのお陰で改革の効果がスンナリ出はじめ、さらにそのお陰で些末なトラブルが抑え込まれるという好循環が起こったのだと思います。

基本戦略が明確だったので、それからはずれた行動をとる社員に対して、はっきりノーと言うことができたのも大きかったと思います。

それでもなお後ろ向きに陰湿に動くような人に対しては、黒岩統括と川端社長が断固たる姿勢で臨み、それを排除しました。

改革はいざとなれば「戦い」ですから、当然だと思います。一部の反対者に遠慮したら全員が殺されます。

この改革は私の人生の大きなターニングポイントになったと思います。

これまでの二年間、自分の未熟さとの闘いでした。人が上っていく階段というものは、人それぞれにその高さ、幅、長さ、そしておのずと上るペースも違うものだと思います。

あとから何を思おうと、人から何を言われようと、その時点での自分が精一杯の自分です。未熟な自分と重い任務のギャップはものすごい重圧でした。もがき苦しみながらそれを越えてきたことが貴重な経験になっています。

この会社はなんとか黒字になりましたが、本当に改革できたのでしょうか？

昔に比べれば、トップの熱い意志、それを支える勇敢な中間管理職、ベクトルの合った従業員層、そんな構図が見えるようになりました。でも、まだまだ足りないと思います。

本当に元気な企業は、社員が自発的に動いて、組織が自律的に前に転がっていくエネルギーを出し続けなければなりません。

しかし社員が自分で動いているように見えても、そこには必ず、トップの強い意志が働いていなければなりません。上から下に常に何か強烈なものが発信されていなければなりません。

経営戦略とは端的に言って、激しい競争にどうしたら勝てるかであり、トップはそのための「絵」を組織に提示し続けなければなりません。

その絵が示されたうえで、改革とは上から下への「魂の伝授」に他ならないと思います。

その魂とは何でしょうか。私は事業を先導する経営者にとって、あるいは経営者的人材の育成において、もっとも重要な要素は「高い志」であると思います。

私は過去に、この会社の経営者や事業部長に失望することが多かったのです。ところが巡りめぐって今、私は人の上に立ち、BU事業部長としてまさにそのことで日々七転八倒しています。

私が指導者としてどこまで行けるのか、人生の勝負どころに来ていると思います。

対談『壊・創・変革』の実行現場から

鈴木康夫氏は本書に登場する川端祐二のモデルとなった実在人物であり、黒岩莞太ならぬ私（著者）と共にこの改革を成功に導いた立役者の一人である。彼は改革タスクフォースのリーダーに選抜され、私の下で、四カ月時限で許された改革シナリオの立案にのたうち回りながら共に死の谷からの出口を見つけた。改革実行のためにアスター工販社長に就任し、改革を完遂させた。鈴木氏はそれをきっかけにコマツ社内で経営者人材として飛躍していく。執行役員事業本部長、常務取締役、専務取締役と上り詰めて、世界企業コマツのトップ経営陣五名の内の一人に加わることになる。

本書（増補版改訂時）の出版に当たり、実名を明らかにして対談に登場することを快諾された。

動のリーダー

――この『V字回復の経営』の改革に関わって、鈴木さんは人生が変わったそうですが（司会役）。

鈴木　ええ、それまでの私の仕事では想像さえできなかった経営経験になりました。それが私のその後の仕事の姿勢や考え方に大きな影響を与えたと思います。

三枝　私は壊創改革という呼び方をするのですが、厳しい事業再生の死の谷に近づくと、時には弾が飛んできたり、地面を這いずり回る気分に追い込まれます。それを抜けて死の谷を渡り切ると、以前のまま普通に仕事をしていたならば一〇年か、もしかすると二〇年かかっても経験できないような、大きな学びを得たことに自分で気づくんですよね。

鈴木　いまだにお会いすると先生と呼びそうになるのですが、本当にあの改革では三枝さんからいろいろと教えていただいた。今でもやっぱり私にとっては先生なんです。

三枝　いえいえ、あの改革でタスクフォース・リーダーに鈴木さんが来なかったら、途中で挫折していた可能性がありました。お互い戦友みたいなものです。

鈴木　戦友と言われると嬉しいし、仲間と言われると恐縮してしまいます。

——歴史的不調に陥っていた本社コマツは、安崎社長の覚悟の再生と、その後を継いだ坂根社長の成果で急速に業績を伸ばしていきますが、その裏には、産機事業本部が本書の改革によって大赤字から脱しただけでなく、その後、増収増益になったことも寄与していますよね。

鈴木　ええ、一〇年近く赤字でコマツのお荷物だったこの部門がプラスに転じたのは、利益額の純増加効果ではかなりの貢献だったと思います。コマツは、建設機械では売り上げ日本一、世界でも第二位で有名ですが、産業機械部門は一般にはあまり目立たない存在でした。

九〇年代後半はバブル崩壊と公共事業の急減でコマツ全体が業績悪化に苦しんでいました。産機事業本部と子会社コマツ産機も、人員削減など相当の合理化努力を重ねましたが、その打ち手はいつも後手にまわり、シェアを落とし続け、大きな赤字から脱却できませんでした。

三枝　安崎社長は、アメリカの経営者のように目先の利益のためにバサバサと赤字事業を切り捨ててしまうという姿勢ではなく、待つところは我慢して待つという考えをしっかり持っておられた。事業再生の「スポンサー」役としてはこれ以上望めない素晴らしいトップ経営者がいたことが産機事業本部とコマツ産機にとってどれほど有り難いことだったか。その状況の中で安崎社長から私に声がかかったわけです。

――事業の累積損失額が初めは分からなかったのですね。

三枝　社内に入った時は誰も分かっていませんでした。原著を書いた当時はまだ生々しいタイミングだったので、私が勝手に情報開示をしてはいけないと思って、累積赤字額を一五〇億円と書きましたが、本当は二二〇億円でした。もう昔の話になったので、ドキュメンタリーの本書には本当の数字を載せています。

――社内の実情をつかむと同時に、タスクフォースのメンバーの選定に入ったわけですね。

三枝　専従メンバーはリーダーの鈴木さんを加えて四名、非専従メンバーも四名選びました。人事部から出てきた候補者リストは使いませんでした。

鈴木　面白いことに、あのとき選ばれた非専従メンバーの中には、いつの間にか専従みたいな顔をして勝手に押しかけてきた者が出てきた。人事発令もないのに。なんとか自分の事業を救いたいという一心でした。

——鈴木さんはタスクフォースのリーダーに指名されて、学びが多かったでしょう。

鈴木　いやー、選ばれたときは学びなんてことは意識になくて、とにかく必死でした。安崎社長はこの事業は二年で打開できなければ閉鎖と言っているわけですから、なんとか道を探さなければいけない。改革が終わったあと、人から「改革を成功させるために、最も重要だったものは何か」と質問されることがあります。私は迷わず「戦略」と答えます。V字回復という成果を生むことができた体験の実感ですね。

三枝　鈴木さんが来た時はあまり戦略リテラシー（読み書き能力）の高い人じゃなかった（笑）。しかし終わってみれば、カギは「戦略」だったと言い切れるほど、鈴木さんのリーダーとしての智的レベルが上がったということですね。

　私が鈴木さんの参加に初め期待したのは、膠着（こうちゃく）している社内に遠慮することなく、まだ戸惑っているタスクフォースを引き連れて、ひたすら前に足を出すこと。

鈴木　私が来たとき、三枝さんから、一週間でこれだけ読めと推薦図書のリストを渡されました。一週間で読めるはずがない量でした。初めは三枝さんの話の中に、私の知らない経営用語がたくさん出てくるんですよ。それを勉強するところから始まった。お陰様で、しばらくしたらいろいろなことが分かってきた。戦略のコンセプトだとか、改革のフレームワークというものの大切さを知りましたよ。

三枝　鈴木さんは何でも謙虚に学び取る姿勢でしたね。人材として伸びる人は、みんなそういう謙虚さを持っていますよね。だから鈴木さんはシナリオ作りの後半では「智のリーダー」としても貢献度が上がってきました。だって、当然、私よりも鈴木さんは組織の現場感覚や商品に詳しいのですから、鈴木さんが戦略判断に参加してくるようになったのは、非常に大きかった。

鈴木　いえいえ。でも、新会社を立ち上げたあとの実行段階に入ると、確かに私の役割が大きくなりましたね。

三枝　そう。はじめは一二〇％が私だったけど、実行に入れば、鈴木さんは社長に就任したのですから、いずれ消えていく私の役割は下がって行くように持っていかなければならない。すぐに「動のリーダー」と「力のリーダー」を合わせて八〇％が鈴木さんになっていたと思います。その代わりに私は改革の実行を上から俯瞰(ふかん)しながら、シナリオから外れた異常現象が出ていないかを見ていて、時々、鈴木さんに戦略や行動の修正を求める。そういう役割分担だったと思います。

本文には書いてありませんが、この改革で鈴木さんという人が現れたことは、実はどこの会社にも起きることじゃない。コマツはラッキーだったと思います。

強烈な反省論

――三枝さんによれば、企業改革の成否は、事前に用意する3枚セットのシナリオで決まります。1枚目「現実直視・強烈な反省論」。2枚目「方針・戦略を示す改革シナリオ」。3枚目「アクションプラン」。

鈴木　三枝さんからタスクフォース用の「タコ部屋」が必要だと言われて、東京溜池の本社ビルの会議室を一つ潰(つぶ)して、そこにこもって、必死になって事業内容や競合の分析を続けました。

三枝　改革案を作るのに四カ月というスケジュールがすでに決まっていました。私が安崎社長に約束したんです。事業が危機的なのでそれ以上の時間をかけるわけにいかない。

しかし一カ月以上が経過しても、何が問題なのかさえ、整理ができませんでした。私は当然、改革案が到達すべき内容レベルを分かっていたので焦っていたのですが、タスクフォースの面々は初めての経験で、本人たちはいい線を行っているつもりなんです。その程度の作業じゃ改革インパクトは出せませんから、本文第四章にその情景が出てきますが、私は彼らに「活」を入れました。彼らは素直ですぐに動きを変えてくれましたが、いかんせん、素人集団です。私が手がけた改革はどこの会社でも、そのレベルから始まります。それが私の改革手法です。

鈴木　その頃の私たちに起きたことは、まさに第四章に描かれている通りでした。問題は複雑で何が根っこの問題で、どこに解決の糸口があるのか、よく分からないのです。

あとになってから間違いなく言えたことは、当時、われわれは「お客様」の視点を見失っていたんです。壁に張ってあるのは社内論理ばかりだった。三枝さんが「負け戦」という言葉を最初に口にしたときには、私自身でさえ、どきっとしたものです。

三枝　その内向き心理は、日本企業の特性だと言ってよい。政治家を含む日本人の特性とも言えます。自分で気づいていないだけで。敗戦をもたらした旧日本軍の話にも通じる。内向き志向だと、競争や戦略に対する認識が遅れてしまうのです。

――この後、タスクフォースは社内の膠着心理を壊すための解決手法として、「小ぶりの組織論」に向かって行くのですが、安崎社長はその考え方に賛成だったのでしょうか。

三枝　安崎社長は、コンセプトは理解してくれましたが、ただスモール・イズ・ビューティフルの組織論は、コマツの伝統的経営では真逆の概念なのです。ですから、その組織論に賛成する者はコマツ本社内では少なかったと思います。安崎さんも、改革効果が目覚ましく実現してくるまでは、この組織論には多少懐疑的だったのではないかと私は想像します。

鈴木　当時も今も、日本の典型的な大企業は機能別組織をヨシとしてきましたし、コマツもそうでした。しかし松下幸之助（まつしたこうのすけ）氏がつくった事業部制で成長を遂げたパナソニックも、機能別組織が肥大化してからおかしくなったと私は解釈しています。だから日本企業の活性化手法として、三枝さんが八〇年代の初めという早い時期にこのことに気づいて、あちこちの改革でこの組織論を試してきたというのはかなりの慧眼（けいがん）でした。

コマツの建設機械事業も機能別組織になっています。その中でも大型のマイニング事業（鉱山機械）は「セグメントが違う」という、まさに正しい理由で「自前でワンセットの事業組織をもつ部門」として事業を切り分け、それが成功して、いま利益を稼いでいます。また、坂根社長はサービス事業が儲からないことを以前から問題視していたのですが、私が常務で経営企画室長のときに、坂根社長はついにサービス事業を、部品事業とリマン事業（古い機械の再生）の二つに分けた。それぞれの事業が必要機能部門をワンセットもって、自律的に動けるようにしました。これも成功ケースになりました。ですからコマツ本社の中にも、「機能をワンセットもった事業部」という組織論から見て本来の姿での成功事例は存在しています。

シンプルな戦略を作る

――三枝さんの「1―2―3枚目」のシナリオ作りでは、まず「強烈な反省論」ですね。

鈴木　三枝さんから学んだことですが、カギは目の前のグジャグジャを「単純化」することなんです。次のステップで、方針や戦略を作る段階になってから単純化させるんじゃなくて、その手前の「1枚目」で単純化を済ませておく。そうすれば「2枚目」で「方針・戦略」を組み立てるときには、「1枚目」の単純化が乗り移ってくる。私には目から鱗(うろこ)、みたいな話でした。

タスクフォースでの作業で、三枝さんは中に入り込んで、メンバー一人ひとりに密着して作業をしていました。当時のわれわれの力量では、シンプルで切れ味のいい戦略ストーリーを作り出すのは困難でした。ものすごく鍛え上げられました。普通では得られない学びの量でした。戦略ストーリー作りの段階で、われわれが夜まで悶々(もんもん)と悩み続けてまとまらないものを、翌朝三枝さんがこんなんでどうだと、アイディアを持って来られる。「あっ！　これだ。この通りだ」と思うことが何度もありました。「智のリーダー」そのものでしたね。

三枝　私はプロだから初めから答えを持っているはずだと考える人がいるのですが、とんでもない。私にも分からないことだらけで、会社ごとに、手作りの作業です。私は経験から、問題を詰めていくときに踏むべきステップは手法として知っていますが、一つひとつの会社で結果的にどんな答えに行き着くかなんて、あらかじめ分からないのです。

鈴木　コンサルタントと事業再生専門家の違いは、人々を動かす「腕力」を持っているかどうかですね。三枝さんを見ていて分かったのは、その腕力というのは、もちろん暴力的な意味ではなくて、「論理によって支えられた説得力」が軸だということですね。

三枝　そのために、皆を説得する改革シナリオのプレゼンの準備に強烈なエネルギーをかけるんですよ。パワーポイント一枚一枚、それこそ一行一行、言葉の選択まで、もの凄く磨き上げます。

鈴木　われわれの原稿は、最初は三枝さんの赤ペンだらけですよ。その作業の迫り方は、言霊を極めるとでも言うのでしょうか、鬼気迫るものがありました。われわれは、初めはその苦労の目的が分からなかった。しかしでき上がってみれば、それまでタスクフォースが組み立ててきた論理がどこでどう繋がっていて、それで社員の納得を呼び込むことができるという流れが見えてきた。そこまでやってから社員への説明会に臨みました。聞いていた社員に、われわれは、頼もしい存在に見えたはずです。そこまで作り込んだんです。

三枝　改革シナリオが皆への説得力を持つためには、シンプルで、皆が聞いて、これは自分もやらなくちゃいけないと思うものでなくてはいけない。それって実は、リーダー自身のためでもある。上に立つ者がシンプルで骨太のストーリーを持てば、それが改革に向けたリーダーの「信念」になるんです。それが人々の「納得性」を生む。複雑なストーリーではだめなんです。

——そういうシナリオって、戦略の技量が高くないと、切れ味のいいものは出てこないですよね。

鈴木　三枝さんは経験豊富だから、ストーリーの狙いを見定めるのが早い。これはこういう切り口で整理すればいいというフレームワークの「引き出し」をたくさん持っている。それに合わせて、われわれは戦略をどう絞るかを具体的に埋めていった。そういうことを何回も繰り返して、ようやく「俺たちの作った改革シナリオだ」という気持ちになってきたのです。

――三枝さんは黒岩という名で「力のリーダー」「智のリーダー」の二役をやっていたわけですね。

鈴木　私の知る限り、普通のコンサルタントだったら、あそこまで現場に入り込んでくることはないです。「智のリーダー」の役割だけでなく、あの段階で三枝さんは「力のリーダー」としてコマツ本社の事業本部長の役割まで果たしていました。社内の守旧派に対して、三枝さんのように「防御壁」の役割をしてくれる人がいなかったら、改革は社内でグチャグチャにされていた可能性がありました。

三枝　改革指導者はその不振事業の「歴史の部外者」でなければならないのです。過去にその不振を生み出すことに加担していた内部の人が改革者の立場に立てば、皆はその人のことを内心では「事業がこうなったのは、おまえにも責任があるだろう」と思っています。

安崎社長はそのあたりを見抜いて、私を引っ張り出したんだと思います。どこの会社の改革でも、私が招かれるときは「智のリーダー」への期待から始まるのですが、やがて本格的な改革ではいつも、私は「力のリーダー」役も果たさなければならなくなるのが常でした。矢面に立つのはいつも苦しく、もともとは他人の事業なのに、こんなことまでやって、これは因果な商売だと思いました。私自身の経営者としての力量もそれで上がったと思います。「戦略」もさることながら、「動かない組織を動かす術（すべ）」を必死に身につけようとしましたから。

鈴木　私はあの改革で三枝さんから、強い意志、何が立ちはだかっても前進するぞという姿勢も含めて、学びました。経営リテラシー面では、「勝ち戦をする」「絞りと集中」「シンプルな目標」

といったコンセプトを身につけました。

三枝　改革シナリオを組み立てる作業はいつも苦しいのですが、コマツでの作業はいまだに語り草になるくらい厳しいものでした。それほど事業が死の谷に追い込まれていたからです。一〇年近く放ったらかしてきて、普通なら諦めて、事業清算ですよ。みんなが力仕事で頑張ればいいというのではなく、道そのものが見えないのですから。

鈴木　その作業は、あとから言うなら「智的な創造」と言えるのですが、その最中では、そんなきれいな言葉を使えるような状態ではなかったですね。われわれタスクフォースの面々は、会社から指名されてその使命を負っているという誇りだけが頼りでした。

三枝　しょせんはミドルだから、視野が狭いということもある。会社の中でこれまで不平ばかり言っていれば済んでいたのに、今回は「もう文句はいいからさ、どうすればいいのか、経営者の立場で言ってよ」って迫られるんですから。

社外の人がそんな内部にまで入ってきたら、会社の役員や管理職は自分の存在理由を失うから、そこまでやらせたくないという面もある。そんな状況でも、私は社長に頼まれて、ズカズカと入っていく。私はタスクフォースを組んだら、経営者人材として選ばれてきている彼らが、自分の殻を破って解決策を見つけるまで、のたうち回ればいいと考えて、そうさせるのです。答えが私から簡単に降ってきたら、彼らのためにならない。

鈴木　われわれが提出したプレゼン案に対して、マインドが冷えてる社員にこんな言い方したって、彼らの心には届かないと、何度もダメ出しをされました。最後のほうになると、みんなどうしていいのか分からなくなって、転げまわってね。

三枝　早すぎる段階で簡単に完成した気になると、実行段階のどこで落とし穴が待ち構えているかが分からないまま、改革案発表の本番になってからその場で突っ込まれると、シナリオ全体の信頼性がゆらぎかねない。だから私としては、できるだけシナリオの確度を上げておきたいのだけど、社長に約束した日が迫ってきてあの頃は私も辛かったですね。

鈴木　ギリギリのところまで頑張って、なんとか筋が通っていて、誰もが納得するような、分かりやすいストーリーに仕上げました。「できあがった」と思えたのは、安崎社長に約束していたプレゼン予定日の二、三日前でしたよ。

あとで振り返ってみて分かるのは、シンプルな戦略ストーリーがなければ、改革は潰されるということです。三枝さんから強く指導されたことは、古い経営陣や社員から反駁されるかもしれない「曖昧な論点」は、初めからプレゼンにいっさい入れるなと言われたことですね。揚げ足取りのように細かいことを言うヤツは必ず出てくるから、つまらない局地戦の議論に巻き込まれて、シナリオ全体がダメみたいな印象を与えてしまうリスクをゼロにしろというわけです。

とにかく相手が「グウの音も出ない」ようにしろと。だから、自信のない内容はすべて削るのです。われわれが初めの頃に用意した資料を削っていったら、何も残らなくなっちゃった（笑）。

三枝　すべてを支えるのは「データ」なんです。今まで誰も見たことのないデータでも、必要と思えば、それを探しに行くんです。サンプル的な簡便手法でもいいから、営業とか生産などの現場に行って新たにデータ取りをする。そうやって、自分たちの論理が正しいかどうかを、裏付けていく。論理とデータを一緒に皆に見せたら、相手は反駁する根拠を失うんです。

政治性の強い人は、弱点をあげつらって、それで全体を否定するような話術に長けています。

こちらはその上を行くものを用意しなければいけない。

鈴木　そう。こちらの武器はあくまで論理性。企業改革とはそういう戦いだと分かりました。しかしタスクフォースの仕事がようやく完成、と思ったら、今度は残った二、三日で三枝さんに、プレゼンテーションのやり方を鍛えられました。それまで「中身が肝心」とか言われていたのに（笑）、最後になって「喋べくりも大事」と言われました（笑）。何度も練習しろと言われました。原稿を黙って目で追うだけの練習では、練習になっていないと。必ず声を出して、それでしゃべりにくい箇所を見つけたら、話し方を変えるんじゃなくて、文章を直せと。

新しい学びとして、「スライドからスライドに移るその瞬間に、沈黙の一瞬を作るな」と言われました。「そこで次に……」の一言でも何でもいいから、とにかく何か言いながら次の画面につなげと。それが聞く人にストーリーの流れを見失わせないコツだと。

改革シナリオを皆に示す

――タスクフォースの事業改革シナリオをまず安崎社長にプレゼンし、承認されましたね。

三枝　本社の大きな役員会議室でプレゼンをしました。坂根副社長が同席されました。プレゼンが終わって、まず安崎社長が何を言いだすのか。タスクフォースの面々が固唾（かたず）を呑（の）んで待ったあの場面を、私は一生、忘れませんね。

安崎社長からは「問題はよく把握しているが、二年で利益を出すプランはまだ甘いように見える。しかし、ともかくこれで走れ。一年間頑張れ」と言われました。われわれの言葉で言うなら、「1枚目」は良くできているが、「2枚目」は弱い、という意味だったと思います。

安崎社長が真っ先に、「強烈な反省論」の「自分もまずかった」という言葉を自ら吐かれたのには驚きました。

鈴木　私もそれを聞いて、やった！　と思いましたが、それにしても謙虚な経営者でなければ、社員の前でそんなことは口にしませんよね。

三枝　あのとき安崎社長が2枚目の戦略ロジックが弱いという意味のことを言われたのは、たぶん、「創る、作る、売る」のワンセット組織に変えるという改革案がどれほど効果を生むのか、安崎社長には見えていなかったからだと思います。私は過去の経験で効果を知っていましたが。

鈴木　東京の改革発表で、第六章に出てくる管理職が変なことを言い出したときにはびっくりしましたね。一時間も遅れてきて、肝心の反省論を聞きもしないで、でかい態度で。

三枝　あの跳ね上がりの管理職を怒鳴りつけたときは、ただの腕力みたいに見えたかもしれませんが、本文を読んでいただければ分かりますが、あの場面でさえ、ただ怒鳴っているんじゃなくて、きちんと改革の論理の強さと自信が激しく出ているんです。

鈴木　しかもその場にいる社員には、一時間以上かけて「1枚目」を説明していましたから、あの管理職を怒鳴っても、皆はそれなりに理解してくれているという判断でしたね。

三枝　その読みは瞬時にできましたね。あのとき最初に答えようとして立ち上がったのは、アスター工販の前社長でした。しかし彼は辞めていくことが決まっていたから、われわれとしては彼に答えさせてはいけない。ところが、こちらも虚を衝かれてプレゼンの勢いが完全に壊れそうになった。私は「ああ、まずい」と思い、とっさに立ち上がったのですが、わずか数秒の判断でした。

鈴木　あの管理職の傲慢な態度には驚きましたが、日頃の仕事ではそれなりの力量のある人でした。後日、彼と話しました。本人は「すみません」と謝ってきました。われわれの断固たる姿勢にびっくりしたらしい。それまでの社内は、あんな発言でも誰もとがめないし、躾も弱かった。

　コマツのような大企業でも、昔は叱る風土、怒る文化がありました。それがだんだん人と深く関わらなくなり、「怒るのは大人げない」という風潮が広がり、あまり叱らなくなった気がします。叱らないことが、個人にも会社にも、良くない状況を生んでいるということです。

三枝　日本の会社は至るところで叱らなくなってきた。叱らないカルチャーを持った会社では、何かまずいことをしても、本人は責任や反省を感じにくい状態になっている。自分のことはさて置いて、人のことを批判する精神だけは発達する。

　けれども次の大阪での発表に行ったら、プレゼンの最後に拍手が巻き起こった。若い人たちが、変化を待ち望んでいたんです。あの時は、嬉しかったですね。今になってその時を思い返すと、なんだか涙が出そうになる。社員が反応してくれたからこそ、実行できた改革でした。

鈴木　私はいまの仕事で、会社や工場でのプレゼンを重視するようになりました。タスクフォースの教訓を活かしています。あの時の改革では、１枚目「現実直視・強烈な反省論」のところで発表を一旦打ちきって、わざと三週間空けて、「２枚目」の解決策を示す第二回の発表を行いましたね。

三枝　あの方法は、いつもそうした方がいいという手ではないんです。普通なら、「１枚目」も「２枚目」も同時に提示するのが当たり前です。安崎社長など、経営トップには初めから両方を一度に説明したのですから、やろうと思えば「２枚目」の実行案は手元にあったんです。でもあのときは、意図的に間を空けることにしました。

鈴木　大問題だったのは、営業の人たちが営業活動にすっかり身が入らなくなって、売り上げの急落が始まったことでした。あれは本当に「死の谷」の兆候だったと思います。

三枝　そう。旧経営陣の人たちが、なんだかんだ理由をつけて早々と消えていってしまった。あれは計算外の戦線離脱だった。何が痛いって、要するに営業組織に号令する人がいなくなっちゃったんですよ。次の経営陣は人事発令も出ていないし。あの頃は私も心理的に追い込まれた。きれい事では済まない事業再生の辛さです。食うか食われるかのせめぎ合いになる。

――その状況に対してどうされたのですか。

三枝　こういう時は、相手の姿は見えないのですよ。物陰や暗闇で毒を吐く政治性行動を追いかけても、本当の抵抗者が誰かよく分からないのです。もし分かったら、面と向かってきちんと話し合うことです。しかし、政治性を発揮する人はあくまで陰で、ネガティブなことを言い続けるわけです。その悪影響がどの程度広がっているのか、本人もこちらも分からない。

こちらはあくまで正論で、改革が正しい考え方に立っていることを毅然（きぜん）として皆に訴え続けるんです。大多数の社員が支持してくれて、とくに若い社員が「これを待っていた」という姿勢を保ってくれる限り、いずれ抵抗者は「中立型」に吸収されていくんです。

鈴木　そこで決定的な分かれ目になったのは、シナリオが考え抜かれたものであったかどうかでした。あのタスクフォース作業の大変さが、この段階に至って、決定的な意味を発揮したのです。

三枝　「死の谷」の橋を渡り始めたら、途中で止まったり、引き返したりする選択肢はありません。弱気は、自殺行為です。先に進むしかないんです。

驚きの変化

鈴木　七月に新体制が発足したその月から、いきなり受注が伸び始めました。直前の三カ月間は業績が落ちて、死の谷が来たと恐れていたのですが、新体制になって営業が動き始めた途端に、注文が流通からドッと上がってき始めた。でも初め、それは一時的な反動現象にすぎないと思っていた。

三枝　受注ベースの黒字というＫＰＩ（カギになる業績指標）は、Early Successとしては最高のインパクトを出してくれましたね。あの数字は普段から把握されていた数字じゃなくて、鈴木さんが考えついた。おーい、今月の受注額で計算すると、黒字になっているぞと。

改革開始直後から皆の動きが勢いづいたのは、鈴木さんの働きが大きかった。コマツ産機の社長に就任してからの鈴木さんのセールスマンシップが凄かった。皆の先頭に立って、めちゃくちゃ動くんですよ。全国を走り回り始めた。決定的なインパクトだったと思います。それを見てＢＵ事業部長たちも走り回った。

——コマツ産機は改革を始める前の年で七年間連続赤字でしたから、この改革二年目で黒字になったというのは、九年ぶりだったのですね。しかも業界の景気は直後から再び悪化しました。

鈴木　ええ、不景気になれば業界の中でコマツ産機が真っ先に大赤字に陥るのが常でした。しかし今回は違っていました。業界のトップ企業と二番手企業は揃って赤字に転落したのに、コマツ産機は三七六頁のグラフの利益額改善の傾向を保ったまま、利益率では横ばいの年もありましたが、絶対額では増収増益を記録しました。

三枝　鈴木さんやBU事業部長たちの顔が、急速に経営者の面構えに変化していくのは実に頼もしい限りでしたね。「成功する改革は二年で完了させる」というセオリー通りになりました。日産改革だけでなく、稲盛和夫（いなもりかずお）さんの日本航空改革も、二年で成功宣言が出ています。

鈴木　この改革の効果は一過性ではありませんでした。本文が終わった後の業績の変化をお話しすると、その後も毎年、利益率をジリジリと上げていき、結局七年連続で増収増益を続けました。改革からリーマンショック直前までの六年間に売上高が四倍になり、営業利益率も一一％になりました。それぞれのビジネスユニットが、業界ナンバーワンのダントツの営業利益率になりました。私自身が驚く程の急成長でした。それには時間的に見て三つのステップがありました。

第1ステップは最初の半年間でした。タスクフォースによって用意周到に準備された3枚のシナリオのうちの「1枚目」と「2枚目」が全社員に強烈なインパクトを与え、「危機感共有による社員の猛烈な頑張り」を生みだした。その結果、急速にシェアが上昇し、危機を脱し始めた。

第2ステップは次の三年間です。社員の熱さや頑張りだけでなく、新たな「戦略の仕組み」がその効果を生み出していった。ビジネスプランが毎年更新され、それが実行に移されるたびに効果が生まれ、次々と現れるEarly Successで元気を保って上昇気流に乗っていった。

第3ステップはさらにその次の三年間です。今度は商品開発が引っ張りました。開発陣は、徹底的に「顧客の儲（もう）け」に着目し、従来の発想にないダントツ商品の開発を目指して頑張っていた。

その後の川端祐二

――鈴木さんはコマツ産機の新体制がスタートしてから二年ほど経過した二〇〇四年に、コマツ産機の社長のままコマツ本体の執行役員に就任し、本社産機事業本部の本部長を兼務するようになりました。

三枝　鈴木さんの産機事業を救った改革手腕が、コマツのトップに認められたのです。完全黒字化が実現した二年目の後半になると、社内はすっかり自律的に動くようになりました。ですから、事業再生専門家としての私の役割は減っていきました。

鈴木さんをタスクフォース・リーダーに選んでいなかったら、改革はもっと長引いて、私もすぐに仕事を切り上げることはできなかったと思います。そうなっていたら、私が次のミスミの社長を引き受けることも起きなかったので、私がミスミの社長になってからミスミに来た社員たちの人生も、その連鎖で違うものになっていた。

私がこのプロジェクトから離れて三年くらい経ってから聞いた話ですけど、かつては負け犬ばかりの商品だったのが、マーケットシェアが五割に達する商品も出てきたそうですね。

鈴木　開発面では、それまで三三カ月もかかっていた新商品の開発期間が、なんと八カ月に短縮された事例も出てきました。開発が完了したら次に、営業がその商品を戦略的に売り歩くという社内の「戦略連携設計」(Strategic Linkage Design) も明確にした。本文にあるように、会社の戦略をかつて「営業が骨抜きにしていた」という症状は、スモール・イズ・ビューティフルの組織で完全に消え去りました。

――鈴木さんは本社の執行役員に任命され、産機事業本部長に就任したので、コマツ産機に加えて、もう一つ、大型プレス事業の責任も回ってきたわけですね。

鈴木　私はコマツ本社の役員として、三枝さんから伝授された事業再生プロセスを展開していきました。今度は私自身が「智のリーダー」「力のリーダー」「動のリーダー」の三役をこなす立場でした。安崎社長は引退されて、「スポンサー」役には萩原副社長がコマツ会長になっておられ、坂根社長との二枚看板で強烈にサポートしていただいた。

――鈴木さんはこの改革が終わったあと社内で抜擢され、経営者人材として飛躍し、親会社コマツの執行役員、常務、専務と上り詰めました。世界企業コマツのトップ経営陣五名の内の一人になりましたね。

三枝　コマツはその時期、売上高一兆円から二兆円に成長していきました。よく頑張りましたね。いつ会っても鈴木さんは謙虚で、最初にタスクフォースの面談でお会いしたときと変わっていないですね。

鈴木　私はやがてコマツを引退して顧問になり、企業再生支援機構の下で事業再生を行っていた金型関連企業、株式会社アークの社長に就任しました。その仕事を終えたあとは、いろいろな会社の事業活性化を支援する仕事をしています。それにしても、私にとって、人生後半における「原点」になったのは、三枝さんと取り組んだあの改革でしたね。ありがとうございました。

三枝　いまされている事業活性化の支援の仕事は、日本の元気復活に向けて、社会性の高い仕事ですね。頑張ってください。

エピローグ

改革の王道

私が初めて経営者の立場に舞い降りたのが三二歳、自分の事務所を開設して不振事業の再生に携わる仕事をはじめたのが四一歳、バブルがはじけて東証一部（現プライム）上場クラスの大企業の事業再生を手掛けるようになったのが今から三〇年前、まだ四〇代後半の時だった。当時の閉鎖的な日本的組織を相手にするには若すぎたが、しかしいろいろな経験をしたお陰で、五〇代に入ると、不振事業のどんなにひどい内情を見ても驚かなくなった。コマツの故安崎社長からこの仕事を依頼されたのも、そのタイミングだった。本書のケースは、私が人生で手がけたさまざまな成功や失敗のケースの中でベスト3に入る、劇的な業績回復を遂げた事例だ。

本書のストーリーを読んで「出来すぎの話だ」「現実には起こり得ない」と感じる読者もいるかもしれない。だが、遅々として改革が進まない日本企業が多い中でも、アスター事業よりも遥かに複雑で巨大組織だった日産自動車と日本航空は、本書と同じ二年間で改革完了を宣言し、すばらしい業績回復を果たした。

日産改革のことを書くと、カルロス・ゴーンが塀の向こう側に落ちてしまい、醜悪な逃亡劇を演じたために、今さらなんだと批判する人が出てくるかもしれない。けれども、喉元の熱さが過ぎてからそういうことを言う人に私は問いたい。彼が来なければ、日産自動車の命運はあそこで尽きていた可能性が高い。日産自動車に衰退の道を歩ませた歴代の社長はもちろん、かつて世界で神秘的に絶賛されていた「日本の経営」や、あるいは政治家も官僚も、日産を救う手だてを用意できなかった。その日本人のお粗末さと彼の改革実績の素晴らしさを、一緒に闇に葬り去ることは妥当ではないと私は思う。

日産改革とアスター事業の改革は、その規模と複雑さの違いを考えれば比較は妥当でないかもしれないが、タイミング的には同時期に、アスターが約半年先行する形で実行された。両者の行動の時間軸には不思議なほどの共通点がある。

改革組織コンセプトを社内で広げながら、社内面談や視察を行ってその改革チームを発足させるまでに両者とも約二カ月。必死の作業で改革シナリオを組み立て、その発表にこぎつけるのに両者とも約四カ月。その後、日産はリバイバルプランを発表して改革が始まってから、一年後に上半期業績が黒字に転換し、さらにその半年後には年度利益が黒字に転じたばかりでなく、過去最高益を達成して三年ぶりに復配することを発表した。

アスター事業も新会社発足後、一年で上半期業績が黒字に転じ、続いてその半年後には、年度損益が九年ぶりに黒字に転じたことを発表した。

それぞれ、改革手法の焦点に違いはある。日産自動車は、手っ取り早い購買コストの削減を目玉にした。国内の営業改革は後回しになった。しかし日産の改革ストーリーがどんな内容であったにせよ、あれだけの短期間にあれだけの業績回復を示すには、部外者には見えないすさまじい緊張や抵抗の場面が、社内や外注先で繰り返されたに違いない。私はその様子を生々しく想像することができる。

日産自動車の業績のV字回復を見て、日本経済新聞は「サンデー日経」面に、日産はリストラ費用などを前倒しで計上し、業績回復を実態以上に良く見せる会計処理を前年に行っていたという批判記事を載せた。「回復の真実」「会計マジック」「演出」「計算し尽くされたパフォーマンス」とある。私は、危険な吊り橋を必死の思いで渡った改革先導者たちの成果を「パフォーマンス」と呼ぶ、この外野席の気楽なヤジに、当事者でもないのに無性に腹が立った。

会社が乾坤一擲の改革に入ったら、一気に過去の膿を出しきるのは、改革の王道である。会計原則や税務の許す限り、落とせる改革費用をすべて落とし切り、幹部・社員のマインドを「過去の劣悪経営のくびき」からできるだけ早く解放することは、改革者の常識中の常識なのである。どうしてそれを外野席から批判できようか。

日本の金融機関や政府が、いつまでもバブルの処理を遅らせ、ダラダラと人々の心を引きずったために、どれほど国民のマインドを冷えさせ、日本経済の元気を失わせてしまったことか。改革は一気呵成に行わなければならないのである。

成功の要因とステップ

改革タスクフォースのメンバーたちが本書のために書いてくれた寄稿文を生かしながら、アスター事業の改革がうまくいった要因をまとめておこう。

1．改革コンセプトへのこだわり

改革には有効なフレームワークが必要である。黒岩莞太とタスクフォースは、まず負け戦の原因を徹底的に洗い出し（「強烈な反省論」）、「全体」の悪さと「個人」の悪さをつなぐ赤い糸を洗い出した。それによって社員は「自分もまずかった」と反省し、皆が一斉に行動を変える地合いを生んだ。「戦略」と「ビジネスプロセス・組織」の同時変革を狙った。本書の改革はこの二つをセットにして総合的な「壊創変革」を狙ったことに最大の眼目がある。その目的は「時間サイクル」を画期的に早め、市場での戦闘力を上げると共に、人々の目を輝かせるような組織形態を生み出すことだった。

2. **存在価値のない事業を捨てる覚悟**
アスター事業で過去に失敗した改革では、事業を続けることが前提だった。うまくいくように見せた作文を書き、経営陣がそれを承認し、実際には実現せず、問題の先送りを繰り返してきた。

今回は、香川社長が「魅力ある事業にできないなら撤退」と決断した。背後の橋は切り落とされ、改革に全力で当たる以外に道はなかった。

3. **戦略思考**
ただ生き残るという発想を捨て、攻めの戦略にこだわった。「勝ち戦」を狙い、弱い分野は捨てるという「絞りと集中」の戦略を実行した。

4. **実行者による計画作り**
経営企画室のような部署に人を集めて考えさせ、実行責任はラインに引き渡し、プランを立てた人は批評者の立場をとるという形は初めから否定された。アスター事業では改革シナリオを「実行者が自分で作る」ことにこだわった。タスクフォースに、人事を含めて、全面的権限が付与された。彼らはのめり込んでシナリオを作り、その苦しい作業を通じて、実行への覚悟が生まれた。

5. **実行フォローへの緻密な落とし込み**

タスクフォースは、開発商品のセグメンテーション、顧客のセグメンテーション、営業進捗(しんちょく)管理システム、「顧客魅力度」の判定ツールなど、戦略を具体的な実行管理ツールに落とし込み、現場末端の活動までフォローが連動するように工夫した。また「目で見て分かる管理」へのこだわりがあった。

6. **データ志向**

圧倒的な量の「データによる事実の裏づけ」を行った。組織の政治性を抑え込むためには、データと事実の提示が重要な役割を果たす。

7. **ミドルの参画**

反省論やシナリオ作りに現場ミドルが加わり、改革を「自分たちの問題」と受け止める作業が行われた。それが社内の共感を広めるために有効だった。但(ただ)し人選やサブチームの運営を間違えると毒にもなる。

8. **時間軸の明示**

香川社長と黒岩莞太による時間軸の設定が強いインパクトを与えた。二年と一年の期限が初めから設定された。守旧派の退路を断つとともに、「徹底的に切り込め」というエールでもあった。

9．オープンで分かりやすい説明

部門の全社員に会社の悪さ加減が赤裸々に知らされた。「現実直視」や「強烈な反省論」を迫った。社員の抵抗が起きかねない論点は、黒岩莞太と川端祐二が語り、ベクトル合わせを図った。早期の成果（Early Success）をタイムリーに開示して、士気を保つ工夫がなされた。

10．聞く側の心理分布の移動

天王山での勝負で、社員に「自分もまずかった」と感じさせるための赤い糸が示され、社員は厳しい改革に向かう心理になった。改革の初期段階では、改革先導者（イノベーター）は社内の絶対少数派である。そこで改革者はストレートに真実を明らかにして、社員心理の分布を一気に改革側に「移動」させることが必要である。

11．気骨の人事

伝統的日本企業では、アスター工販のようなドラスチックな人事を容認できない会社がまだ多いが、トップ経営者がその気になればできる。旧来の人事体系にこだわってそのまま全員が沈んでいくのか、それとも尖兵（せんぺい）を選び出して活性化し、そのメリットを他の社員が享受するというサイクルに入るのかどうかの選択である。

12．しっかり叱る

人を叱るにはエネルギーがいる。叱ればそれだけ自分も厳しい規範が求められる。最近の日本企業では叱ることが減っているが、黒岩莞太と川端祐二はしっかり叱った。曖昧（あいまい）な叱り方ではなく、「一発で」当人に問題が認識され、直ちに是正されるよう明確に指導した。恐怖政治にならないようにするには、明快な論理と説明を伴うことがカギである。

13．ハンズオンによる実行

改革の「積み木」は驚くべき早さと緻密（ちみつ）さで積み上げられた。トップ経営陣が「ハンズオン」で現場に目を配り、積み木を崩しかねない要素を早め早めに排除していった。それなくして、二年以内という改革スピードを実現することはできない。

高い志と魂の伝授

改革とは「正しい」と思われるシナリオを、「愚直」にやり通すことである。それには先頭に立つ人の果てしない情熱が必要である。ストーリーの最後に改革メンバーの感想として、改革とは「魂の伝授」、経営者にとって重要なのは「高い志」だという言葉が出てくる（三九〇頁）。会社を元気にできるかどうかは戦略も大切だが、その前提はリーダーの姿勢と人間性だと言っている。

これから先、日本企業のあちこちに埋もれている経営者人材に、十分な活躍の場を与えることができるのだろうか。その道がきちんと開かれるなら、日本の経営の将来も明るくなってくる。

言うまでもなく本書は、私と一緒に努力してくださった方々の支えがあってこそ生まれた。企業改革の最前線で、死の谷に臨む厳しい時期にあっても頑張り続けてくれた「気骨の面々」を思い出すたびに、私は誇りと感謝の気持ちでいっぱいになる。改めてこの場を借りて厚く御礼を申し上げたい。

安崎暁社長は産機事業が黒字化した後の二〇〇一年に会長に就任、相談役を経て二〇〇七年にコマツを引退。私はご依頼を受けて、安崎さんが二〇一七年に中国で出版した著書『无所畏惧的信念』に前書きを寄稿させていただく栄誉を得た。同年、安崎さんに末期の胆嚢（たんのう）癌が見つかり、延命治療を受けないことを決心された。ＡＮＡインターコンチネンタルホテル東京で自ら生前葬を開催し、その半年後に逝去された。私は亡くなる三カ月前に安崎さんから、「死ぬのも、なかなか大変だよ」と手書きのお葉書を頂いた。あの強もての安崎さんが晩年に病気で苦しまれている様子を窺い知り、胸がつまった。それが最後の別れのお便りだった。

さて、かく言う私自身はその後、人生最後と思われる大転進を図った。コマツの事業再生プロジェクトを最後に、一六年間に及んだ株式会社三枝匡事務所を閉じ、東証一部（現プライム）上場企業株式会社ミスミ（現社名ミスミグループ本社）のＣＥＯに就任した。同社の創業者が引退されることになり、その後の経営を引き受けたのである。まだバブル破綻の余波が続いていたが、私は人生の最後に手造りで一社の経営を手掛け、新しく世界に出て行く日本の成長企業を創り出したかった。

いま多くの日本企業が世界競争で苦戦し、崖っぷちに追い詰められている。私は、その原因が日本の経営者人材の枯渇にあると、ずっと言ってきた。私が一六年間にわたる事業再生、それ以前の経営経験を通じて言えることは、いまの日本企業の閉塞症状はバブルがはじけたあとに始まった問題ではないということだ。八〇年代初めにはすでに日本企業の組織閉塞の現象は出ていた。日本企業に元気を呼び戻すには、サラリーマン集団化した企業組織を改め、戦闘能力の高い若手人材をたくさん生み出し、「壊創変革」で世界に勝てる企業に変えていくこと以外に道はないと思っている。皆さん、なんとか日本を元気な国にしようではありませんか。

本書のストーリーにはとうとう最後まで女性を登場させることができなかった。当時の日本の多くの大企業は、まだ女性を選抜して激しい改革の最前線に立たせるところまで来ていなかった。しかしその時が来ても、本書の登場人物の名前が女性の名前に置き換わるだけで、行わなければならない仕事の内容と挑戦は、男性も女性も同じである。

改革の矢面に立った人々は、仕事が厳しいときほど家庭に戻るとホッとし、家族のありがたさを強く感じたと語っている。私も同じだった。私は本書を、貧困の中にあって一生懸命私を育ててくれた亡き母鷹子、人生をここまで一緒に歩んでくれた妻英子、そして長男修と長女明子、それぞれの配偶者および私の孫たちに捧げる。

またKADOKAWAからこの書き下ろし決定版を発刊するに当たり、並々ならぬ編集者魂を発揮してくださった岸山征寛氏のご努力に厚く御礼を申し上げたい。

読者の皆さんと著者のダイアローグ

- 著者三枝匡へ本書の感想等、メッセージをお寄せください
- 登録者には著者から経営エッセイ等をお送りします（不定期）
- 三枝匡が自ら講義する『「戦略と志」講座』の
受講機会を得るための入り口になります

https://senpro-series123.com/vji

装丁・図版・本文ＤＴＰ　長谷川仁（コマンド・ジー・デザイン）

本書は、日本経済新聞出版社より二〇一三年六月に刊行された『Ｖ字回復の経営〈増補改訂版〉』を全面的にノンフィクションの書きおろしに改め、さらに「経営ノート」をはじめ大幅な加筆をした決定版です。

三枝　匡（さえぐさ　ただし）

株式会社ミスミグループ本社名誉会長・第二期創業者。

一橋大学卒業、スタンフォード大学MBA。二〇代で三井系企業を経て、ボストン・コンサルティング・グループの国内採用第一号コンサルタントになる。三二歳の時、財閥系企業と外資の合弁会社の常務、翌年社長に就任。次いで大塚製薬が救済した倒産ベンチャーの再生、およびベンチャーキャピタル会社の立ち上げをそれぞれ社長として手掛ける。

四一歳で株式会社三枝匡事務所を設立。事業再生専門家として一六年間不振事業の再生に当たる。二〇〇二年、ミスミCEOに就任。同社を三四〇人の商社からグローバル一万人超の国際企業に成長させ、取締役会議長などを経て二〇二一年から現職。

一橋大学ビジネススクール客員教授など教壇にも立ち、著書に本書『決定版　V字回復の経営』の他、『決定版　戦略プロフェッショナル』『経営パワーの危機』『ザ・会社改造』（シリーズの出版累計約一〇〇万部）があり、米国、中国、台湾、韓国の現地語版も出ている。『三枝匡「戦略と志」講座』を塾長として主宰している。

決定版　V字回復の経営
2年で会社を変えられますか?
「戦略プロフェッショナル・シリーズ」第2巻

2023年4月26日　初版発行
2024年10月25日　4版発行

著者／三枝 匡

発行者／山下 直久

発行／株式会社KADOKAWA
〒102-8177　東京都千代田区富士見2-13-3
電話　0570-002-301(ナビダイヤル)

印刷所／大日本印刷株式会社

製本所／本間製本株式会社

●お問い合わせ
https://www.kadokawa.co.jp/（「お問い合わせ」へお進みください）
※内容によっては、お答えできない場合があります。
※サポートは日本国内のみとさせていただきます。
※Japanese text only

定価はカバーに表示してあります。

ISBN 978-4-04-112795-7　C0034